Crash-Kurs
zur Selbsthilfe nach
Verkehrsunfällen

Diane Poole Heller & Laurence S. Heller

CRASH-KURS
zur Selbsthilfe nach Verkehrsunfällen

Vermeidung und Auflösung
von traumatischen Erlebnissen

Mit einem Vorwort von Peter A. Levine
Autor von Trauma-Heilung

Aus dem amerikanischen Englisch von Theo Kierdorf
in Zusammenarbeit mit Hildegard Höhr

Synthesis

Titel der amerikanischen Originalausgabe:
Crash Course – A Self-Healing Guide to Auto Accident Trauma & Recovery
erschienen bei North Atlantic Books, Berkeley, CA, USA
Copyright © 2001 Diane Poole Heller
Copyright © 2003 der deutschen Ausgabe
    SYNTHESIS Verlag
    info@Synthesis-Verlag.com

Alle Rechte der deutschen Ausgabe vorbehalten.

Covergestaltung: Dragon Design (Text)
Gestaltung und Satz: Hildegard Höhr

ISBN 3-922026-38-9

Die Autoren führen den Leser mit vielen Fallbeispielen und Übungen in die körperorientierte Traumatherapie bei Opfern von Verkehrsunfällen ein. Dieses Buch ist gleichermaßen hilfreich für Unfallopfer wie für deren Therapeuten, die sich in die zugrundeliegenden Prinzipien des *Somatic Experiencing* ® nach Peter Levine einarbeiten wollen. Beeindruckend sind die einfühlsamen Beschreibungen von Behandlungssequenzen, die eine respektvolle therapeutische Haltung erkennen lassen. Für alle, die in der psychotherapeutischen Behandlung einen ganzheitlichen Ansatz bevorzugen, sei es als Patient oder als Therapeut, ist dieses Buch als theoretischer Hintergrund und für die praktische Durchführung sehr empfehlenswert.

Helga Mattheß, Fachärztin für Psychotherapeutische Medizin, Psychotherapie und Psychoanalyse, Arbeitsgruppe medizinische Psychologie, Universität zu Köln.

Inhalt

Zur deutschen Ausgabe 11
Vorwort 15
Benutzungshinweise 18
    Die Fallbeispiele 18
    Somatic Experiencing von Dr. Peter A. Levine 20
    Wichtige Schlüsselbegriffe 22

1. **Was geschieht während eines Verkehrsunfalls und danach?** 25
    Wer sollte dieses Buch lesen? 25
    Verkehrsunfälle – ein Teil des Alltags 26
    Könnten Ihre Symptome etwas mit Ihrem Unfall zu tun haben? 27
    Warum durch Autounfälle entstandene Traumata behandelt
        werden müssen 36
    Es ist nicht alles nur in Ihrem Kopf! 37
    Was macht diesen Ansatz so einzigartig? 38
    Warum Sie anderen Menschen *nicht* erzählen sollten,
        was geschehen ist 39
    Überleben ist Erfolg 41
    Warum Unfälle so traumatisch wirken 42

2. **Trauma** 44
    Was ist ein Trauma? 44
    Wie entstehen Traumata? 46

3. **Das Trauma in Ihrem Körper** 49
    Reaktion auf eine Bedrohung 49
    Warum ist es wichtig, die Reaktion auf Bedrohungen zu verstehen? 51
    Symptome, die entstehen, wenn die Sequenz der Bedrohungsreaktion
        nicht abgeschlossen wurde 52
    Einschränkung der Wahlmöglichkeiten 53
    Wie die Natur mit Bedrohungen fertig wird 54

4. **Wie Ihr Gehirn funktioniert** 58
   Zwei Arten von Traumareaktion 60
   Kampf, Flucht und Erstarren 64
   Zittern ist ein gutes Zeichen 65
   Wie der Zusammenstoß den Abbau der Energie vereiteln kann 66
   Zum Reptilienhirn in Kontakt treten 68
   Die Sprache des Empfindens 71
   Empfindungen im Körper spüren 75

5. **Traumasymptome** 79
   Fragebogen für die Beurteilung von Traumasymptomen 79
   Was passiert, wenn sich die Spannung aufbaut? 88
   Staus 88
   Ihr Nervensystem hat sich einfach »überfressen« 90
   Expansion und Kontraktion 92

6. **Ressourcen** 95
   Was ist bei Ihnen »in Ordnung«? 98
   Ihre persönlichen Ressourcen 100
   Liste persönlicher Ressourcen zur Stärkung der Resilienz 104
   Lebenslauf 104
   Kompetente Beschützer 106
   Geben Sie sich Zeit 110
   Über die Nutzung der Ressourcenliste 112
   Widerstand gegen Ressourcen 114
   Im Besitz von Ressourcen und bereit für die Traumaarbeit 114

7. **Wiederherstellung Ihrer Resilienz** 117
   Ihr persönlicher Resilienz-Quotient 117
   Eine Oase schaffen 125
   Das Gefühl, nicht verbunden zu sein 126
   Trauma-Zeitzonen 127
   Was ist, wenn ich das nicht kann? 129

8. **Korrigierende Erfahrungen** 131
   Innere Ressourcen als Gegenmittel 136
   Der Rückprall-Effekt 136
   Transformation 136
   Warum ich? 137

9. **Ihr Unfall** 139
   Wie Sie Symptome beurteilen können, die nach Ihrem Unfall
     auftreten 140
   Selbstpflege nach dem Unfall 141
   Erzählen Sie nicht alles 142
   Unmittelbar vor dem Unfall 145
   Beurteilung Ihres Unfalls 147
   Formular für Klientengespräche 147
   Der Kontext und seine Bedeutung 159
   Warum Sie sich möglicherweise vor weißen Autos fürchten .. 160
   Zeichnen Sie Ihren Unfall 162
   Gleichzeitige Bedrohungen 164
   Wie haben Sie reagiert? 165
   Erinnerungslücken 165
   Nach dem Unfall 171
   Nachwirkungen des Unfalls 174

10. **Grenzverletzung und Wiederherstellung persönlicher Grenzen** 176
    Persönliche Grenzen 176
    Den Schaden beheben 183
    Wiederhergestellte Grenzen 185

11. **Der Zusammenstoß** 186
    Die Erinnerung an Ihren Unfall 186
    Vorbereitung 187
    Den Zusammenstoß lindern 187
    Überwinden der Erstarrung 192
    Über den Zusammenstoß hinwegkommen 195

12. **Schleudertrauma und Kompression** 198
    Wie Ihr Hals belastet wird 198
    Versteifung, Kollaps und Wiederherstellung der Resilienz 199

13. **Verletzungen durch Sicherheitsgurte und Airbags** 205
    Airbags 207

14. **Wutausbrüche im Straßenverkehr** 210
    Auseinandersetzung mit der Wut 211

15. Merkwürdige Symptome 214
    Schlaflosigkeit 214
    Sich wieder sicher fühlen 215
    Ich schaffe es nicht, wach zu bleiben 217
    Warum nehme ich zu? 218
    Warum Sie in Ihrer momentanen Situation keine
        Diät machen sollten 219
    Warum mache ich mir nichts mehr aus Sex? 219
    Kommunikation ist der Schlüssel 220
    Ich bin so desorientiert 221

16. Jugendliche Fahrer 224
    Besorgniserregende statistische Werte 224
    Was Eltern tun können 224
    Wenn Ihr Kind einen Unfall hatte 225
    Die gute Nachricht 228

17. Ein Unfall mit Todesfolge 229
    Das Bedürfnis zu trauern respektieren 229
    Ich bin froh, daß ich überlebt habe – aber sag das bloß keinem! 230
    Schuld durch Zuschauen 232
    Schuldgefühle können viele Formen annehmen 233
    Der Umgang mit denen, die im gleichen Auto saßen 234
    Wut und Schuldzuweisungen 235
    Wie man mit Schuldgefühlen umgehen sollte 236

18. Transformation 238
    Andere Menschen kümmern sich um mich 241
    Wie fühlt es sich an, wenn ich geheilt bin? 242
    Welche Fortschritte habe ich gemacht? 243
    Ressourcenübungen im täglichen Leben 249
    In die Zukunft schauen 250
    Was Sie gewonnen haben 251
    Zum Abschluß 251

Danksagung 252
Über die Autoren 253

Zur deutschen Ausgabe

Deutschland ist *das* »Autoland« schlechthin. Nirgends auf der Welt dreht sich so viel ums Auto wie bei uns. Nur wenige Länder erreichen eine höhere Verkehrsdichte als die der bei uns zugelassenen über 55 Millionen Fahrzeuge. Bezüglich der Verkehrssicherheit wurden in den letzen 30 Jahren zweifellos beachtliche Erfolge erzielt: Waren 1970 noch 21 000 Verkehrstote zu beklagen, gelang es, diese Zahl trotz Fast-Verdreifachung der Fahrzeuge im Jahre 2001 auf 7 000 zu verringern.

Bis heute nicht geringer geworden ist jedoch die Zahl der Unfallopfer auf deutschen Straßen: Etwa eine halbe Million Menschen erleiden in Deutschland Jahr für Jahr einen Unfall mit Personenschaden.* Beim größten Teil dieser Opfer beginnt nach dem nur Sekunden dauernden Ereignis ein jahrelanger Leidensweg, der das Leben der Betroffenen oft wie ein permanenter Alptraum schleichend, aber umfassend verändert.

Medizinische Unfallrettung, Erstversorgung und die Rehabilitation schwerer körperlicher Leiden sind in Deutschland zwar vorzüglich organisiert, doch was die Behandlung der Nachwirkungen von Traumata angeht, die manchmal zunächst kaum merklich einsetzen und oft erst Wochen oder Monate nach dem Unfall ihre volle Stärke erreichen, sind viele Mediziner und Physiotherapeuten hilflos. Symptome wie Angstzustände, Schlafstörungen, Hypervigilanz (Überwachheit), Libidoverlust, generalisierte Schmerzen und Bewegungseinschränkungen sowie Depression sind Zeichen dafür, daß in uns eine schützende Hülle dauerhaft geschädigt worden ist.

---

* Quelle: Statistisches Bundesamt Wiesbaden

Nur wenige Fachärzte sind in der Behandlung psychischer Traumata ausgebildet, obwohl sie so häufig mit Schock- und Traumafolgen konfrontiert werden. Auch deutsche Physiotherapeuten sind nicht darin geschult, mit den körperlichen Auswirkungen eines Traumas auf das Nervensystem umzugehen, und oft verschlimmern sie den Zustand ihrer Patienten durch ihre Interventionen noch. Die meisten Hausärzte sind angesichts der Notwendigkeit, bis zu hundert Patienten täglich zu behandeln, hoffnungslos überfordert und deshalb allzuschnell bei der Hand, Beruhigungsmittel zu verschreiben, ohne den Symptomen, die ihre Patienten beobachtet haben, auf den Grund zu gehen.

Nach einer langen Odyssee, in deren Verlauf sich die Unfallopfer oft selbst grundsätzlich in Frage stellen, bleibt vielen nur noch die Einnahme von Psychopharmaka. Einige landen bei Psychotherapeuten oder Psychiatern, die diesen Patienten meist zu helfen versuchen, indem sie sie ihr Trauma erneut durchleben lassen, wodurch es jedoch zu einer Retraumatisierung kommt.

Doch nicht nur Verkehrunfälle begünstigen in unserem Lande die Entstehung von Traumatisierungen. Wir alle sind in der heutigen Zeit auch zahllosen Ungewißheiten und Bedrohungen ausgesetzt. Kriege, Terroranschläge, Geiseldramen, Amokläufer, Großunfälle und Naturkatastrophen erschüttern unser Leben, erzeugen Angst und veranlassen uns, diese Angst zu verdrängen, was sich in Form von Traumasymptomen niederschlägt. »Trauma ist Teil unseres Lebens und kann nicht vermieden werden.« (Dr. Peter Levine)

In den letzten Jahren sind zahlreiche Fachbücher und wissenschaftliche Untersuchungen zur Traumathematik veröffentlicht worden, doch nur wenige dieser Arbeiten beschreiben einen so konkreten und auch für Laien nachvollziehbaren Weg zur Traumabewältigung wie die Traumatherapie von Dr. Peter Levine, der mit Hilfe der von ihm entwickelten Methode des *Somatic Experiencing* die Auswirkungen von Traumata auf unser Körper-Geist-System untersucht. Er zeigt uns, wie wir die zu starke Aktivierung unseres durch Traumata übererregten Nervensystems auf sanfte Weise verringern und so unser körperliches Empfinden, Erleben und Verhalten normalisieren können.

Zur deutschen Ausgabe

Die Autoren dieses Buches haben auf der Grundlage des *Somatic Experiencing* und unter Einbeziehung ihrer langjährigen Erfahrungen in der Behandlung von Unfallopfern und in der Ausbildung von Traumatherapeuten eine in dieser Form einmalige Spezialanwendung entwickelt. Das vorliegende Buch ermöglicht in Deutschland erstmals einer breiten betroffenen Öffentlichkeit, sich nicht nur mit den theoretischen Grundlagen der Traumatheorie vertraut zu machen, sondern auch in kleinen Schritten gefahrlos den Weg zur Genesung anzutreten.

Das Buch hilft dem Leser, seine Traumasymptome zu erkennen und seine Traumata zu verstehen, bevor er lernt, seine Ressourcen zu stärken und seine *Resilienz* zu vergrößern. Der Begriff *Resilienz* beinhaltet Elastizität, Flexibilität und die Fähigkeit, sich nach dem Erleben belastender Situationen wieder in einen Zustand inneren Gleichgewichts zu versetzen und innere Sicherheit zurückzuerlangen.

Erst nachdem dies geschehen ist, läßt sich der »innere Sprengstoff« des Traumas in kleinen Schritten gefahrlos entschärfen. Mit Hilfe von Tests hat der Leser jederzeit die Möglichkeit, zu überprüfen, wie weit sein Genesungsprozeß bereit fortgeschritten ist und wie sehr sich seine Situation schon stabilisiert hat. Die im Buch beschriebenen Übungen auszuführen setzt zwar eine gewisse Experimentierfreudigkeit voraus, spornt Patienten aber andererseits auch zur Übernahme von Eigenverantwortung an, was eine wichtige Voraussetzung für die Genesung ist. Eine wichtige Voraussetzung für die erfolgreiche Arbeit mit diesem Buch ist, daß man sich auf die beschriebenen Übungen wirklich einläßt, auch wenn sie manchmal als zu einfach erscheinen mögen. Täuschen Sie sich nicht, lassen Sie sich darauf ein, und erfahren Sie, was dann tatsächlich passiert!

Wir hoffen, daß die Veröffentlichung dieses Buches zu einer Verbesserung der ärztlichen und physiotherapeutischen Arbeit mit Traumatisierten beiträgt. Die Zusammenarbeit dieser Berufsgruppen mit speziell ausgebildeten Traumatherapeuten könnte den Bemühungen um die Bewältigung vieler Traumata sehr zugute kommen.

Auch Angehörige werden die Symptome von Betroffenen nach der Lektüre dieses Buches besser verstehen. Und aufgeklärte Patienten können verhindern, daß sie als Traumatisierte gezwungen werden, den ihnen vorgezeichneten Weg des Opfers zu gehen, indem sie sich mit nichts anderem als dem Optimum des zu Erhoffenden, einer Heilung, also einem völligen Verschwinden der Traumasymptome, zufriedengeben.

Der Originaltext des Buches wurde überarbeitet, um die im Amerikanischen gebräuchlichen Fachbegriffe verständlich zu machen. Im Deutschen gebräuchliche Fachtermini wie »Resilienz«, »Arousal« und »Looping« wurden je nach Zusammenhang aufgelöst, um sie in den Fluß des deutschen Ausdrucks und den konkreten Bedeutungszusammenhang einzupassen. Der Abschnitt über jugendliche Autofahrer wurde überarbeitet, weil in Amerika die Fahrerlaubnis schon im Alter von 16 Jahren erteilt wird.

Wir würden uns freuen, wenn das Erscheinen des vorliegenden Buches einen Beitrag zum weiteren Sinken der Zahl der Unfallopfer beitrüge. Ebenso wichtig ist uns jedoch, daß es mehr Menschen gibt, die »ihren« Unfall nicht mehr jahrelang mit sich herumschleppen, sondern trotz des traumatischen Erlebnisses wieder in der Lage sind, mit geschärften Sinnen, leichtfüßig und mit Anmut durch ihr weiteres Leben zu gehen.

— PUNITO MICHAEL AISENPREIS,
Somatischer Therapeut u. Traumatherapeut,
Leiter der *ASI Akademie für Somatische Integration*, München

— SIBYLLE BRAUN,
Physiotherapeutin und Craniosacral-Therapeutin, Murnau

Vorwort

Jedes Jahr leiden Millionen von Menschen selbst nach kleineren Verkehrsunfällen unter starken Symptomen. Dieses Buch kann nicht nur Betroffenen und ihren Ärzten helfen, diese Symptome zu verstehen, es gibt ihnen auch einfache und gleichzeitig sehr effektive Werkzeuge an die Hand, welche die Heilung unterstützen.

Nach einem Verkehrsunfall werden wir automatisch in einen Schockzustand versetzt. Dies ist normal und soll uns vor überwältigendem körperlichem und emotionalem Schmerz schützen. Normalerweise löst sich dieser veränderte Bewußtseinszustand nach kurzer Zeit wieder auf, doch leider nicht immer.

Wenn die Betroffenen die normalerweise zeitlich begrenzte natürliche Reaktion nicht zum Abschluß bringen, entstehen bei ihnen oft sowohl physische als auch psychische Symptome. Das kann sehr verwirrend und beängstigend sein. Und oft sind selbst Fachleute verwirrt und frustriert angesichts jener schwer faßbaren Symptome, die wie die Liliputaner aus *Gullivers Reisen* über den ganzen Körper kriechen und sich auch der Psyche bemächtigen. Die frustrierten Ärzte und Psychotherapeuten halten ihre Patienten oft sogar für Simulanten oder glauben, sie litten unter irgendeiner anderen »psychosomatischen« oder »hysterischen« Störung. Eine solche Einschätzung kann dazu führen, daß sich die Betroffenen noch hilfloser fühlen oder gar verzweifeln. Und diese traurige Situation wird häufig noch weiter verkompliziert, wenn Auseinandersetzungen mit Gerichten und Versicherungen dabei eine Rolle spielen. In vielen Fällen wandern die Leidenden mit der immer gleichen Frage von einem Arzt zum nächsten: »Was ist mit mir los? Ist es etwas Körperliches oder existiert es nur in meinem Kopf?«

Die Autoren dieses Buches erklären verständlich und anhand vieler Fallbeispiele, daß die Symptome, die diese Menschen erfahren, nicht nur wirklich existieren, sondern daß man sie auch verstehen, verhindern und heilen kann. Weil sich Traumata sowohl im Körper als auch im Geist festsetzen, kann ein Ansatz, der sich nicht mit Geist und Körper gleichzeitig befaßt, nur von begrenztem Erfolg gekrönt sein.

Ausgehend vom *Somatic Experiencing*, einem Geist und Körper einbeziehenden Ansatz zur Heilung von Traumata, informieren die Autoren ihre Leser sorgsam über diese Reise zur Heilung und führen sie nicht nur zur Genesung, sondern gleichzeitig zur Entdeckung eines tieferen, reaktionsfähigeren und gestärkten Selbst.

Somatic Experiencing zeigt auf, daß das Trauma nicht im Ereignis selbst begründet liegt, sondern auf einer Dysregulation des Nervensystems basiert. Deshalb reagieren Menschen sehr unterschiedlich auf Situationen, die äußerlich »gleich« aussehen. Es ist zu hoffen, daß die hier dargestellte Traumaproblematik die schädliche Wirkung jener Selbstbeschuldigung verringern hilft, die Menschen befällt, wenn es ihnen nicht gelingt, ihre Symptome zu überwinden.

Wenn wir uns bedroht fühlen, wird unser Nervensystem augenblicklich in einen erhöhten Erregungszustand versetzt, um Energie zur Sicherung des Überlebens zu mobilisieren. Die für die überlebenssichernde Verteidigung aktivierte Energie ist so gewaltig, daß sie es beispielsweise einer selbst nur fünfzig Kilo schweren Mutter ermöglicht, ein Auto anzuheben, um ihr unter dem Fahrzeug eingeklemmtes Kind zu retten, auch wenn sie sich dadurch Muskelzerrungen und Knochenbrüche zuzieht. Wenn wir in unserem Auto sitzen, darauf warten, daß die Ampel auf Grün schaltet, und dann jemand unerwartet von hinten auf unser Fahrzeug auffährt, wird die gleiche starke Energie mobilisiert, wenn auch nur für einen Augenblick. Doch wir können in einem solchen Moment kaum etwas tun, um uns zu verteidigen. Wir können weder kämpfen noch fliehen, und im Gegensatz zu der heroischen Mutter, von der gerade die Rede war, haben wir bei einem Auffahrunfall, den wir passiv erleben, keine Möglichkeit, sinnvoll aktiv zu werden. Weil wir in dem Bruchteil einer Sekunde, in dem unser Körper unerwartet erschüttert wird, nicht zielgerichtet reagieren können, wird die gewaltige Überlebensenergie in uns blockiert, im Körper und im Geist. Die Energie ist einsatzbereit, vermag aber nichts zu bewirken.

Doch weil diese Energie irgendeinen Ausdruck finden muß, manifestiert sie sich in Form von Traumasymptomen. Hals und Rücken verspannen sich und werden von schmerzhaften Krämpfen erschüttert. Unser Nervensystem befindet sich in einem so starken Erregungszustand, daß wir weder gut schlafen noch uns ausruhen können. Unser Geist wird von Ängsten und Sorgen gequält. Möglicherweise entwickeln wir sogar eine Fahrphobie oder noch allgemeinere Ängste. Wenn dieser Zustand über Monate anhält, befällt uns Erschöpfung und Depression infolge von Schmerz, Schlafmangel und Gefühlen der Angst und Hilflosigkeit.

Dieses Buch bietet Unfallopfern Rat und Hilfe und gibt nützliche Hinweise zur Prävention. Die darin enthaltenen Informationen und Übungen vermögen die Entstehung leidvoller Symptome nach Autounfällen zu verhindern. Da wir alle irgendwann in einen Verkehrsunfall verwickelt werden können, halte ich dieses Buch für äußerst wichtig und begrüßenswert. Es kann entscheidend zur Verringerung unnötigen Leidens beitragen und sollte zusammen mit der Betriebsanleitung und dem Automobilclubausweis im Handschuhfach eines jeden Autos liegen.

— PETER A. LEVINE, PH.D.
Leiter der *Foundation Human Enrichment*
Autor von *Trauma-Heilung*

Benutzungshinweise

Dieses Buch will Ihnen helfen, nach einem Verkehrsunfall Ihre Gesundheit und Ihr Wohlbefinden wiederherzustellen. Die hier erläuterten Techniken wurden speziell für die Auflösung von Traumata entwickelt. Arbeiten Sie die einzelnen Kapitel in Ihrem eigenen Tempo durch. Vielleicht stellen Sie dabei fest, daß Ihre Aufmerksamkeitsspanne kürzer ist, als sie vor dem Unfall war. In keinem Fall sollte das Material zu schnell durchgearbeitet werden, denn der Kontakt zum Erlebnis des Unfalls sollte nicht zu schnell und zu heftig wiederhergestellt werden.

Die Fallbeispiele

Die hier vorgestellten Fallbeispiele stammen aus meiner eigenen Praxis und aus der meines Partners Larry. Namen und Einzelheiten wurden zum Schutz der Privatsphäre unserer Klienten abgeändert, ohne daß wesentliche Aspekte der jeweiligen Situation dadurch verzerrt wurden. Im gesamten Verlauf des Buches laden wir Sie ein, kleinere Übungen zu machen. Es handelt sich dabei um Techniken, die wir seit vielen Jahren in unserer Praxis und im Rahmen von Workshops einsetzen. Viele basieren auf Peter Levines Modell des *Somatic Experiencing*. Machen Sie die Übungen an einem ruhigen Ort, wo Sie sich sicher fühlen und nur, wenn Sie genug Zeit haben, sich wirklich zu konzentrieren.

Vielleicht haben Sie das Gefühl, mehr in der Zeit des traumatischen Ereignisses als in der Gegenwart zu leben, obwohl dieses Erlebnis schon Jahre zurückliegt. Ich möchte Ihnen helfen, sich in Ihrem gegenwärtigen Leben wieder völlig wohl zu fühlen und sich in immer geringerem Maße auf das erlebte Trauma zu konzentrieren. Natürlich können wir das Geschehene nicht ungeschehen machen, wohl aber können wir die Wirkung des Traumas in Gegenwart und Zukunft erheblich verringern, und zwar ohne den Einsatz von Psychopharmaka und ohne langwierige Therapien. Dieses Buch sagt Ihnen:

- warum selbst kleine Blechschäden schwere Symptome verursachen können,
- warum es wichtig ist, den Unfallsverlauf nicht in der Reihenfolge der Ereignisse durchzuarbeiten
- wie das Geschehen im Umfeld des Unfalls und seine Wirkung auf Sie zu beurteilen ist,
- wie Ihre Resilienz und Ihr Wohlbehagen gestärkt werden können und wie die durch den fortbestehenden Schock oder das Erstarren in Ihrem Körper festsitzende Energie abgebaut werden kann,
- warum diese Behandlung oft innerhalb kürzester Zeit wirkt und wie Sie Ihre Heilung selbst unterstützen können,
- wie Sie Ihr normales Reaktionsvermögen, das Sie zum sicheren Autofahren brauchen, wiederherstellen können,
- wie Sie Ihre Erinnerungslücken bezüglich bestimmter Aspekte des Unfalls schließen können,
- wie Sie die Schockwirkung eines schweren Zusammenstoßes auf Ihr Nervensystem überwinden können,
- wie Sie ein Verständnis für die erlebte Verletzung Ihrer persönlichen Grenzen entwickeln und diese Grenzen wiederherstellen können,
- wie Sie Schleudertraumata und Kompressionssymptome auf sanfte Weise auflösen können,
- wie Sie das Gefühl, bei angeschnalltem Sicherheitsgurt in der Falle zu sitzen, auflösen können,
- warum der Aufprall auf einen Airbag ein Trauma verstärken kann,
- wie man mit den speziellen Problemen jugendlicher Fahrer nach Unfällen umgehen sollte,
- wie Sie nach einem Unfall, den ein Beteiligter nicht überlebt hat, Gefühle wie Schuld und Trauer überwinden können,
- wie Sie das Erlebnis des Unfalls überwinden können.

Wir sind fest davon überzeugt, daß dieses Buch den Opfern von Verkehrsunfällen und ihren Familien sowie allen, die beruflich mit Unfallopfern in Kontakt kommen, wichtige Hilfen bietet. Dennoch kann es keine professionelle Behandlung ersetzen. Wenn Sie Opfer eines Unfalls geworden sind und sich noch nicht in traumaorientierter psychotherapeutischer oder ärztlicher Behandlung befinden, sollten Sie sich auf jeden Fall um diese Art von Hilfe zu bemühen.

Somatic Experiencing

Somatic Experiencing (SE) ist eine Kurzzeittherapie für die Auflösung und Heilung von Traumata. Sie wurde von Dr. Peter A. Levine entwickelt und basiert auf der Beobachtung, daß wilde Beutetiere zwar häufig bedroht, aber nur selten traumatisiert werden. Tiere in der Wildnis nutzen angeborene Mechanismen, um starke Erregungszustände zu regulieren und die durch defensives Überlebensverhalten mobilisierte Energie zu neutralisieren. Diese Mechanismen immunisieren die Tiere gegen Traumata und machen es ihnen möglich, unmittelbar nach einem mit starker Erregung des Nervensystems verbundenen lebensbedrohlichen Erlebnis wieder in den Normalzustand zurückzukehren.

Nun werden Menschen zwar mit praktisch den gleichen Regulationsmechanismen geboren wie Tiere, doch wird die Funktionsfähigkeit dieser instinktgeleiteten Systeme häufig unter anderem durch den »rationalen« Teil des Gehirns außer Kraft gesetzt oder gehemmt. Diese Einschränkung des natürlichen Reaktionsvermögens verhindert die vollständige Neutralisierung der aktivierten Überlebensenergie und die Rückversetzung des Nervensystems in einen ausgeglichenen Zustand. Die nicht verbrauchte oder neutralisierte Energie bleibt im Körper, und das Nervensystem verharrt im »Überlebensmodus«. Die verschiedenen Traumasymptome entstehen durch die Bemühungen des Körpers, mit der Energie fertig zu werden, die nun ungenutzt in ihm festsitzt.

Somatic Experiencing nutzt das Gewahrsein der Körperempfindungen, um Menschen bei der Heilung ihrer Traumata zu helfen und ihnen dadurch ein Durchleben derselben zu ersparen. Werden die Betroffenen auf angemessene Weise mit dem instinktiven *felt sense*, dem *ganzheitlichen inneren Empfinden**, konfrontiert, können sie Kontakt zu ihrer angeborenen inneren Immunität gegen Traumata aufnehmen, was ihnen die Möglichkeit gibt, die aktivierten Überlebensenergien auf gefahrlose Weise zu neutralisieren. Sobald dies geschehen ist, kommt es bei den Betroffenen häufig zu einer starken Verringerung oder gar zum völligen Verschwinden der Traumasymptome.

Weil traumatische Erlebnisse häufig Konfrontationen mit dem Tod sind, rufen sie außergewöhnliche Reaktionen hervor. Der so eingeleitete Transformationsprozeß kann bewirken, daß die Wahrnehmung und das Erleben der eigenen Person sowie anderer Menschen vertieft wird. Die Reise zur Heilung kann ein »Aufwecken« bisher ungenutzter Ressourcen beinhalten. Dadurch kann sich für die Betreffenden das Tor zu einer Wiedergeburt öffnen, was nicht selten zur Folge hat, daß sie zu einer gesteigerten Empfindung des Lebens im Fluß gelangen. Es kann sogar zu einem tieferen spirituellen Erwachen kommen, das wiederum einen normalen Kontakt zur Welt ermöglicht.

Die Struktur des Traumas selbst, einschließlich der damit einhergehenden Phänomene Übererregung, Dissoziation und Erstarren, basiert auf Verhaltensweisen, die Beutetiere angesichts der Bedrohung durch Raubtiere entwickeln und die dem Überleben dienen. Traumasymptome entstehen durch eine in höchstem Maße aktivierte, aber nicht abgeschlossene biologische Reaktion auf Bedrohung. Durch Auflösung dieser Starre und anschließenden Abschluß der Überlebensreaktion kann das Trauma geheilt werden.

Traumasymptome werden nicht durch das gefährliche Ereignis selbst verursacht. Sie entstehen vielmehr dadurch, daß Reste der durch das Ereignis aktivierten Energie nicht neutralisiert werden, sondern im Körper verbleiben. Diese Restenergie beeinflußt das Nervensystem und kann in unserem Körper ebensoviel Schaden anrichten wie in unserer Psyche. Wilde Tiere haben die Fähigkeit entwickelt, diese nicht genutzte Energie »abzuschütteln«. Für uns Menschen liegt der Schlüssel zur Auflösung von

---

* siehe Peter Levine, *Trauma-Heilung*. Synthesis Verlag, Essen 1998.

Traumasymptomen in unserer Fähigkeit, die im Körper zurückgebliebene ungenutzte Energie allmählich zu reaktivieren und sie dann ebenfalls zu neutralisieren. Dabei hilft *Somatic Experiencing*.

— PETER A. LEVINE

Wichtige Schlüsselbegriffe

Weil die in diesem Buch beschriebenen Techniken neu sind, wollen wir die wichtigsten Fachbegriffe an dieser Stelle erläutern.

Aktivierung Übererregung (Hyperarousal) des Nervensystems.

Arousal Im Nervensystem befindliche aktivierte Energie.

Autonomes Nervensystem Der Teil des Nervensystems, der die unwillkürlichen Körperfunktionen wie Atmung, Herzfrequenz, Schweißabsonderung, Appetit, Zittern, Schlaf, unwillkürliches Zittern oder Schütteln, Sexualtrieb usw. steuert.

Dissoziation Abspaltung, Unterbrechung einer Verbindung.

Grenzen Der empfundene Privatraum, der Bereich, innerhalb dessen Menschen sich sicher fühlen.

Grenzüberschreitung Das Gefühl, vor den Ereignissen und Objekten in der Umgebung nicht mehr geschützt zu sein, von äußeren Reizen überflutet zu werden.

Kreative Selbstregulierung Die Fähigkeit des Körpers, den Aktivierungsgrad zu modulieren und im inneren Gleichgewicht zu bleiben. Den Aktivierungsgrad zu modulieren bedeutet, daß der Körper über die Energie verfügt, die er braucht, um sich Herausforderungen oder einer Gefahr zu stellen, und daß er nach bewältigter Herausforderung oder Gefahr die nicht benötigte Energie wieder neutralisieren und in den Ruhezustand zurückkehren kann.

Nicht sequentiell Nicht in der Reihenfolge des tatsächlichen Geschehens.

Oase Eine innere Erfahrung der Sicherheit, auf die sich Klienten beziehen können, wenn sie bei der Arbeit an schwierigem traumatischem

Material Unterstützung benötigen. Man arbeitet nie an einem traumatischen Erlebnis, ohne zuvor jene stabile Basis geschaffen zu haben, die Oase genannt wird.

Reptilienhirn Das oft als »primitiv« bezeichnete Zentrum des Gehirns und dessen ältester Teil. Es ist für Überleben, Selbsterhaltung und die Instinkte zuständig.

Resilienz (adäquates Reaktionsvermögen, innere Sicherheit, Belastbarkeit, Elastizität) Die Fähigkeit, mit den Schwierigkeiten des Lebens fertig zu werden, und die Integration seiner selbst, die Verbindung zum eigenen Wesen aufrechtzuerhalten. Die Fähigkeit, sich nach einer Schwierigkeit wieder zu »berappeln«.

Ressource Alles, was Menschen ein Gefühl der Sicherheit und des Wohlbehagens vermittelt, was zum Abbau von Spannungen oder Erregung beiträgt und was eine Entspannungsreaktion auslöst.

Schleifen fahren *(looping)* Eine Technik, die darin besteht, daß man von einer Ressource, die Entspannung und Energieabbau fördert, zum kurzzeitigen Erleben eines kleinen Teils des immer noch belastend wirkenden traumatischen Materials wechselt. Der Wechsel zwischen den beiden genannten Elementen macht die Verarbeitung des Traumas erträglicher.

Spanne der Resilienz Das Spektrum an Situationen, in denen sich ein Mensch in seinem Leben mit Problemen auseinandersetzen und gegen sie kämpfen kann, ohne daß er das Gefühl bekommt, mit der Situation nicht mehr fertig zu werden. Wie groß dieses Spektrum ist und was es beinhaltet, hängt von genetischen Faktoren, der Familiengeschichte, dem Unterstützungssystem des Betreffenden usw. ab.

Standbildtechnik *(freeze frame)* Einen gefährlichen Augenblick einfangen, indem man ihn wie ein einzelnes Bild eines Films »erstarren« läßt. Diese Technik gibt dem Körper Zeit, seine normale biologische Abwehrreaktion, d. h. zu kämpfen oder zu fliehen, zum Abschluß zu bringen.

Titration Ein Heilungsprozeß, bei dem Menschen sich mit einem Trauma in kleinen, »verdaulichen Happen« auseinandersetzen, Stück für Stück, Bissen für Bissen.

Überaktivierung Übermäßige Erregung und Aufladung des Nervensystems mit Energie.

Überlebensmodus Der Zustand der Übererregung (Hyperarousal), einer permanenten Mobilisierung, die der Bewältigung von Bedrohungen dient.

Überwältigt sein Das Gefühl, daß das Erlebte das Bewältigungsvermögen des Betreffenden in einem bestimmten Augenblick übersteigt.

Verkettung *(linking)* Der Schnappschuß, den unser Geist von einem traumatischen Ereignis macht und uns anschließend dazu veranlaßt, jedes Element dieser Momentaufnahme mit Gefahr zu assoziieren. Wenn wir beispielsweise auf einem Highway in der Bergen im Regen von einem weißen Auto in einen Unfall verwickelt werden, empfinden wir fortan alle genannten Elemente (weiße Autos, Fahren in den Bergen, Fahren auf Highways, Regen) als bedrohlich, und sie alle können bei uns Angstreaktionen hervorrufen.

Von der Peripherie her arbeiten Man beginnt mit dem am wenigsten traumatischen Material und arbeitet sich von dort aus zu immer schwierigerem Material vor.

1

Was geschieht während eines Verkehrsunfalls und danach?

Sich in sein eigenes Auto zu setzen und loszufahren gehört vermutlich zum Gefährlichsten, was man heute tun kann.

— DIANE POOLE HELLER

Wer sollte dieses Buch lesen?

Sind Sie einer von den vielen Menschen, die im vergangenen Jahr in einen Verkehrsunfall verwickelt waren? Ist jemand, den Sie kennen oder der Ihnen nahesteht, bei einem solchen Unfall verletzt worden?

Da ich selbst einen schweren Autounfall miterlebt habe und dabei verletzt worden bin, verstehe ich viel von dem, was Sie möglicherweise durchgemacht haben. Jenes Erlebnis hat meine Tätigkeit als Psychotherapeutin völlig verändert. Seither widme ich mich der Behandlung von Menschen, die Verkehrsunfälle miterlebt haben, sowie der Arbeit mit Überlebenden, die auf andere Weise schwer traumatisiert wurden.

Dieses Buch ist für zwei Gruppen von Menschen gedacht und für alle, die sich um diese Menschen kümmern. Zur ersten Gruppe gehören Menschen, die wissen, daß sie infolge eines Autounfalls unter dauerhaften Symptomen leiden, die zu lindern oder zu beseitigen ihnen bisher nicht gelungen ist. Der anderen Gruppe gehören diejenigen an, die einmal einen Autounfall miterlebt haben, möglicherweise schon vor Jahren, sich der dauerhaften Auswirkungen dieses Erlebnisses jedoch nicht bewußt sind. Vielleicht hat sich Ihr Appetit oder Ihr Schlafmuster verändert, oder Sie leiden unter Stimmungsschwankungen, Depressionen, Angstzuständen oder gar körperlichen Schmerzen, die Sie sich nicht erklären können. Während Sie dieses Buch lesen, werden Sie erkennen, daß solche Veränderungen Ihres Verhaltens und Ihrer Stimmungslage unmittelbar mit dem Trauma zusammenhängen können, das Sie bei dem Unfall erlitten haben, selbst wenn sie erst Monate danach aufgetreten sind.

Verkehrsunfälle – ein Teil des Alltags

Verkehrsunfälle kommen so häufig vor, daß wir sie oft für einen normalen Bestandteil des Alltagslebens halten. In einer Fernsehsendung wurde kürzlich festgestellt, daß sich in den Vereinigten Staaten alle zwei Sekunden ein Autounfall ereignet. In anderen Ländern, beispielsweise in Israel, liegt die Häufigkeit von Autounfällen noch zweieinhalb Mal höher. Solche Unfälle können heftige Reaktionen in unserem Körper auslösen, die unsere Lebensqualität beeinträchtigen und uns arbeitsunfähig machen. Sie können chronische Schmerzen und viel anderes Leid verursachen, und ihre Behandlung kann Tausende von Euro kosten. Einige dieser Symptome sind leicht als Unfallfolgen zu erkennen, andere nicht ganz so leicht, obwohl sie nicht weniger belastend wirken.

Nach Angaben des *National Center for Statistics and Analysis* ereigneten sich allein 1999 in den Vereinigten Staaten 6 Millionen Autounfälle, bei denen mehr als 3 Millionen Menschen verletzt wurden. Eine Studie, über die im *American Journal of Psychiatry* berichtet wurde, hat ergeben, daß bei den meisten Opfern von Autounfällen Symptome der posttraumatischen Belastungsstörung (PTBS) auftreten, daß die Symptome über neun Monate nach dem Unfall in vollem Umfang bestehen bleiben und daß Frauen häufiger als Männer unter zwar schwerer definierbaren, aber dennoch eindeutig vorhandenen Symptomen leiden. Wenn die Betroffenen bereits vor dem Unfall unter Traumata oder Depressionen gelitten haben, wird die Gefahr eines dauerhaften Traumas durch den Unfall noch erhöht. Andererseits leidet natürlich nicht jeder, der einmal in einen Autounfall verwickelt war, unter einer posttraumatischen Belastung. Die entsprechenden Reaktionen hängen nicht nur von der Intensität des traumatischen Ereignisses ab, sondern auch von vorangegangenen Traumata, der nach dem traumatischen Erlebnis erhaltenen Unterstützung, der psychischen Vorgeschichte und der biologisch bedingten Resilienz.

Könnten Ihre Symptome etwas mit Ihrem Unfall zu tun haben?

Nach einem wissenschaftlichen Aufsatz mit dem Thema »Opfer von Autounfällen: Vorkommen und Prävention der Posttraumatischen Belastungsstörung« (Brom, Kleber u. Hofman) neigen Unfallopfer dazu, Szenen des Unfalls oder die gesamte Situation zwanghaft immer wieder zu erleben. Auch erinnern sie sich oft nicht an das Geschehene, sind nicht bereit, über das Erlebte zu sprechen, oder fühlen sich emotional abgestumpft. Sie leiden unter Schuldgefühlen, Depressionen, Verhaltensveränderungen, Wut und Angst sowie unter Schlafstörungen, und alle diese Erscheinungen können über Monate oder sogar Jahre bestehen bleiben.

»Meist ziehen Autounfälle ein Konglomerat psychischer, medizinischer und juristischer Konsequenzen nach sich, zwischen denen sich eine komplexe Wechselwirkung entfaltet«, heißt es in dem Aufsatz.

Von den Unfallopfern, die zur Behandlung in unsere Praxis kommen, leiden einige schon länger unter mäßigen bis schweren Symptomen: Schmerzen, Depression und Angst, um nur einige zu nennen. Vielen ist nicht klar, daß ihre Symptome von einem zuvor erlebten Unfall herrühren. Larry hat kürzlich eine Frau wegen Depression und Angst behandelt, die sie selbst mit ihrer ehelichen Situation in Zusammenhang brachte. Nach fünfwöchiger Behandlung erinnerte sich die Klientin an einen Autounfall, den sie sechs Jahre zuvor miterlebt hatte. Ihr war nicht klar gewesen, daß dieses Erlebnis immer noch nachwirkte. Nach nur zweiwöchiger Arbeit an dem Unfall hatte sich ihre Depression und ihre Angst stark verringert, was ihr die Möglichkeit gab, mehr Energie für die Arbeit an ihren ehelichen Problemen zu mobilisieren. Im Laufe dieser beiden Sitzungen wurde ihr der Zusammenhang zwischen mehreren ihrer Symptome klar: warum sie Schmerzen in der linken Schulter hatte, warum sie Angst bekam, wenn in ihrer Nähe ein Unfall passierte, und sogar warum sie mehrere Monate nach dem Unfall wieder mit dem Rauchen angefangen hatte.

Ich werde Ihnen nun ein paar Fragen stellen:

- Sitzen Sie beim Autofahren lieber selbst am Steuer, um mehr Kontrolle über die Situation zu haben?
- Haben Sie bei Ihrem Autounfall ein Schleudertrauma erlitten?
- Haben Sie seit Ihrem Unfall jemals Angst davor gehabt, in einem Auto zu fahren?
- Werden Sie nachts von Alpträumen oder Rückblenden geweckt, die mit Ihrem Unfall zusammenhängen?
- Leiden Sie immer noch unter Schmerzen oder Kopfschmerzen, gegen die keine Behandlung etwas auszurichten vermag?
- Kämpfen Sie ständig mit Gefühlen wie Wut und Frustration?
- Meiden Sie den Unfallort nach wie vor?

Bei Symptomen wie diesen ist der Zusammenhang mit einem Unfall offensichtlich. Weitere Symptome sind stärkere Reizbarkeit, Gewichtszunahme oder -abnahme, Schlafstörungen, mangelndes oder verstärktes Interesse an Sex und einfach das Gefühl, nicht man selbst zu sein. Auch diese Symptome können unmittelbare Folgen Ihres Autounfalls sein, selbst wenn sie erst bis zu achtzehn Monaten danach aufgetreten sind. Unser Körper scheint das Erlebte eine Zeitlang zu kompensieren. Wenn Sie unter »mysteriösen« und/oder anhaltenden unangenehmen Symptomen leiden, die noch Monate oder Jahre nach einem Unfall auftreten, kann dieses Buch Ihnen helfen.

Haben wohlmeinende Ärzte Ihnen klarzumachen versucht, daß Sie sich Ihre Beschwerden nur einbilden? Wenn Symptome sich festsetzen und diejenigen, die sich um unser Wohl kümmern, trotz bester Absichten nicht mehr wissen, wie sie uns helfen sollen, fangen wir an, uns selbst zu beschuldigen. Meine Klienten erklären beim Erstgespräch häufig, sie hätten ihr Leben nicht mehr unter Kontrolle und fürchteten, verrückt zu werden. Mit Hilfe dieses Buches werden Sie verstehen, warum die posttraumatische Belastungsreaktion das *Gefühl* hervorrufen kann, man würde verrückt, was aber keineswegs heißt, daß man verrückt *ist*! In Anbetracht dessen, was Sie erlebt haben, ist das Auftreten von Traumasymptomen keineswegs ungewöhnlich, und wenn Sie sie verstehen und akzeptieren, gibt es meist Möglichkeiten, sie zu beseitigen oder zumindest zu verringern. Mit adäquater Unterstützung ist unser Körper aufgrund seiner angeborenen Weisheit durchaus in der Lage, sich selbst zu heilen.

Dieses Buch kann Ihnen auf folgende Weisen bei diesem Heilungsprozeß helfen:

- Es zeigt Ihnen, daß viele Ihrer Symptome normale Folgen der Wirkung eines Traumas auf Ihr Nervensystem sind.
- Es veranschaulicht durch Fallbeispiele, daß andere unter den gleichen Symptomen gelitten haben und wie sie genesen sind.
- Es stellt Übungen vor, die Sie allein, mit einem Partner oder im Rahmen einer medizinischen oder psychotherapeutischen Behandlung machen können.
- Es leitet Sie dazu an, Ihre Symptome auf ungefährliche und auf Integration zielende Weise aufzulösen.
- Es befreit die durch den Unfall in Ihrem Nervensystem gebundene Energie.
- Es vermittelt Ihnen Techniken zur Stärkung der Resilienz, mit deren Hilfe Sie erlebte Traumata überwinden können.
- Es hilft Ihnen, mit künftigen Problemen und Traumata angemessener umzugehen.

Durch die Arbeit mit den hier beschriebenen Techniken werden Sie ein bisher unbekanntes Gefühl für Ihre eigene Kraft und Fähigkeit erleben, das Gefühl: »Ich kann.«

Meine eigene Geschichte

Da ich selbst einen Autounfall hatte, ist mein Interesse an der Traumatherapie und an Methoden zur Auflösung von Traumasymptomen auch ein sehr persönliches. Den 14. September 1988 werde ich nie vergessen. An jenem Tag war ich an einem sehr schweren Frontalzusammenstoß bei hoher Geschwindigkeit beteiligt. Der Unfall ereignete sich ausgerechnet zwei Wochen vor meinem Hochzeitstag. Da ich bei dem Unfall eine leichte Gehirnverletzung erlitt, war ich vor, während und nach dem großen Ereignis in meinem Leben etwas desorientiert. Zwischen den letzten Vorbereitungen für die Hochzeitsfeier mußte ich immer wieder Arzttermine wahrnehmen, und obwohl mich das Fahren immer noch in Todesangst versetzte, fuhr ich in einem mir nicht vertrauten Mietwagen herum, da mein eigenes Auto einen Totalschaden gehabt hatte. Ich mußte mir in dieser Zeit nicht nur ein Hochzeitskleid kaufen, sondern auch noch über den Kauf eines neuen Autos verhandeln, obwohl ich kaum klar denken konnte. Im Restaurant machte ich dem Personal falsche Angaben zur Anzahl der Personen, die am Polterabend teilnehmen würden, weil ich nicht mehr richtig addieren konnte. Alles, was vorher so gut organisiert gewesen war, löste sich nun in Chaos auf. Selbst die kleinste Entscheidung war ein ungeheurer Kraftakt, und es waren viele Entscheidungen zu treffen – *zu* viele. Doch trotz all dieser Schwierigkeiten heirateten Larry und ich schließlich am 1. Oktober.

Wie war es zu jenem Frontalzusammenstoß gekommen? Ich fuhr auf einer vierspurigen Straße ohne Mittelstreifen. Auf dem Sitz neben mir lagen mein Hochzeits-Terminkalender und ein wunderschönes Brautpaar aus Porzellan, das den Hochzeitskuchen zieren sollte. Es hatte schon auf dem Hochzeitskuchen meiner zukünftigen Schwiegermutter gestanden, und nun sollte es zum Symbol meiner eigenen beginnenden Familientradition werden. Sie hatte es mir mit einer großzügigen Geste übergeben, um mich in ihrer Familie willkommen zu heißen.

Während ich mit ca. 90 Stundenkilometern fuhr, merkte ich, wie der Kuchenschmuck über den glatten Einband des Notizbuchs zu rutschen begann. Panisch griff ich nach dem Brautpaar und löste den Sicherheitsgurt, um zu verhindern, daß das zerbrechliche Schmuckstück auf dem Boden des Wagens zerschmettert würde. Das Brautpaar rutschte weiter, und ich beugte mich immer weiter vor. Ich hab's! Ja! Ich hatte das Brautpaar gerettet!

Plötzlich sah ich einen Mercedes direkt auf mich zukommen. Im Bruchteil einer Sekunde war mir klar, daß ich das Steuer zu weit nach links gedreht hatte und dadurch auf die Gegenfahrbahn geraten war. Zu spät! Ich fuhr mit ca. 90 Stundenkilometern, und der Mercedes fuhr auch nicht langsamer. Das ergab eine Aufprallgeschwindigkeit von insgesamt 180 Stundenkilometern – und ich war noch nicht einmal angeschnallt!

Mit voller Wucht krachte mein Oberkiefer auf das Steuerrad, und als ich mit dem Kopf gegen die Windschutzscheibe donnerte, zerbrach diese. Wie in Zeitlupe sah ich, daß sich der Mercedes überschlug und mit dem Dach nach unten auf der Straße landete. Ich glaubte, der Fahrer des anderen Wagens sei schwer verletzt oder gar tot – was zum Glück nicht der Fall war. Ich machte mir so große Sorgen um ihn, daß mir das eigentliche Wunder völlig entgangen war: Ich hatte überlebt, wenn auch blutend und übel zugerichtet.

Der Fahrer des Mercedes hatte nicht nur überlebt, sondern war nicht einmal verletzt und eilte sofort herbei, um mir aus meinem völlig demolierten Auto zu helfen. Zufällig war er Kieferchirurg – und außerdem ein guter Samariter. Er kümmerte sich um meine Gesichtsverletzungen und gab den Sanitätern nützliche Hinweise. Vor dem Hintergrund dessen, was ich heute über Traumata weiß, frage ich mich immer noch, ob bei ihm später ebenfalls Symptome zutage getreten sind. Ich habe versucht, Kontakt zu ihm aufzunehmen, um ihm zu danken und herauszufinden, wie es ihm mittlerweile geht, aber ist es mir nicht gelungen, ihn ausfindig zu machen.

Durch meinen eigenen Unfall lernte ich eine Menge über die Wirkung von Frontalzusammenstößen bei hoher Geschwindigkeit. Ich erfuhr, daß ein Schock, der durch einen solchen Aufprall entsteht, so erschütternd wirken kann, daß man das Gefühl hat, verrückt zu werden und innerlich völlig die Kontrolle zu verlieren. Die normalen Körperfunktionen »geraten aus dem Takt«, und früher erlebte Traumata können reaktiviert werden. Auf mich wirkte jenes Erlebnis so, als sei die Büchse der Pandora geöffnet worden. Nicht aufgelöste emotionale Probleme traten durch den Unfallschock erneut zutage.

Symptome, die infolge des Unfalls mit Verzögerung auftraten, waren zum Beispiel ein merkwürdig extremer Wechsel in der Körpertemperatur von heiß nach kalt sowie starke nächtliche Schweißausbrüche. Außerdem wachte ich manchmal mitten in der Nacht mit starken Ängsten und intrusiven Rückblenden von dem Unfall auf. Ich schien dazu verurteilt, das Ereignis immer wieder zu durchleben – als ob das eine Mal nicht gereicht hätte! Außerdem aß ich ständig und war deshalb bald dreißig Pfund schwerer. Länger als bis drei Uhr morgens konnte ich nicht schlafen. Sobald ich aufwachte, hatte ich Angst, und mein ganzer Körper schien »aus dem Lot« zu sein.

Eines der merkwürdigsten Symptome trat noch Monate nach dem Unfall auf: Immer wenn ich mich irgendwo hinsetzte, hatte ich das Bedürfnis, einen imaginären Sicherheitsgurt anzulegen. Nach gründlicherem Nachdenken glaubte ich diese Reaktion zu verstehen. Weil ich wenige Augenblicke vor dem lebensbedrohlichen Zusammenstoß den Sicherheitsgurt gelöst hatte, hatte diese Bewegung eine für mein Überleben besondere Bedeutung angenommen, weshalb ich sie fortan überall, wo ich mich hinsetzte, automatisch ausführte. Ich fühlte mich zwar merkwürdig dabei, konnte aber nichts dagegen tun. Es schien, als wollte ich den Schaden immer und immer wieder ungeschehen machen. Ich war immer noch ganz »im Unfall« fixiert und versuchte, etwas zu meiner Rettung und zur Verhinderung des Zusammenstoßes zu tun. Mein Leben war in großer Gefahr gewesen, und dadurch waren alle meine Überlebensreaktionen mobilisiert worden. Leider ließen sie sich nicht mehr abstellen, sondern blieben permanent aktiv. Ich war im Überlebensmodus gefangen.

Auf ein anderes interessantes Symptom wurde ich erst aufmerksam, als mich andere Fahrer auf der Autobahn deswegen angehupt hatten. Aus mir unerfindlichen Gründen sah ich nicht, wenn sich mir Autos von links näherten. Das Einfädeln in den Verkehr auf Autobahnen wurde dadurch sehr unangenehm und schwierig. Dann erinnerte ich mich an weitere Details des Zusammenstoßes.

Im Augenblick des Aufpralls war ich nach links gedreht worden, so daß ich mit der linken Körperseite aufschlug. Unmittelbar vor dem Aufprall hatte ich das mir von links entgegenkommende Fahrzeug gesehen. Verzweifelt hatte ich versucht, mein Auto nach rechts zu steuern und es so aus der Gefahrenzone zu bringen – was mir leider nicht schnell genug gelungen war. Später merkte ich, daß ich nicht nach links schauen konnte, ohne mich bewußt zu einer Bewegung meines Kopfes zu zwingen. Im

Was geschieht während eines Verkehrsunfalls und danach?

Straßenverkehr vermied ich, nach links zu schauen. Aber natürlich muß man auch mal nach links schauen, um sicher fahren zu können. Später erfuhr ich, daß sich mein Körper im »Gefahrenvermeidungsmodus« befand und daß er die gesamte räumliche Orientierung nach links als »gefährlich« eingestuft hatte. Mit anderen Worten: Ich hatte sogar Probleme, auf Autos und andere Objekte, die von links kamen, zu achten. Meine Reflexe und meine Fähigkeit, mich in diese Richtung zu orientieren, waren stark beeinträchtigt, weil mein Überleben in jener Situation damit assoziiert worden war, daß ich mich nach rechts orientiert und mich dadurch in Sicherheit gebracht hatte. Es war, als wollte ich noch Monate nach dem Unfall dem mir entgegenkommenden Mercedes ausweichen!

Ich merkte auch, daß ich nach dem Unfall in viel größerer Gefahr schwebte, erneut in einen Unfall verwickelt zu werden, weil ich mich nicht völlig normal in jede beliebige Richtung orientieren konnte. Im Straßenverkehr fühlte ich mich ein wenig wie das berühmte Kaninchen vor der Schlange. Ich hatte das Gefühl, den Reaktionen und Instinkten meines Körpers nicht mehr völlig vertrauen zu können, und das war eine äußerst beängstigende Erkenntnis.

Über den Unfall zu sprechen verstärkte meine Angst noch, obwohl mir genau das von den meisten Menschen in meiner Umgebung als Methode zur Krisenbewältigung empfohlen wurde. Meine Erinnerung an das Erlebte wies zwar Lücken auf, aber dennoch mußte ich mir die Teile des Erlebnisses, die mir noch im Gedächtnis hafteten, unablässig vergegenwärtigen. Außerdem lernte ich das bereits erwähnte Phänomen »Büchse der Pandora« kennen. Unaufgelöste frühere Traumata und mit diesen zusammenhängende Symptome tauchten in gleicher Stärke auf wie die durch den Unfall entstandenen. Ich mußte eine Möglichkeit finden, mit all diesen belastenden Faktoren fertig zu werden. Da die traditionellen medizinischen und psychotherapeutischen Behandlungsmethoden bei mir nicht die erhoffte Wirkung zeigten, war ich fast vier Jahre lang auf der Suche nach anderen Möglichkeiten der Heilung. Ich suchte unterschiedliche Traumaspezialisten im ganzen Land auf, bis ich schließlich Peter Levines *Somatic Experiencing* kennenlernte. Später machte ich die mit dieser Methode verbundenen Techniken zur Grundlage meiner eigenen therapeutischen Arbeit. Tausende von Menschen auf der ganzen Welt sind nach der Methode des *Somatic Experiencing* behandelt worden. Ich möchte mein Wissen über diese Methode an Sie weitergeben, weil sie mir und vielen anderen wirklich geholfen hat.

Somatic Experiencing beinhaltet Techniken und Erkenntnisse aus traditionellen medizinischen, psychologischen und physikalischen Therapiemethoden. Was Peter Levines neue Methode von all jenen Behandlungsansätzen unterscheidet, ist die Art, wie sie das Geschehen während eines stark belastenden Erlebnisses im autonomen Nervensystem versteht. Wenn traditionell arbeitende Therapeuten das Wissen um die Wirkung von Traumata auf das Nervensystem in ihre Arbeit integrieren, stellen sie oft fest, daß sie mit ihren eigenen Ansätzen wesentlich bessere Erfolge erzielen. Mittlerweile verfügen schon Hunderte von Medizinern und Psychologen in mehr als einem Dutzend Ländern über eine Ausbildung in *Somatic Experiencing*. Ich wurde von Peter Levine persönlich behandelt und ausgebildet. Nachdem ich mehrere Jahre mit ihm zusammengearbeitet habe und Zeuge vieler erstaunlicher Heilungen wurde, bin ich wirklich überzeugt von seiner Arbeit. Er weiß, wie der menschliche Körper auf traumatische Belastungen reagiert, und was noch wichtiger ist: wie man diesen Prozeß umkehren kann! Viele Wissenschaftler und Forscher waren damals noch der Meinung, daß die chemischen Prozesse im Gehirn Traumatisierter so stark verändert werden, daß eine Rückkehr zum Normalzustand nicht mehr möglich ist. Oft wurden solchen Menschen nur Medikamente verschrieben, und man versuchte ihnen beizubringen, mit ihren Problemen »fertig zu werden«.

Larry und ich lehren die von Peter Levine entwickelte Methode mittlerweile an der *Foundation for Human Enrichment*, einer 1992 gegründeten gemeinnützigen Organisation, die sich für die Heilung von Traumata einsetzt.

In den folgenden Jahren hat sich der Schwerpunkt meiner Arbeit mit Klienten auf die Stärkung, die Nutzbarmachung von Ressourcen und die Wiederherstellung der Resilienz verlagert. Diesen Ansatz nenne ich *The Heller Resilience Model*. Mir ist klar geworden, daß Menschen bei der Bewältigung extremer Traumata unglaubliche Fähigkeiten mobilisieren. So gesehen kann ein Trauma letztendlich zu einem Geschenk werden, das den Betroffenen zu einer Existenz verhilft, die deutlich stabiler ist als vor dem traumatischen Geschehen.

Das Porzellanbrautpaar, das einen Unfallschaden von 60 000 Dollar verursacht hatte, sollte offenbar nicht mit dem Schrecken davonkommen. Am Abend desselben Tages wurde in der kleinen Bäckerei in Boulder, wo der Hochzeitskuchen gebacken werden sollte, eingebrochen. Das Brautpaar, das in einem Regal hoch über einem CD-Player »in Sicherheit« gebracht worden war, fiel zu Boden und zersprang in Stücke, als die Einbrecher die wertvolle Musikanlage mitnahmen. Soviel zu meinen beherzten Bemühungen, die Familientradition zu retten!

Selbst geringfügige Blechschäden können in Ihrem Körper eine Reaktion auslösen, durch die ein Trauma entsteht. Viele Menschen, die einen Unfall hatten, leiden, auch wenn sie keine offensichtlichen Verletzungen davongetragen haben, später unter Symptomen wie Schlaflosigkeit, chronischen Schmerzen, Angstzuständen und Depression, die mit dem Erlebten scheinbar nicht das Geringste zu tun haben. Selbst Ärzte sind sich häufig nicht darüber im klaren, daß selbst kleinere Unfälle eine Wirkung auf das Nervensystem haben. Das ist teilweise so, weil einige der Symptome erst nach Tagen, Wochen oder gar Monaten deutlich zutage treten. Während einer Behandlung nach der Methode des *Somatic Experiencing* wird der Zusammenhang zwischen den aufgetretenen Symptomen und dem Unfall allmählich klar. Zwar meinen die Klienten oft, ihre Symptome hätten nicht das Geringste mit ihrem Unfall zu tun, doch sehen wir uns auf dem richtigen Weg, wenn wir beim Durcharbeiten des Unfalls merken, daß die Symptome bei Anwendung der im folgenden beschriebenen Übungen und Techniken nachlassen und schließlich völlig verschwinden.

Lesen Sie, wie es James ergangen ist. Obwohl er Physiotherapeut ist und viel über die Nachwirkungen von Traumata auf seine Klienten weiß, erkannte er nicht, wie sich ein Unfall, an dem er selbst beteiligt gewesen war, auf sein Leben auswirkte.

James

James fuhr mit fast 100 Stundenkilometern, als er die Kontrolle über seinen MG verlor. Während der Wagen mehrmals gegen die Leitplanke auf dem Mittelstreifen prallte, wurde er im Inneren hin und her geworfen. Als der MG schließlich zum Stehen kam, war James in der Lage, auszusteigen und wegzugehen. Die herbeigeeilten Rettungshelfer stellten außer Prellungen und Zerrungen keine Verletzungen fest. Seinem Chef und seinen Kollegen gegenüber erwähnte er den Unfall gar nicht.

Erst Wochen später merkte James, daß er nicht mehr so gut schlief wie vor dem Unfall. Er fühlte sich ständig gereizt, und wenn er in die Nähe des Unfallorts kam, bekam er es mit der Angst zu tun. Doch erst nachdem er mit Larry über das Problem gesprochen hatte, wurde ihm klar, daß seine Symptome möglicherweise durch den Unfall entstanden waren.

Verzögerte Reaktionen auf Unfälle sind ebenso normal wie die Angst, die James in der Nähe des Unfallorts überfiel. In späteren Kapiteln erfahren Sie Genaueres über die Fähigkeit Ihres Unbewußten, im Moment des Unfalls Details der Umgebung aufzunehmen, die der an dem Unfall Beteiligte später oft mit der realen Unfallgefahr assoziiert, so unklar ihm dieser Zusammenhang auch sein mag. Dies erklärt, weshalb Menschen nach einem Unfall, der sich ereignete, als Schnee fiel, später oft ganz plötzlich eine irrationale Angst vor Schnee haben. Sie können auch plötzlich Angst vor Autos bekommen, welche die gleiche Farbe wie das an Ihrem Unfall beteiligte haben. Auch der Stadtteil, in dem sich der Unfall ereignete, kann mit einer solchen Angst verknüpft werden. Oder Sie werden extrem wütend, wenn sich Ihnen ein Auto zu schnell aus einer bestimmten Richtung nähert. Solche Trigger (Auslöser) entstehen häufig, wenn die betreffenden Details mit dem Unfalltrauma assoziiert wurden.

Warum durch Autounfälle entstandene Traumata behandelt werden müssen

Autos spielen im Leben der meisten Menschen eine wichtige Rolle. Die Notwendigkeit, nach einem Unfall weiter zu fahren, löst das ursprüngliche Trauma oft erneut aus. Für Ihre eigene und die Sicherheit aller, die mit Ihnen zusammen auf der Straße fahren, ist es wichtig, daß Sie durch Autounfälle verursachte Traumata auflösen. Beispielsweise schauen manche Autofahrer, die einen Auffahrunfall hatten, nach einem solchen Erlebnis fast permanent in den Rückspiegel. Weil sie so große Angst davor haben, erneut von hinten angefahren zu werden, werden sie für sich selbst und andere Verkehrsteilnehmer zu einer großen Gefahr. Eine meiner Klientinnen hatte nach einem solchen Auffahrunfall tatsächlich noch einen zweiten Unfall: Weil sie so konzentriert die hinter ihr fahrenden Wagen beobachtete, fuhr sie auf ein vor ihr fahrendes Auto auf.

Es ist nicht alles nur in Ihrem Kopf!

Wir leben in einer »Schwamm-drüber«-Kultur. Vielleicht haben Ihre Freunde, Familienangehörigen oder Arbeitskollegen Ihnen empfohlen, normal weiterzuleben und den Unfall möglichst schnell zu vergessen. Oder Sie tun aus eigenem Antrieb so, als sei alles in bester Ordnung, weil Sie es für nicht normal halten, daß Sie Wochen oder Monate nach dem Unfall noch so stark darunter leiden. Ich versichere Ihnen hiermit, daß Ihre Reaktionen völlig normal sind. Mag sein, daß Sie sich ein wenig durcheinander fühlen, und vielleicht haben Sie sogar merkwürdige Schmerzen, aber *verrückt sind Sie nicht*.

Traumata sind real. Sie können entstehen, wenn die natürliche Reaktion des Körpers auf Bedrohungen unterbrochen wird oder nicht vollständig zum Abschluß gelangt und wenn die auftretenden Gefühle so stark sind, daß der Betroffene nicht in der Lage ist, damit fertig zu werden. Wenn Sie also unmittelbar nach einem Unfall oder auch noch Monate später Traumasymptome haben, war es Ihrem Körper nicht möglich, den von der Natur vorgesehenen Verarbeitungszyklus zum Abschluß zu bringen. Sie befinden sich deshalb immer noch im Überlebensmodus. Ein Grund für das Auftreten Ihrer Symptome ist, daß der natürliche Heilungsprozeß unterbrochen wurde.

In Augenblicken der Gefahr mobilisiert die Natur alle Kampf und Flucht unterstützende Energie. Wird diese Energie nicht vollständig im Rahmen der Anstrengungen abgebaut, die der Überwindung der Gefahr dienen, dann kann sich die Restenergie in Ihrem Körper festsetzen und in Form von Kopfschmerzen, Bauchschmerzen oder Atembeschwerden manifestieren. In anderen Fällen tritt sie als emotionale Belastung in Erscheinung, und zwar in Form von Wut, Angst oder einer Phobie. Gelegentlich wird auch Ihre Fähigkeit, klar zu denken, durch diese Restenergie beeinträchtigt, was Konzentrationsschwierigkeiten oder Gedächtnisprobleme zur Folge haben kann.

Zeigen Sie dieses Buch den medizinischen und psychologischen Betreuern, bei denen Sie in Behandlung sind, denn wenn sie bei ihrer Arbeit berücksichtigen, wie Traumata die Funktion des autonomen Nervensystems beeinträchtigen, werden sie Ihren Genesungsprozeß optimal unterstützen können.

Was macht diesen Ansatz so einzigartig?

Um von den durch das Trauma entstandenen Problemen befreit zu werden, brauchen Sie nicht Ihr ganzes weiteres Leben lang in psychotherapeutischer Behandlung zu bleiben. Viele unserer Klienten werden in acht bis fünfzehn Sitzungen mit den Nachwirkungen eines Unfalltraumas fertig. Andere brauchen mehr Zeit. Ich habe dieses Buch geschrieben, weil ich Ihnen helfen will, Ihr Unfalltrauma so schnell und schmerzlos wie möglich zu überwinden.

Sie brauchen nicht monatelang Kindheitserinnerungen zu reaktivieren, wie es in einigen Therapien üblich ist, sondern können direkt an Ihren augenblicklichen Symptomen arbeiten und an dem, was während des Unfalls geschehen ist. Wir bezeichnen dies als ereignisspezifische Behandlung. Wenn Sie zu Hause und in dem von Ihnen selbst gewählten Tempo arbeiten, werden Sie schon nach einigen einfachen Übungen eine Linderung Ihrer Symptome erfahren. Manchmal ist es hilfreich, bei dieser Arbeit einen verständnisvollen Partner oder Freund zur Seite zu haben.

Somatic Experiencing und mein eigener *Resiliency*-Ansatz befassen sich mit dem biologischen Aspekt des Traumas und vor allem mit dem Nervensystem. *Somatic Experiencing* erklärt, was in Ihrem Körper vor sich geht, und hilft Ihnen zu verstehen, daß und weshalb Ihre Reaktionen völlig normal und natürlich sind. Die hier beschriebene Technik befaßt sich sowohl mit Emotionen als auch mit Kognitionen. Hauptsächlich jedoch geht es darum, Ihr Nervensystem wieder in einen normalen Zustand zu versetzen und ein Gefühl der Sicherheit und des Wohlbehagens wiederherzustellen. Indem Sie die beschriebenen Übungen machen, können Sie sogar eine völlig neue, positive und anregende Sicht des Lebens entwickeln. Nachdem ihr Trauma aufgelöst wurde, haben viele Klienten das Gefühl, daß ihr Leben auf eine Weise transformiert wurde, die sich auf jeden Bereich auswirken kann. Außerdem berichten sie oft, sie seien jetzt bessere, sicherere und fähigere Autofahrer als vor dem Unfall.

Warum Sie anderen Menschen *nicht* erzählen sollten, was geschehen ist

Die meisten Methoden zur Behandlung von Unfallfolgen beinhalten, daß Sie aufgefordert werden, Ihre Geschichte immer und immer wieder von Anfang bis Ende zu erzählen. Dem liegt die Vorstellung zugrunde, daß sich Probleme dadurch lösen lassen, daß man immer wieder über sie redet. *Somatic Experiencing* funktioniert anders. Wenn Sie Ihre Geschichte erzählen, hört auch Ihr Körper zu und reagiert deshalb immer wieder auf die Empfindung der unmittelbaren Gefahr. Ständiges Wiederholen der Unfallgeschichte kann das bereits bestehende Trauma noch verstärken, wodurch das Nervensystem erneut überaktiviert wird. In diesem überaktivierten Zustand haben Sie das Gefühl, von Stimuli überflutet, ja geradezu überwältigt zu werden. Möglicherweise sind Sie dann nicht mehr in der Lage, sich zu konzentrieren oder an Dinge zu erinnern. Bei zu starker Stimulation kann sogar eine Dissoziation eintreten, eine besonders krasse Form des »Abschaltens«.

Wir möchten Ihnen helfen, in Kontakt mit körperlichen und emotionalen Ressourcen zu kommen, weil dadurch Ihr Gefühl gestärkt wird, der Situation gewachsen zu sein. Sie werden lernen, die ungenutzten Ressourcen Ihres Körpers zu erkennen und zu nutzen, um zu einem Gefühl des Wohlbehagens zurückzugelangen. Die Suche nach Ihren persönlichen Ressourcen kann eine sehr spannende und beglückende Erfahrung sein.

Wenn wir unter körperlichem Schmerz leiden, verlieren wir meist den Kontakt zu den Bereichen unseres Körpers, die nach wie vor angenehme Empfindungen erzeugen. Klienten, die seit einem Unfall unter chronischem Schmerz leiden, sind oft überrascht, wenn sie merken, daß es in ihrem Körper Bereiche gibt, die sich immer noch normal anfühlen.

Um zur Heilung zu gelangen, müssen wir lernen, mit unserem Schmerz, unseren Symptomen und unseren natürlichen Ressourcen zu arbeiten. Auf welche Weise man Ressourcen nutzen kann, wird in Kapitel 6 erläutert. Generell hilft die Nutzung von Ressourcen Ihrem Körper, sich zu entspannen, erhöhte Aktivierungszustände des Nervensystems aufzulösen und aktivierte, aber nicht verbrauchte Energie abzubauen. All dies ermöglicht Ihnen letztendlich, den Überlebensmodus zu verlassen. Sobald der hohe Aktivierungsgrad Ihres Nervensystems abgeklungen und die überschüssige Energie neutralisiert ist, können Sie beginnen, Ihren Unfall durchzuarbeiten – allerdings nicht sequentiell. Erzählen Sie die Geschichte nicht in der Reihenfolge des Geschehens, weil dann die Gefahr besteht, daß Sie das Trauma in Ihrem Körper so reaktivieren, wie es sich in der Unfallsituation abgespielt hat.

David

Einer von Dianes Klienten, David Rippe, hat darum gebeten, in diesem Buch seinen richtigen Namen zu erwähnen und seine Geschichte unverschlüsselt zu schildern. Er war mehrere Monate lang in Behandlung, weil er nach einem Autounfall unter unerträglicher Migräne litt. Durch die Therapie gelang es schließlich, seine Kopfschmerzen auf ein erträgliches Maß zu reduzieren.

Dann hielt er trotz Dianes ausdrücklicher Warnung einen Vortrag, in dem er den genauen Verlauf seines Unfalls schilderte. Das löste einen schweren Migräneanfall aus und führte zu einem schweren Rückfall in seiner Behandlung. Über Davids erstaunliche Genesung werden Sie in späteren Kapiteln mehr erfahren.

Statt Ihre Unfallgeschichte in chronologischer Folge zu erzählen, sollten Sie mit Ihren Erinnerungen an die Zeit *unmittelbar nach dem Unfall* beginnen und sich vor allem auf den Zeitpunkt konzentrieren, als Sie sich zum ersten Mal wieder sicher fühlten. Fortfahren können Sie mit der Schilderung der Erinnerungen an die Situation *unmittelbar vor* dem Unfall, in der Sie merkten, daß irgend etwas nicht in Ordnung war. Mit dem Augenblick des Zusammenstoßes, der schwierigsten Situation, sollten Sie sich erst am Ende der Behandlung beschäftigen. Mit Hilfe von Übungen lernen Sie, zwischen Ihren »geladenen« Erfahrungen mit dem Unfall und der entspannenden Wirkung Ihrer Ressourcen hin- und herzuwechseln. Dadurch wird der Abbau der in Ihrem Nervensystem aufgestauten Energie und damit auch die Entspannung gefördert.

Überleben ist Erfolg

Eine der offensichtlichsten Ressourcen, auf die Sie im Augenblick zurückgreifen können, ist die Tatsache, *daß* Sie überlebt haben. Ihrem Körper ist es gleichgültig, *wie* Sie der Gefahr entronnen sind – ob Ihnen das nur ungeschickt oder mit großer Raffinesse gelungen ist. Wichtig ist ihm einzig und allein, *daß* Sie überlebt haben. Biologisches Überleben ist Erfolg. Was immer Sie getan haben mögen, es hat seinen Zweck erfüllt. Nun, nachdem Sie überlebt haben, haben Sie die Möglichkeit, die Verletzungen oder Symptome durchzuarbeiten, die von jener Erfahrung zurückgeblieben sind. Wenn Menschen nach einem Unfall im Überlebensmodus verharren, fällt es ihnen oft schwer, sich völlig davon zu überzeugen, daß sie nun in Sicherheit sind. Sie sind ganz auf das Ziel des Überlebens fixiert und merken gar nicht, daß sie es bereits erreicht haben. Ein Teil von Ihnen ist noch in dem Ereignis gefangen, und genau das ist einer der Gründe für Ihre Erwartung, daß es erneut passieren wird.

 ZUR ERINNERUNG: Wenn Sie sich zu irgendeinem Zeitpunkt müde, gestreßt oder von etwas, das Sie hier lesen, zu stark angegriffen fühlen, sollten Sie eine kurze Pause einlegen. Sobald Sie sich wieder in der Lage fühlen weiterzulesen, schlagen Sie am besten das Kapitel über Ressourcen auf und lesen es zuerst. Wenn Sie etwas über Traumata lesen, die durch Autounfälle verursacht wurden, kann das Ihre Reaktion auf Ihr eigenes traumatisches Erlebnis reaktivieren.

Warum Unfälle so traumatisch wirken

Die ersten Berichte über das, was wir heute als Posttraumatische Belastungsstörung (PTBS) bezeichnen, stammen aus der Frühzeit der Eisenbahn. Überlebende von Eisenbahnunglücken wurden häufig wegen eines Problems behandelt, das man damals *railroad spine* (»Eisenbahn-Rückgrat«) nannte. Heute wird dieses Phänomen Schleudertrauma oder Peitschenschlagtrauma genannt. Peter Levine zieht es vor, PTBS als »Posttraumatische Streßreaktion« zu bezeichnen. Er ersetzt den Begriff »Störung« durch »Reaktion«, weil er das bezeichnete Phänomen für eine natürliche körperliche Reaktion auf ein sehr belastendes Ereignis hält, nicht jedoch für eine Störung.

Selbst wenn Ihr Auto beim Zusammenprall mit einem anderen Fahrzeug nur zehn Stundenkilometer schnell fährt, kann eine traumatische Reaktion entstehen. Ganz sicher sind Menschen nicht dazu geschaffen, Kollisionen bei hohen Geschwindigkeiten auszuhalten. Die Stoßstangen von Autos können nur Aufprallstärken absorbieren, die bei einer Geschwindigkeit von zehn bis zwanzig Stundenkilometern entstehen. Bei dem Unfall, den ich selbst miterlebt habe, lag die kumulierte Kraft beider Fahrzeuge bei 180 Stundenkilometern. Versuchen Sie einmal, sich vorzustellen, welchen Schock ein Zusammenstoß, bei dem eine solche Kraft wirksam wird, in Ihrem Körper verursacht.

Heute wissen wir wesentlich mehr über die Behandlung verschiedener Grade der posttraumatischen Streßreaktion. Vor dem Hintergrund dessen, was wir über Kriegsveteranen, Geiseln, Opfer von Kindesmißbrauch, Erdbebenopfer und Leidtragende anderer traumatischer Ereignisse wissen, haben wir gelernt, daß PTBS oder PTSR mehr ist als eine emotionale Störung. Solche Erfahrungen haben eine physische Grundlage. Wenn diese nicht behandelt wird, kann das dauerhafte körperliche, emotionale und kognitive Nachwirkungen haben.

Indem Sie Ressourcen erschließen, über die Ihr Körper bereits verfügt, gewinnen Sie die Kraft, mit Schwierigkeiten fertig zu werden und ein erfüllteres Leben zu führen.

WAS GESCHIEHT WÄHREND EINES VERKEHRSUNFALLS UND DANACH?

Zusammenfassung der wichtigsten Punkte

+ Jahr für Jahr werden weltweit mehr als zehn Millionen Menschen in Verkehrsunfälle verwickelt.
+ Verkehrsunfälle haben zur Folge, daß Menschen aufgrund einer Destabilisierung ihres Nervensystems im Überlebensmodus verharren.
+ Der Überlebensmodus verursacht körperliche und emotionale Symptome, die oft auf den ersten Blick nichts mit dem Unfall zu tun haben. Doch existieren diese Symptome keineswegs nur »im Kopf« des Unfallopfers.
+ Durch *Somatic Experiencing* und das *Heller Resiliency Model* können die meisten der durch Unfälle entstandenen Symptome gelindert oder aufgelöst werden.

2
Trauma

Was ist ein Trauma?

> *Das Trauma ist die vielleicht am häufigsten ignorierte, verharmloste, geleugnete, mißverstandene und unbehandelte Ursache menschlichen Leidens. Obwohl es ungeheuren Schmerz und starke Dysfunktion hervorruft, ist es keine Krankheit, sondern das Nebenprodukt eines instinktiv ausgelösten veränderten Bewußtseinszustandes. In diesen veränderten Bewußtseinszustand – wir nennen ihn Überlebensmodus –, treten wir ein, wenn wir das Gefühl haben, daß unser Leben in Gefahr ist. Wenn wir uns einer so starken Bedrohung ausgesetzt sehen, daß wir uns nicht mehr erfolgreich dagegen verteidigen können, kann es passieren, daß wir im Überlebensmodus verharren. Dieser Zustand höchster Erregung des Nervensystems hat einzig und allein den Zweck, uns zu kurzfristigen Verteidigungsaktionen zu befähigen. Bleibt er jedoch längere Zeit bestehen, entwickeln sich aus ihm die für Traumata typischen Symptome.*
>
> — PETER A. LEVINE

Raymond B. Flannery, Ph.D., faßt die Traumaerfahrung in seinem Buch *Post-Traumatic Stress Disorder* wie folgt zusammen: »Ein psychisches Trauma ist ein Zustand starker Furcht, den wir erleben, wenn wir mit einer plötzlichen, unerwarteten und potentiell lebensbedrohlichen Situation konfrontiert werden, auf die wir selbst keinen Einfluß haben und auf die wir auch nicht effektiv reagieren, so sehr wir uns auch bemühen mögen.«

> *Ein Trauma ist ein Ereignis, das die Stimulusbarriere des Körpers durchbricht und überwältigende Gefühle der Hilflosigkeit auslöst.*

Während eines Autounfalls stürmen so viele Reize auf uns ein, daß wir uns nicht mit allen gleichzeitig befassen können. Stellen Sie sich vor, Sie wären in einem Raum, wo ein Radio in voller Lautstärke liefe, und Sie könnten es weder abstellen noch sich davon entfernen. Ereignisse, mit denen wir unter bestimmten Voraussetzungen problemlos fertig werden, wirken belastend oder gar traumatisch, wenn zu viele derartige Dinge gleichzeitig auf uns einstürmen.

Lisa McCann schreibt in *Psychological Trauma and the Adult Survivor*:

> *Ein Erlebnis ist traumatisch, 1) wenn es plötzlich und unerwartet eintritt und mit nichts Bekanntem vergleichbar ist, 2) wenn es die Fähigkeiten, mit Anforderungen fertig zu werden, die ein Mensch sich selbst zuschreibt, übersteigt.*

Judith Lewis Herman, Autorin von *Die Narben der Gewalt*, schreibt:

> *Traumatische Ereignisse sind nicht deshalb außergewöhnlich, weil sie selten sind, sondern weil sie die normalen Anpassungsstrategien des Menschen überfordern. ... [P]sychische Traumata [sind] immer von Gefühlen »intensiver Angst, Hilflosigkeit, Kontrollverlust und drohender Vernichtung« begleitet. (Hermann, S. 53 f.)*

In der Terminologie des *Somatic Experiencing* ausgedrückt, ist ein Trauma dadurch gekennzeichnet, daß Menschen zu viele und zu schnell und zu dicht aufeinander folgende Erlebnisse verarbeiten müssen.

Wie entstehen Traumata?

Traumata entstehen durch jedes Ereignis, das die individuelle Fähigkeit eines Menschen, mit Problemen fertig zu werden, übersteigt. In diesem Zustand der Überforderung schaltet das gesamte System des Betroffenen »auf Sparflamme«, was dazu führt, daß er die Verbindung zu sich selbst und zu anderen unterbricht. Ob ein anderer Mensch in der gleichen Situation ebenfalls traumatisiert werden würde oder nicht, spielt keine Rolle. Viele Menschen schämen sich ihrer heftigen Reaktionen auf einen scheinbar geringfügigen Verkehrsunfall oder verstehen die Reaktion eines Freundes oder einer anderen nahestehenden Person auf ein solches Erlebnis nicht, aber selbst scheinbar geringfügige Ereignisse lösen manchmal starke Traumasymptome aus.

Autounfälle wirken unter anderem deshalb so katastrophal, weil sie so überraschend kommen. Wir fahren die Straße entlang und fühlen uns wohl, hören vielleicht unsere Lieblings-CD oder unterhalten uns mit einem Freund. Und in der nächsten Minute wachen wir auf und sehen Sanitäter, die sich zu uns herabbeugen.

Versetzen Sie sich einmal in diese Situation: Sie fahren auf der Autobahn. Alles ist okay. Plötzlich geraten Sie ohne jede Vorwarnung auf eine nicht erkennbare vereiste Stelle. Ihre Hände umklammern das Lenkrad, das Fahrzeug dreht sich. Sie sehen den entgegenkommenden Verkehr nur als verschwommenen Strich, während Ihr Fahrzeug außer Kontrolle gerät. Sie sind erstarrt, panisch und unfähig, irgend etwas zu tun. Sie können nur noch hoffen, daß Sie aus alldem lebendig herauskommen. Je nach Ausgang einer solchen Situation und je nachdem, wer sie erlebt, können dadurch eine Traumareaktion und Traumasymptome entstehen.

Menschen reagieren unterschiedlich auf potentiell traumatische Situationen. Wenn das obenerwähnte Fahrzeug am Straßenrand zum Stillstand kommt, können verschiedene Reaktionen eintreten. Manche Menschen sind erleichtert und froh, sobald ihnen klar wird, daß sie unverletzt davongekommen sind. Andere führen sich vor Augen, was *noch alles* hätte passieren können, und sind deshalb so verängstigt, daß sie sich sogar dann noch verwirrt und desorientiert fühlen, wenn ihr Fahrzeug längst zum Stillstand gekommen ist. Sie können durchaus eine generelle Angst oder gar Phobie bezüglich des Fahrens auf Eis entwickeln.

Eine tragischere Version der obigen Szene könnte damit enden, daß Sie in einer Notfallambulanz aufwachen und erfahren, daß einer Ihrer Beifahrer oder jemand in dem anderen Auto zu Tode kam. Dadurch kann eine weitere Traumatisierung entstehen.

Wir sehen also, daß ein und dasselbe Ereignis den einen Menschen traumatisiert und einen anderen nicht, wobei allerdings anzumerken ist, daß schwerere Unfälle wohl jeden Menschen traumatisieren. Die Reaktion eines Menschen oder seine Fähigkeit, mit einem bestimmten Ereignis fertig zu werden, wird durch das beeinflußt, was wir als Spanne seiner Resilienz bezeichnen, sowie durch die spezifischen Einzelheiten des Ereignisses.

Die individuelle Resilienz hängt wiederum von genetischen Faktoren, der persönlichen Vorgeschichte und dem unterstützenden Netz ab, das den Betreffenden augenblicklich zur Verfügung steht, aber auch davon, ob sie in ihrem Leben schon andere Traumata erlebt haben.

Sicher können Sie sich vorstellen, daß eine Frau, die soeben einen »Blechschaden« hatte, aber fünf Jahre zuvor in einen Unfall verwickelt war, bei dem ihr Mitfahrer zu Tode kam, völlig anders auf den neuen, relativ harmlosen Unfall reagiert als ein Mensch, der noch nie in einen Unfall verwickelt war.

Und wenn der Bruder von jemandem drei Monate zuvor bei einem Unfall schwer verletzt wurde, darf man von dem Betreffenden sicherlich eine stärkere Reaktion auf einen erneuten Unfall erwarten als von jemandem, der keine solche Erfahrung hinter sich hat. Wenn wir Ihnen helfen, Kontakt zu Ihrem eigenen Unfall herzustellen und ihn durchzuarbeiten, sollten alle Faktoren in Betracht gezogen werden, die Ihre Reaktion auf das Unfallgeschehen beeinflußt haben.

Im nächsten Kapitel werden wir aufzeigen, wie der Körper sich mobilisiert, um einer Gefahr zu begegnen. Aufgrund der Plötzlichkeit des Geschehens und der manchmal hohen Fahrgeschwindigkeit geraten wir in solchen Situationen oft völlig außer Kontrolle und haben keine Zeit, uns auf das Kommende vorzubereiten oder darauf zu reagieren. Das heißt, wir haben keine Zeit für die vollständige Entfaltung und den Abschluß der üblichen Kampf-oder-Flucht-Reaktion. Sie sind in einer Konservendose gefangen, die in einem Höllentempo dahinschießt. Ihr Körper mobilisiert sich, um der Gefahr zu begegnen, muß jedoch feststellen, daß er völlig hilflos ist. Ihr Gehirn, Ihr endokrines System und Ihr Nervensystem befinden sich in einem Zustand höchster Aktivität, und doch haben Sie keine Möglichkeit, effektiv auf die Situation zu reagieren. Wenn die starken Energien, die eigentlich für die Kampf-oder-Flucht-Reaktion gebraucht werden, in Ihrem Körper aktiviert sind, ohne daß Sie diese Reaktion zu einem natürlichen Abschluß bringen können, dann hat dies langfristige Auswirkungen auf Ihr psychisches und körperliches Wohlbefinden. Dieses Phänomen wurde bis vor kurzem kaum verstanden.

Die folgenden Kapitel sollen Ihnen zunächst helfen, die verschiedenen Schritte zu verstehen und zu erkennen, die Ihr Körper-Geist-System durchläuft, während es sich mobilisiert, um einer Gefahr zu begegnen. Außerdem werden Sie erfahren, wie der Körper bei einem Autounfall im Überlebensmodus steckenbleiben kann, und schließlich, wie Sie sich aus dem Überlebensmodus befreien können, indem Sie den Rest der in Ihrem Körper mobilisierten Energie abbauen beziehungsweise neutralisieren.

Zusammenfassung der wichtigsten Punkte

- Ein Trauma ist jedes Ereignis, das die individuellen Fähigkeiten eines Menschen, mit Problemen fertig zu werden, übersteigt.
- Viele Faktoren haben Einfluß darauf, ob ein Ereignis für einen bestimmten Menschen traumatisch ist und in welchem Maße.
- Traumatische Ereignisse werden zu einem Problem, wenn wir am Überlebensmodus festhalten.
- Um ein Trauma zu heilen, müssen wir lernen, die Energien zu neutralisieren, die für die Kampf-oder-Flucht-Reaktion aktiviert wurden.

3

Das Trauma in Ihrem Körper

Reaktion auf eine Bedrohung

Damit Sie besser verstehen, was bei Gefahr in Ihrem Körper passiert, bitte ich Sie, sich folgendes Szenario vorzustellen. Achten Sie beim Lesen auf die Reaktionen Ihres Körpers.

Sie sind allein zu Hause, liegen im Bett und lesen. Plötzlich hören Sie ein merkwürdiges Geräusch und erschrecken. Stellen Sie fest, was soeben in Ihrem Körper geschehen ist. Merken Sie, daß sich Ihre Muskeln anspannen? Sie halten den Atem an. Sie hören auf zu tun, was Sie vorher getan haben. Sie sind in höchster Alarmbereitschaft. Sie versuchen, die Gefahr zu lokalisieren, das Geräusch zu identifizieren. Sie horchen intensiv. Woher kommt es? Ihre Augen schauen konzentriert in die Richtung, aus der das Geräusch kommt, und suchen nach einer Gefahr. Achten Sie darauf, was Sie jetzt in Ihrem Körper empfinden.

Sie gehen zum Fenster. Ah! Es ist nur der Ast eines Baums, der an der Hauswand entlangschabt. Sie seufzen. Ihre Muskeln entspannen sich. Beruhigt legen Sie sich wieder ins Bett. Ihre Augen kehren zum Buch zurück. Doch halt! Da ist es wieder! Und diesmal ist es nicht der Ast! Ihr Herz fängt an zu rasen. Sie bekommen eine Gänsehaut. Ihr Atem wird schneller. Ihre Muskeln werden fest. All Ihre Sinne befinden sich in einem Zustand höchster Aufmerksamkeit. Ihr primitiver Hirnstamm (Reptilienhirn) signalisiert Ihrem Körper, sich zur Gefahrenabwehr bereitzumachen. Dies alles geschieht nicht bewußt; es ist eine biologische Reaktion. Ihre Kampf-oder-Flucht-Reaktion ist ausgelöst worden, und der Teil Ihres Gehirns, der Ihr Überleben sichern soll, bereitet Sie auf den Kampf gegen die Gefahr oder auf die Flucht vor derselben vor.

Plötzlich tritt ein Mann in Ihr Schlafzimmer. Was tun Sie? Der für das Überleben zuständige Teil Ihres Gehirns schätzt so schnell, daß es Ihnen gar nicht bewußt wird, die drei Möglichkeiten ab, die Sie grundsätzlich haben. Wenn Sie in die Enge getrieben sind, könnte Kampf die beste Lösung sein. Wenn Sie sich in der Nähe einer anderen aus dem Zimmer führenden Tür befinden, entscheidet sich Ihr Gehirn vermutlich für die Flucht. Ergibt die blitzschnelle Einschätzung jedoch, daß Sie weder eine Chance haben, erfolgreich gegen den Eindringling zu kämpfen, noch ihm zu entfliehen, könnte Ihr Gehirn die Erstarrungsreaktion auslösen. Sie werden völlig starr und sind zu keiner Reaktion mehr in der Lage.

Erstarren ist eine alte Reaktion von Beutetieren, eine Methode, sich vor dem Angreifer zu verstecken. In einer Situation, in der ein Mensch Jagd auf einen anderen macht, kann das Erstarren den Angreifer veranlassen, seine Gewalttätigkeit einzuschränken. Viele von uns erstarren angesichts eines Traumas, weil dies biologisch gesehen eine unserer Überlebensmöglichkeiten ist.

Wenn ein Körper im Fall einer Bedrohung kämpft, flieht oder erstarrt und dann nicht in der Lage ist, diese Reaktion zum Abschluß zu bringen oder die für die Abwehr mobilisierte Energie zu verbrauchen, bleibt er in einem Zustand der starken Erregung und des inneren Ungleichgewichts. Wenn dieser Zustand nicht aufgelöst wird, kann dies weitreichende Folgen für Gesundheit und Wohlbefinden haben.

Viele Traumaüberlebende empfinden permanent eine ungeheuer starke Scham, weil sie angesichts einer Gefahr erstarrt sind. Doch in Wirklichkeit hat Ihr Körper auf die in der Situation einzig mögliche Art reagiert. Tritt die Erstarrungsreaktion ein, hat Ihr Reptilienhirn dies als die in der Situation beste Überlebenschance eingeschätzt. Und die Tatsache, daß Sie diesen Text lesen, ist der Beweis dafür, daß die Strategie ihren Zweck erfüllt hat.

Warum ist es wichtig, die Reaktion auf Bedrohungen zu verstehen?

Unsere Reaktion auf Bedrohungen besteht aus einer voraussagbaren Sequenz physiologischer Vorgänge. Traumata sind definitionsgemäß mit einem Gefühl der Gefahr verbunden. Um Ihre natürlichen Reaktionen zu verstehen und zu erkennen, an welchen Punkten Ihr Körper in Schwierigkeiten geraten oder das Gefühl bekommen könnte, unvollständig zu sein, müssen Sie die Sequenz der Bedrohungsreaktion verstehen, um diese abschließen und damit auflösen zu können. Dies hilft Ihnen, übermäßige Erregung abzubauen und Ihr Nervensystem wieder in einen ausgeglichenen Zustand zu versetzen.

Wie sah Ihre Reaktion auf Gefahr in der obenbeschriebenen »Allein zu Hause«-Szene aus? Das Hören des Geräuschs löste eine *Schreckreaktion* aus. In Ihrem Körper bahnten sich tiefgreifende physiologische Veränderungen an. Ihre Muskulatur zog sich zusammen. Die Atmung setzte kurzfristig aus oder wurde langsamer. Ihr Nervensystem wurde in einen Zustand höchster Erregung versetzt. Ihr endokrines System produzierte hochwirksame chemische Stoffe und verbreitete sie in Ihrem Körper. All das ist von der Natur so gewollt. Unser Körper bereitet sich auf diese Weise darauf vor, einer Bedrohung zu begegnen: durch Kampf oder Flucht.

In jener Szene unterbrachen Sie Ihre vorherige Tätigkeit, eine *Stillstandsreaktion*, und wurden sehr wachsam. Ihr Gesichtsfeld verengte sich, und Sie hörten auch nur noch selektiv. Dann versuchten Sie, *die Bedrohung zu orten*. Ihre Aufmerksamkeit war völlig auf die Einschätzung der potentiellen Gefahr konzentriert. Als Sie zu der Überzeugung kamen, daß das Geräusch von einem Ast verursacht worden sei, *schätzten Sie die Ursache als nicht bedrohlich ein*. Sie entspannten sich langsam, und Ihre körperlichen und geistigen Funktionen wurden allmählich wieder normal. Als sich Ihr Gesichtsfeld weitete und Sie um sich schauten, setzte Ihre *exploratorische Orientierungsreaktion* ein. Nachdem Sie sich wieder ins Bett gelegt hatten, verspürten Sie eine *Entspannungsreaktion*. Als Sie das Geräusch erneut hörten, durchliefen Sie abermals die *Schreck-* und die *Stillstandsreaktion* und empfanden dann eine *defensive Orientierungs-*

reaktion. Sobald der Fremde Ihr Schlafzimmer betrat, entschied sich Ihr Körper für eine *Kampf-*, *Flucht-* oder *Erstarrungsreaktion* – verschiedene Unterkategorien dessen, was wir *defensive Orientierungsreaktion* nennen. Der für das Überleben zuständige Teil Ihres Gehirns entschied dann, ob es besser sei, die Gefahr zu bekämpfen oder ihr durch Flucht zu entkommen. Wenn keine dieser beiden Reaktionsmöglichkeiten in Frage kommt, weil Sie »in der Falle sitzen« oder sich nicht bewegen können, erleben Sie möglicherweise die *Erstarrungsreaktion*, in der sich Menschen oft kalt, gelähmt oder bewegungsunfähig fühlen. Eine andere Möglichkeit ist, daß Sie sich vom Geschehen abgetrennt oder dissoziiert fühlen.

Symptome, die entstehen, wenn die Sequenz der Bedrohungsreaktion nicht abgeschlossen wurde

Wenn wir uns weder durch Weglaufen, Kämpfen oder Erstarren verteidigen konnten, bleibt die nicht für die Überlebensbemühungen verbrauchte Energie in unserem Körper zurück. Wir verharren dann weiter im Überlebensmodus. Und wenn ein Mensch längere Zeit in diesem Zustand bleibt, treten bestimmte Symptome auf, und zwar unter anderen:

- Angst – übermäßige Energie oder Rastlosigkeit
- das Gefühl, vom allgemeinen Geschehen abgetrennt zu sein
- Desorientiertheit
- Furcht oder ein Gefühl der Hilflosigkeit
- Hypervigilanz (ständige erhöhte Wachsamkeit)
- sexuelle Apathie
- permanente Erschöpfung
- körperlicher Schmerz
- leichte Erschreckbarkeit
- Triggerwirkung ähnlicher Ereignisse
- Gewichtszunahme

Es besteht zum einen die Möglichkeit, daß Sie eine Art Verlust Ihrer selbst empfinden, eine Dissoziation. Zum anderen können Sie in extremen Fällen das Gefühl haben, sich aus einer gewissen Entfernung selbst zu beobachten. Sie fühlen sich nicht mehr sicher. Zeitliche und räumliche Desorientiertheit treten häufig auf. Traumatisierte verlieren nicht nur den Kontakt zu sich selbst, sondern auch die Verbindung zu anderen Menschen. Weil es ihnen schwerfällt, anderen noch zu vertrauen, stoßen sie möglicherweise selbst diejenigen von sich weg, die ihnen bisher besonders nahe gestanden haben, und isolieren sich völlig.

Einschränkung der Wahlmöglichkeiten

Wenn der Körper etwas ausprobiert, das nicht zum Erfolg führt, legt das Gehirn diese Strategie im »Papierkorb« ab. Dadurch werden Ihre Möglichkeiten so stark eingeschränkt, daß es für Sie gefährlich werden kann. Es könnte sein, daß Sie aufgrund früher Traumata auf eine einzige Überlebensstrategie festgelegt sind, gewöhnlich Kampf, Flucht oder Erstarren. Die Entscheidung darüber wird nicht auf der Ebene des Bewußtseins getroffen, sondern von dem für die Selbsterhaltung zuständigen Teil des Gehirns. Manche Menschen haben schon früh im Leben gelernt, daß man mit den Tyrannen aus der Nachbarschaft nur fertig wird, wenn man mit ihnen kämpft. Deshalb begegnen sie unerwarteten Situationen immer noch mit physischer Gewalt. Andere haben gelernt, daß die einzig sinnvolle Reaktion das Vermeiden von Gefahr ist, weshalb sie als Erwachsene gewöhnlich die Flucht bevorzugen. Mißbrauchte Kinder, die keine Möglichkeit hatten, ihrer Situation zu entkommen, verbringen häufig ihr ganzes weiteres Leben im Zustand der Erstarrung. Sie sind resigniert und geben bei Bedrohungen oft sofort auf.

Ist die Entscheidungsfreiheit hinsichtlich der bevorzugten Abwehrstrategie wiederhergestellt, kann der Körper des Betroffenen sich wieder je nach aktueller Situation für Kampf, Flucht oder Erstarren entscheiden, statt einfach nur auf eine in der Vergangenheit entstandene Konditionierung zurückzugreifen. Wenn wir alle Handlungsoptionen haben, können wir einer potentiellen Bedrohung wesentlich besser begegnen. Und was noch wichtiger ist: Weil wir uns nicht mehr im Überlebensmodus befinden, sind wir auch nicht permanent im übererregten Zustand und in ständiger Erwartung einer Gefahr oder irgendeines schrecklichen Unglücks.

Wie die Natur mit Bedrohungen fertig wird

Tiere, die in der freien Natur leben, und vor allem Beutetiere wie Kaninchen und Damwild, scheinen trotz der ständigen Bedrohung, in der sie leben, nicht unter den Nachwirkungen von Traumata zu leiden. Warum ist das so, und welche Schlüsse lassen sich daraus für Menschen ziehen?

Im Umgang mit Traumata haben Tiere Menschen gegenüber einen Vorteil: Ihr Neokortex, der Teil des Gehirns, der die Verstandesfunktionen beherbergt, ist nicht so hoch entwickelt wie der entsprechende Gehirnteil des Menschen. Bei Tieren spielt nicht die Rationalität, sondern der Instinkt die entscheidende Rolle. Dies hat zur Folge, daß die von ihrem Nervensystem vorgegebene normale Sequenz zum Abbau der Übererregung auf natürliche Weise zum Abschluß gelangen kann. So wird ihr inneres Gleichgewicht wiederhergestellt.

Die folgenden Beispiele hat Peter Levine in seinem Buch *Trauma-Heilung – Das Erwachen des Tigers* ausführlich beschrieben.

Vielleicht haben Sie schon einmal beobachtet, wie ein Hund versuchte, eine stark befahrene Landstraße zu überqueren, und wie er dabei nur knapp dem Überfahrenwerden durch ein Auto entging. Dem Tod nur mit Mühe entgangen, jagt das Tier die letzten Meter über den Asphalt und bricht, sobald es in Sicherheit ist, unter einem Busch zusammen. Als Beobachter gewinnt man den Eindruck, daß der Hund verletzt ist und deshalb regungslos daliegt. Er ist, nur knapp dem Tode entkommen, in eine natürliche Immobilitätsreaktion verfallen.

Nach einiger Zeit fängt der Hund dann allmählich wieder an, sich zu bewegen. Auch dies ist ein biologischer Prozeß. Seine Augen öffnen sich, und er schaut um sich, wobei er nur die Augen bewegt, um sich in seiner Umgebung zu orientieren. Inzwischen beginnen seine Ohren zu zucken und zu horchen, ob von irgendwoher Gefahr droht. Als nächstes vollführt sein Kopf langsam eine unwillkürliche Drehbewegung – nicht, als ob er selbst seinen Kopf bewegen würde, sondern als würde sein Kopf *ihn* bewegen. Da er keine Gefahr wahrnimmt, dehnt er gemächlich nacheinander alle Glieder, als würde er sie testen, und vielleicht überprüft er auch, ob sein Körper irgendwelche Verletzungen aufweist. Zunächst noch unsicher, stellt er sich wieder auf die Füße. Dann fängt er an zu zittern, wobei sich die Bewegung allmählich von seinem Kopf über die Schultern bis zur Schwanzspitze ausbreitet. Nachdem das Zittern wieder aufgehört hat, entspannt er sich völlig und trottet dann frohgemut davon, als sei nichts geschehen. Sein Nervensystem hat sich die Zeit genommen, die es brauchte, um sich zu regenerieren und die überschüssige mobilisierte Energie abzubauen. Der Hund »wußte« instinktiv, daß er innehalten und warten mußte, bis sein Nervensystem sich reorganisiert hatte, bevor er sich neuen Reizen aussetzte.

Peter Levine führt auch das Beispiel eines Vogels an, der auf eine Fensterscheibe aufprallt, weil er das Glas nicht als Hindernis erkennt. Nach dem Aufprall fällt er regungslos zu Boden, als wäre er tot. Nach einiger Zeit macht er wieder winzige Bewegungen – erst nur winzige Augenbewegungen, dann Orientierungsbewegungen mit dem Hals. Dann schüttelt er sich und schlägt unkontrolliert mit den Flügeln. Ist er nicht verletzt, kehren die Flügel nach einer Weile zu koordinierten Bewegungen zurück, und schließlich hat sich der Vogel wieder völlig erholt und fliegt davon.

Was geschieht, wenn Sie den Vogel aufheben und in die Hand nehmen, bevor er wieder fliegen kann? Obwohl Sie dem Tier durch Ihr Eingreifen helfen wollen, unterbrechen Sie eben dadurch einen wichtigen physiologischen Prozeß. Oft verfallen Vögel infolge solcher Hilfsversuche erneut in den reglosen Zustand, und der Schock, unter dem sie ohnehin stehen, wird noch tiefer. Aufgrund der damit verbundenen Angst können sie sogar sterben. Den natürlichen Prozeß der Traumaverarbeitung zu unterbrechen kann Schaden anrichten. Menschen, die gerade einen Unfall hatten, werden fast immer in ihrem Verarbeitungsprozeß unterbrochen – weil sie sich mit dem Fahrer des anderen Wagens auseinandersetzen, der Polizei den Hergang des Unfalls schildern und außerdem dafür sorgen müssen, daß sie möglichst schnell dorthin kommen, wohin sie unterwegs waren.

Peter Levine sagt: »Leider fällt es Menschen viel schwerer, diesen Prozeß zum Abschluß zu bringen, und dafür gibt es zwei Hauptgründe. Zum einen ist die Überlebensenergie so stark, daß sie uns ängstigt; und zweitens fühlen wir uns unwohl, wenn wir unsere bewußte Kontrolle aufgeben und uns unwillkürlichen (unbewußten) Empfindungen hingeben sollen. Wegen dieser Ängste versucht unser rationales Denken oft, den Abschluß der Überlebensreaktion zu verhindern. Passiert dies, verharrt unser Nervensystem in einem Zustand erhöhter Erregung, und Gehirn und Körper reagieren dann auch nach dem Ende der Gefahr weiterhin so, als ob sie noch bestünde, und produzieren die für Kampf-oder-Flucht-Reaktionen erforderlichen chemischen Stoffe.«

Ein Unfall oder ein Trauma ruft im Körper eine ungeheuer starke Energiereaktion hervor. Die natürliche oder instinktive Reaktion wäre, der Bedrohung entweder mit aggressivem Verhalten zu begegnen oder vor ihr davonzulaufen – eben die Kampf-oder-Flucht-Reaktion. Dabei gelangen große Mengen Adrenalin und andere chemische Stoffe ins Blut, weil der Körper sich für eine Reaktion bereitmacht. Fühlt er sich hingegen völlig machtlos oder blockiert, erstarrt er, und die gesamte für den Überlebenskampf mobilisierte Energie ist im Körper gefangen.

Durch diese nicht verbrauchte Überlebensenergie im Nervensystem entstehen nach unserer Auffassung die meisten jener Symptome, die gewöhnlich mit der sogenannten Posttraumatischen Belastungsstörung assoziiert werden. In Kapitel 5 wird erläutert, wie man erkennt, ob diese Überlebensenergie im Körper festsitzt, und wie sie abgebaut werden kann.

Zuvor werden wir uns jedoch noch ein wenig eingehender mit dem Gehirn beschäftigen. Erwähnt wurde bereits, daß das Fehlen eines hochentwickelten Neokortex Tieren insofern zugute kommt, als sie dadurch von den langfristigen Auswirkungen traumatischer Erlebnisse verschont bleiben. Wir werden uns auch kurz mit der biologischen Beschaffenheit des Gehirns beschäftigen und damit, wie wir dieses Wissen bei unserem Bemühen, uns selbst von Traumata zu heilen, nutzen können.

Zusammenfassung der wichtigsten Punkte

+ Die Reaktion auf Bedrohungen verläuft nach einem absehbaren Muster.
+ Menschen versuchen auf drei Arten, mit Bedrohungen fertig zu werden: durch Kampf, Flucht oder Erstarren.
+ Durch diese Abwehrreaktionen werden große Mengen von Energie mobilisiert.
+ Langfristige Traumasymptome entstehen, wenn die für das Überleben mobilisierten Energien in unserem Körper verbleiben, statt verbraucht oder neutralisiert zu werden.

4
Wie Ihr Gehirn funktioniert

Unser Gehirn umfaßt drei Ebenen, die zusammenarbeiten, wobei jede bei der Wahrnehmung einer bestimmten Funktion die dominierende Rolle spielt. Deshalb spricht man oft vom »dreieinigen Gehirn«. Eine dieser drei Ebenen ist nur für Menschen verfügbar: der Neokortex. Er ist für das Denken und für die Kreativität zuständig und macht uns zu Individuen. Außerdem steht er in enger Beziehung zu dem, was wir als das Unbewußte bezeichnen.

Ein tiefer liegender Bereich unseres Gehirns ist das limbische System, das Emotionen und Gefühle steuert. Noch tiefer liegt das sogenannte Reptilienhirn oder Stammhirn. Entwicklungsgeschichtlich gesehen ist dies der älteste Teil des Gehirns und deshalb der Experte für das Überleben. Er steuert die unwillkürlichen Funktionen: Schlaf, Appetit, Atmung, Herzfrequenz, Schweißabsonderung, Regulierung der Körpertemperatur und Sexualfunktion sowie den Selbsterhaltungs- und Reproduktionstrieb.

Weil das Reptilienhirn das Überleben sichert, übernimmt es in bedrohlichen Situationen automatisch die Führung. Es steuert die (von uns so genannte) *defensive Orientierungsreaktion*, außerdem die bekannte Kampf- oder-Flucht-Reaktion und die Erstarrungsreaktion. Bei einem Unfall übernimmt das Reptilienhirn die Kontrolle über das Geschehen, und genau diese Funktion war ihm immer zugedacht. Wird bei traumatischen Ereignissen unser Kampf-oder-Flucht-Mechanismus in einen Zustand höchster Aktivierung versetzt, kann aber nicht aktiv werden, dann ist dieser Teil des Gehirns und die von ihm wahrgenommene Funktion am stärksten betroffen.

Denken Sie einmal an Ihre Traumasymptome und an die unwillkürlichen Funktionen, mit denen wir uns hier beschäftigen. Sehen Sie zwischen beiden eine Beziehung? Vielleicht leiden Sie seit Ihrem Unfall unter Schlafstörungen oder haben kein Interesse mehr an Sex. Vielleicht haben Sie auch stark zu- oder abgenommen. Manche Menschen entwickeln nach einem solchen Erlebnis die Tendenz, zu hyperventilieren oder besonders flach zu atmen. Andere leiden unter Verdauungsproblemen. Auch kann es sein, daß Ihr Herz plötzlich zu rasen beginnt oder daß Sie unter merkwürdigen Veränderungen der Körpertemperatur leiden. Alle diese unwillkürlichen physiologischen Funktionen werden vom Reptilienhirn gesteuert.

Der Kampf-oder-Flucht-Mechanismus wird vom sympathischen Zweig des autonomen Nervensystems gesteuert. Vereinfacht ausgedrückt, besteht die Aufgabe des sympathischen Zweigs darin, dem Körper Energie zuzuführen. Man könnte ihn als das Gaspedal des gesamten Nervensystems bezeichnen. Im Normalfall hilft uns die von diesem Zweig unseres Nervensystems mobilisierte Energie, unsere Bedürfnisse zu erfüllen, unsere Träume zu verwirklichen und unsere Ziele zu erreichen.

Der parasympathische Zweig ist eher das Bremspedal des Nervensystems. Er hilft uns, die vom sympathischen Zweig erzeugte Erregung abzubauen und in einen entspannten Zustand zurückzukehren. Der parasympathische Zweig ruft das Gefühl der Entspannung hervor, das wir nach einem arbeitsreichen Tag oder nach Erreichen eines Ziels empfinden.

Unter normalen Umständen werden der sympathische und der parasympathische Zweig abwechselnd und in einem sanften Rhythmus aktiviert, in dessen Verlauf zeitweilig entweder die Aktivierung oder der Abbau von Energie dominiert. Funktioniert dieser Rhythmus, fühlen wir uns allgemein wohl und empfinden das Leben als angenehm.

Die natürliche Regeneration des Nervensystems

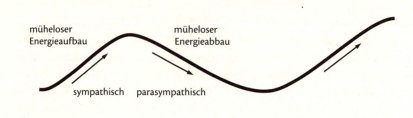

Zwei Arten von Traumareaktion

Ein Mensch, der die Erstarrungsreaktion erlebt, wirkt oft oberflächlich normal und ruhig. Wenn wir noch einmal auf den gerade genannten Vergleich zurückgreifen, können wir sagen, daß ein Mensch im Zustand der Erstarrungsreaktion sozusagen das Gaspedal bis zum Boden heruntergedrückt und gleichzeitig voll auf die Bremse tritt. Die Folge ist, daß der Motor auf Hochtouren läuft, das Auto die so erzeugte Energie aber nicht durch Losfahren verbrauchen kann.

Dieses Beispiel charakterisiert die Situation, die im Körper eintritt, wenn die Funktion des autonomen Nervensystems gestört ist. Der sympathische Zweig ist dann intensiv mit der Aktivierung riesiger Mengen von Überlebensenergie beschäftigt, weil er Ihnen helfen will, sich vor einer Gefahr oder Bedrohung zu schützen. Das parasympathische System hingegen »tritt auf die Bremse«, um die Mobilisierung unter Kontrolle zu behalten. In solchen Fällen kann es sein, daß Sie phasenweise von einem Übermaß an Energie in Form von Herzrasen, übermäßiger Schweißproduktion, Wutausbrüchen oder Panikanfällen überflutet werden und dann plötzlich wieder Rückzugssymptome wie Erschöpfung, Isolationsgefühle oder Depression verspüren. Auf diese Weise wird eine ungeheure Menge an Energie verbraucht. Wenn Ihr Nervensystem »aus dem Takt« geraten ist, können Sie gar nicht anders, als sich erschöpft zu fühlen!

⚇ *Übung: Sie können nicht NICHT müde sein!*

Die nun folgende Übung wird Ihnen vor Augen führen, wie erschöpfend zwei gegeneinander arbeitende Kräfte wirken können.*

Drücke die Hände so fest wie möglich gegeneinander. Laß nicht nach! Ein Beobachter könnte aus einigem Abstand den Eindruck gewinnen, du seist entspannt und würdest in dieser Haltung beten. Doch aus der Nähe ist deutlich zu erkennen, wieviel Energie du in dieser Haltung aufwendest, auch wenn der Druck der beiden Hände gegeneinander sich letztendlich aufhebt.

Wenn du fest genug drückst, fangen deine Hände und Arme möglicherweise an zu zittern. Spüre, wieviel Energie du aufwendest! Du kannst nicht nur eine der beiden Hände entspannen; das geht nur, wenn beide mitmachen.

Spürst du, wie erschöpft du bist, wenn du den Druck verringerst? Der Energieaufwand, der notwendig ist, um die beiden Kräfte im Lot zu halten, verursacht einen Erschöpfungszustand.

Eine unerträgliche traumatische Situation wirkt wie ein Stromstoß auf unser Nervensystem. Viele Traumaopfer benutzen Formulierungen wie »da ist mir die Sicherung durchgebrannt«, um ihre Erlebnisse zu beschreiben. Andere sprechen davon, daß ihre Nerven überstrapaziert worden seien. Bei elektrischen Geräten wird im Fall einer Überlastung die Stromzufuhr unterbrochen, um zu verhindern, daß die Hausleitungen durchschmoren. Ebenso dissoziieren manche Menschen, um sich vor der verheerenden Wirkung eines Traumas zu schützen.

Wenn ein Patient die Verbindung zum eigenen Körper verloren hat und physisch nichts mehr spürt, wollen viele Therapeuten ihn dazu

---

* Um den direkten, einladenden und persönlichen Ton der Übungen in diesem Buch zu unterstreichen, haben wir uns dafür entschieden, sie in Du-Form wiederzugeben. (Anm. der Übersetzer)

bringen, diese Verbindung wiederherzustellen. Doch wenn man dabei nicht sehr langsam und vorsichtig vorgeht, passiert oft etwas, das mit dem abrupten Wiedereinschalten des Stroms vergleichbar ist. Abrupt deshalb, weil zuvor nichts unternommen wurde, um die Überlastung zu beheben, die zum Abschalten des Stroms durch die Sicherung geführt hatte. Dadurch kommt es oft zu einer erneuten Traumatisierung. Deshalb bemühen wir uns, die zu starke Energie im System der Patienten zunächst zu neutralisieren, damit die Verbindung dann allmählich und relativ schmerzlos wiederhergestellt werden kann.

Da das, was infolge eines Traumas im Körper und im Nervensystem geschieht, so ungeheuer wichtig ist, wollen wir es noch an einem weiteren Vergleich erläutern. Man könnte sagen, daß Menschen bei traumatischen Erlebnissen mit Reizen überflutet werden. Einer unserer Klienten, ein früherer Surfer, hat seinen Unfall wie folgt beschrieben: »Es geschah alles so schnell, daß ich das Gefühl hatte, auf der größten Welle meines Lebens zu reiten. Ich wurde augenblicklich ›auf die Klippen geworfen‹, ohne das Geringste dagegen tun zu können.« Eine andere Klientin beschrieb ihren Unfall so: »Plötzlich fühlte ich mich, als würde ich mir zehn Fernsehsendungen gleichzeitig anschauen und als könnte ich mich auf keine von ihnen klar konzentrieren.«

Eine Frau fühlte sich überflutet von Angst, einem Gefühl der Hilflosigkeit und anderen starken Emotionen. Sie reagierte, indem sie ihren Körper und ihr Nervensystem erstarren ließ. Dieses Erstarren ist ein Schutzmechanismus und Bestandteil unseres biologischen Systems der Gefahrenabwehr. Beutetiere nutzen das Erstarren seit Jahrtausenden, um Raubtieren zu entkommen.

Menschen, bei denen die Erstarrungsreaktion nicht zum Abschluß gelangt, fühlen sich vom Leben abgeschnitten, wie tot, und werden von einem allgemeinen Gefühl der Sinnlosigkeit sowie von Depression und Dissoziation befallen.

Nach einem Trauma pendeln die Betroffenen häufig zwischen einer Überflutung durch Kampf-oder-Flucht-Emotionen und Erstarren, ein oft sehr schmerzhafter Teufelskreis. Dieser permanente Wechsel zwischen Erstarren und erhöhter Aktivierung kann durch mit dem traumatischen Ereignis assoziierte Trigger verursacht werden. In dem nach einem traumatischen Ereignis eintretenden aktivierten Zustand können Panikgefühle, Rückblenden (blitzhafte Erinnerungen an das Geschehen) und andere der bereits beschriebenen Symptome auftreten. Auch durch Therapien, die das Geschehen zu schnell verarbeiten wollen, kann eine Überflutung ausgelöst werden. Es ist zwar notwendig, traumatisierte Klienten aus dem Zustand der Erstarrung zu befreien, doch muß dies allmählich und Schritt für Schritt geschehen, damit das Erlebte integriert werden kann und die Betreffenden aus der Erstarrung kommen und wieder in den Fluß des normalen Lebens eintauchen können.

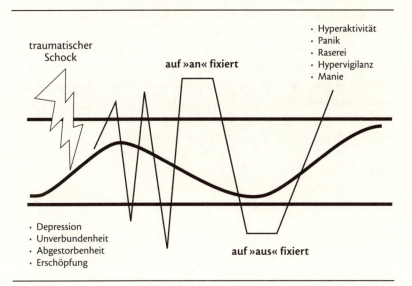

Kampf, Flucht und Erstarren

Wenn Sie in einem Auto sitzen und die Gefahr eines drohenden Unfalls rechtzeitig erkennen, können Sie zu fliehen versuchen, indem Sie ausweichen. Doch gewöhnlich sind Kampf und Flucht in einer solchen Situation unmöglich, und Erstarren ist die einzige Reaktionsmöglichkeit. Unfall- oder Traumaopfer beschuldigen sich später häufig, nichts getan zu haben. Deshalb sollten Sie sich darüber im klaren sein, daß diese Reaktion auf einer unbewußten Entscheidung basiert, die Ihr Reptilienhirn für Sie getroffen hat, weil es Erstarren für die beste Möglichkeit zur Sicherung des Überlebens hielt.

Wenn Angst und Schrecken später als Symptome bestehen bleiben, deutet dies meist auf eine nicht abgeschlossene Fluchtreaktion hin. Verfestigen sich hingegen Rage und Wut, ist dies gewöhnlich ein Zeichen für eine nicht zum Abschluß gelangte Kampfreaktion. Auch Kampf- und Fluchtreaktionen müssen physiologisch zum Abschluß gebracht werden, damit die aufgebaute Übererregung effektiv neutralisiert werden kann und der Körper sich wirklich entspannt. Die Erstarrungsreaktion nach einem Unfall kann Symptome überdecken, die auf fehlgeschlagene Kampf- oder-Flucht-Reaktionen zurückzuführen sind. Eine unaufgelöste Erstarrungsreaktion hindert einen Menschen später daran, in gefährlichen Situationen aktiv zu werden, um sich zu schützen.

Amy

Die folgende Geschichte veranschaulicht, wie wichtig es ist, daß eine Erstarrungsreaktion zum Abschluß gebracht wird.

Vor ihrem ersten Auffahrunfall befand sich Amy inmitten von schnell fahrenden Autos, als sich ein Lastwagen so schnell näherte, daß sie keine Chance hatte, den Zusammenstoß mit ihm zu vermeiden. Vor ihrem zweiten Unfall sah sie ein Fahrzeug von hinten näher kommen, und ihr war klar, daß es nicht rechtzeitig würde bremsen können. Obwohl die Kreuzung vor ihr frei war und sie den Unfall durch Weiterfahren hätte vermeiden können, erstarrte sie angesichts der Gefahr.

Bei ihrem ersten Unfall hatte Amy keinen Spielraum für eine rettende Reaktion. Dazu blieb ihr weder die Zeit, noch hatte sie Raum für ein Ausweichmanöver. Und da sie zum Zeitpunkt des zweiten Unfalls ihre unabgeschlossene Erstarrungsreaktion vom ersten Mal noch nicht überwunden hatte, reagierte sie wieder mit Erstarren, obwohl es ihr diesmal möglich gewesen wäre, sich in Sicherheit zu bringen. Ihr Nervensystem war so überfordert, daß ihr Gehirn mit Immobilität reagierte.

In der Behandlung lernte Amy, die Erstarrungsreaktion zum Abschluß zu bringen. Sie gelangte wieder in den Besitz der Möglichkeit, auf Gefahren mit Kampf oder Flucht zu reagieren, indem sie dies übte und die damit verbundenen Gefühle in ihrem Körper spürte. Jetzt fühlt sie sich beim Autofahren wieder wesentlich sicherer.

Zittern ist ein gutes Zeichen

Nach dem traumatischen Ereignis werden Sie möglicherweise unkontrollierbar zittern, so wie der Hund oder der Vogel in unseren Beispielen. Durch das Zittern oder Schütteln befreit sich der Körper von der aufgestauten Energie. Nachdem er sich ausgeruht und die Energie abgebaut hat, wird sein normales Energieniveau wiederhergestellt. Das autonome Nervensystem kehrt dann in den Normalzustand zurück, und die unwillkürlichen Funktionen normalisieren sich. An die Stelle chronischer Schlafstörungen oder des Vermeidens von Gefühlen durch übermäßig langes Schlafen tritt ein normales Schlafmuster. Auch der Appetit normalisiert sich wieder, und übermäßige oder unnatürlich spärliche Nahrungsaufnahme sind kein Problem mehr. Die Emotionen ebben ab, und realistische Reaktionen auf die aktuelle Situation treten an ihre Stelle. Angst und Wut sind keine ständigen Begleiter mehr. Sie haben das Gefühl, wieder gefahrlos in Ihrem Körper leben und Verbindung zu Ihrem Körper, zu Ihrem Selbstgefühl und zu den Menschen, die Ihnen etwas bedeuten, aufnehmen zu können. Sie empfinden weder Scham, noch sehen Sie die Notwendigkeit, sich zu isolieren, und Sie sind in der Lage, Unterstützung anzunehmen. Levine schreibt: »Wenn Tiere feststellen, daß sie nicht mehr in Gefahr sind, fangen sie oft an zu beben, zu zucken und leicht zu zittern ... Durch dieses leichte Zittern des Muskelgewebes reguliert der Organismus extrem schwierige Phasen der Aktivierung des Nervensystems.«

 Zittern ist ein gutes Zeichen. Es signalisiert, daß Ihre überschüssige Energie abgebaut wird. Es handelt sich um eine unwillkürliche Reaktion, auf die Sie keinen Einfluß haben. Lassen Sie diese Reaktion zu, damit sie ungehindert zum Abschluß gelangen kann.

Falls Sie in irgendeiner Phase dieser Arbeit zu zittern beginnen, ist dies ein sehr gutes Zeichen, auch wenn Sie es als merkwürdig oder unangenehm empfinden. Durch das Zittern gelangen Sie aus dem fixierten, erstarrten Zustand zurück in den fließenden, natürlichen Zustand. Denken Sie an einen Eisblock, der allmählich auftaut und sich so in einen fließenden Bach verwandelt. Zittern zeigt an, daß sich Ihr Nervensystem allmählich beruhigt, und genau darauf arbeiten wir hin. Lassen Sie diesen Zustand so lange zu, wie Sie können; nötigenfalls können Sie zwischendurch eine Pause einlegen. Anschließend werden Sie möglicherweise sehr müde sein, weil die auf diese Weise frei werdende Energie so stark ist. Doch gleichzeitig tritt gewöhnlich ein starkes Gefühl des Wohlbehagens auf, und die Fähigkeit zu tieferer Entspannung manifestiert sich.

Wie der Zusammenstoß den natürlichen Abbau der Energie vereiteln kann

Dieses Buch zu lesen erfordert Konzentration, und wir empfehlen Ihnen, dies zu Hause oder an einem für Sie angenehmen Ort zu tun, wo Sie sich entspannen können und durch nichts abgelenkt werden. Sobald Sie sich abgelenkt fühlen – auch durch Erinnerungen an Ihren eigenen Unfall –, sollten Sie eine Pause einlegen. Wir empfehlen Ihnen, generell nach jeweils 30 bis 45 Minuten eine Pause zu machen, auf jeden Fall aber nach jeder Übung, oder beim Lesen zwischendurch das Kapitel über Ressourcen aufzuschlagen und die erste Übung zu machen, die dort vorgestellt wird.

Bei einem Autounfall sind wir in einer mobilen Blechdose gefangen und gewöhnlich mit einem Sicherheitsgurt am Sitz festgeschnallt. Deshalb können wir weder kämpfen noch weglaufen. Unmittelbar nach dem Unfall müssen wir mit allen möglichen äußeren Stimuli und Anforderungen fertig werden. Sanitäter oder Polizisten stellen uns Fragen; wir müssen Unfallberichte und Versicherungsformulare ausfüllen, und natürlich müssen wir umgehend unseren Chef oder unsere Familie anrufen – ganz zu schweigen davon, daß wir uns um den Schaden an unserem Auto kümmern müssen.

All das kommt noch zu der eigentlich lebensbedrohlichen Situation hinzu, und zwar in einem Moment, in dem unser Körper von uns erwartet, daß wir »unter einen Busch kriechen« und dort still liegenbleiben, bis wir in der Lage sind, die zusätzlich mobilisierte Energie zu neutralisieren. Unsere Situation gleicht der des Vogels, der aufgehoben wird, bevor er sich von seinem Schreck erholt hat. Unsere Reaktion zur Abwehr des Traumas wird unterbrochen, und die zum Zeitpunkt des Unfalls aktivierte und nun überschüssige Energie sitzt in unserem Inneren fest. Unsere Kampf-oder-Flucht-Reaktion gelangt nicht zum Abschluß, wird deshalb innerlich perpetuiert und dadurch immer weiter verstärkt. Unsere Fähigkeit, die überschüssige Energie abzubauen, ist beeinträchtigt oder völlig außer Funktion.

Die in unserem Körper festsitzende Energie überzeugt unser Reptilienhirn davon, daß die Bedrohung weiterhin besteht. Deshalb reagiert es seiner Funktion entsprechend, indem es sich so gut wie möglich gegen äußere Reize abschottet, und wenn ihm dies nicht gelingt, fühlt es sich von Reizen überflutet. Die unverarbeiteten Reize und die nicht abgeschlossene natürliche Reaktion haben die Traumasymptome verursacht, unter denen Sie leiden. Auf diesen Punkt kann gar nicht nachdrücklich genug hingewiesen werden. Die Theorie des *Somatic Experiencing* besagt: »Das Trauma liegt im Körper, nicht im Ereignis.« Das bedeutet: Die Traumasymptome werden durch das im Körper erfahrene Übermaß an Energie ausgelöst, auch wenn sich das auslösende Ereignis außerhalb von uns zugetragen hat. Der Geist empfindet das Übermaß an mobilisierter Energie als bedrohlich und projiziert die Gefahr, ohne sich darüber im klaren zu sein, nach außen, als käme die Bedrohung von außen oder würde erst noch eintreten.

Das zu verstehen, hilft einem Menschen, der ein Trauma erlebt hat, mit der Angst oder dem »Warten auf die nächste Katastrophe« fertig zu werden.

Zum Reptilienhirn in Kontakt treten

Traumata können geheilt werden, wenn die Betroffenen alles, was geschehen ist, in umgekehrter Reihenfolge rekapitulieren, dabei allerdings sehr vorsichtig vorgehen. Man arbeitet sich Stück für Stück rückwärts durch das Trauma, ohne dem realen Verlauf der Ereignisse zu folgen. *Vergessen Sie niemals, wie wichtig es ist, die Geschehnisse nicht sequentiell durchzuarbeiten.* Zwischen den einzelnen Verarbeitungsschritten müssen Sie Ihrem Körper viel Zeit lassen, damit er sich darüber klarwerden kann, was er gebraucht oder getan hätte, wenn er in jener Situation mehr Zeit gehabt hätte. Zuerst müssen wir lernen, Verbindung mit unserem Reptilienhirn aufzunehmen. Das fällt uns gewöhnlich schwer, weil unsere Kultur uns nicht gerade darin schult, uns körperlicher Empfindungen bewußt zu sein. Wir sind stolz auf unsere kognitiven Fähigkeiten, auf unsere Fähigkeit, uns intellektuell davon zu überzeugen, daß mit uns alles in Ordnung ist. Doch wie Sie bereits bemerkt haben werden, ist das Reptilienhirn von diesen Botschaften des kognitiven Gehirnteils nicht überzeugt.

Unser Neokortex ist auf abstraktes Denken spezialisiert, unser Reptilienhirn auf Selbsterhaltung. Das Reptilienhirn kann auf jahrtausendelange Erfahrung zurückgreifen und ist deshalb ein Experte für Überlebensstrategien.

Das Reptilienhirn beschäftigt sich mit Empfindungen, bildlichen Vorstellungen und Metaphern. Es mag Geschichten. Weil es Information wesentlich langsamer verarbeitet als der kognitive Gehirnteil, müssen wir langsam und einfach mit ihm sprechen. Versuchen Sie nicht, das Reptilienhirn mit einem großen Wortschatz zu beeindrucken! Drücken Sie sich vielmehr bewußt einfach aus.

Alle Elemente der Empfindungssprache – Berührungen, Geschmäcke, Geräusche, Gerüche und Anblicke – gefallen dem Reptilienhirn. Dies entspricht nicht unserer Art zu interagieren. Um Kontakt zu unserem Reptilienhirn herzustellen, müssen wir lernen, »Empfindung zu sprechen«. Hüten Sie sich vor Fragen wie »Was denke ich?«, denn solche Fragen wenden sich an den Neokortex, nicht an das Reptilienhirn.

Es folgt ein Dialog zwischen Larry und einer Klientin namens Marta, die sechs Monate nach einem Verkehrsunfall unter chronischem Schmerz im ganzen Körper leidet. Dieses Gespräch zeigt, wie wir mit Körperempfindungen arbeiten. Nachdem Sie das Kapitel über den Umgang mit Ressourcen gelesen haben, sollten Sie diesen Dialog noch einmal lesen.

L.: Wie fühlen Sie sich?
M.: Schrecklich, wie immer. Alles tut mir weh.
L.: Ich weiß, daß es sich für Sie so anfühlt, als täte alles weh, aber versuchen Sie einmal, Ihren Körper innerlich durchzutasten und festzustellen, ob irgendein Bereich darin *nicht* weh tut.
M.: Tatsächlich, meine Hände tun nicht weh!
L.: Sehr gut! Wir wollen das Gefühl in Ihren Händen ein wenig genauer erforschen. Sie sagen, Ihre Hände tun nicht weh. Wie fühlen sie sich denn an? Lassen Sie sich Zeit, es herauszufinden.
M.: Sie sind warm und fühlen sich weich an.
L.: Sie sind also warm und fühlen sich weich an.
M.: Ja.
L.: Schauen Sie, was passiert, wenn Sie sich Zeit nehmen, um die Wärme und Weichheit in Ihren Händen zu empfinden.
M.: Wenn ich mich darauf konzentriere, werden meine Hände noch wärmer und fangen ein wenig an zu kribbeln.
L.: Und wenn Sie sich auf die Wärme, die Weichheit und das Kribbeln konzentrieren, was fällt Ihnen dann noch auf?
M.: Die Wärme bewegt sich in meinen Armen aufwärts.
L.: Sehr gut. Und wenn Sie Ihre Aufmerksamkeit weiter auf diese Wärme richten, die nun in Ihren Armen aufwärts wandert, was passiert dann als nächstes?

M.: Seltsam, meine Arme entspannen sich noch mehr, bis hinauf zum Hals. Das ist wirklich erstaunlich!
L.: Wenn Ihr Körper ein wenig Hilfe bekommt, weiß er, was er tun muß. Beschreiben Sie, was in Ihrem Hals los ist.
M.: Da gibt es schmerzende Knoten.
L.: Haben diese Knoten eine bestimmte Temperatur?
M.: Jetzt, wo Sie fragen, merke ich, daß sie sich irgendwie kalt anfühlen.
L.: Konzentrieren Sie sich wieder auf Ihre Arme. Was spüren Sie dort im Moment?
M.: Sie sind immer noch warm und entspannt. Ich weiß aber ganz genau, daß sie weh getan haben, als ich hier hereinkam.
L.: Ihre Arme sind immer noch warm und entspannt. Konzentrieren Sie sich jetzt wieder auf die Knoten in Ihrem Hals.
M.: Sie fühlen sich etwas anders an.
L.: Wie denn?
M.: Schwer zu beschreiben. Vielleicht nicht mehr ganz so angespannt.
L.: Kehren Sie noch einmal zu Ihren Armen zurück. Was passiert da?
M.: Sie sind immer noch warm und kribbeln.
L.: Fällt Ihnen noch etwas anderes auf?
M.: Das Kribbeln erreicht jetzt auch meinen Hals ein wenig. Es macht die Knoten weicher.
L.: Ich möchte, daß Sie jetzt zwischen der Wärme und dem Kribbeln in Ihren Armen und den Knoten in Ihrem Hals hin- und herwechseln. Konzentrieren Sie sich zuerst einen Moment auf Ihre Arme und auf das, was Sie dort spüren. Und dann wechseln Sie für einen Moment zu den Knoten im Hals. Und jetzt wieder zurück zu den Armen.
(Dieses Wechseln wird einige Minuten lang fortgesetzt.)
L.: Wie fühlen sich Ihre Arme und Ihr Hals jetzt an?
M.: Die Knoten sind noch nicht völlig verschwunden, aber sie sind viel schwächer und wärmer geworden. Soll ich versuchen, sie noch mehr zu entspannen?
L.: Bitte beachten Sie: In der Übung haben Sie nicht »versucht«, irgend etwas zu entspannen. Das könnte die Anspannung noch verschlimmern.

M.: Was sollte ich statt dessen tun?
L.: Einfach weiter bewußt verfolgen, was in Ihren Armen und in Ihrem Hals geschieht.

Schmerz ist oft ein Magnet, der unser Gewahrsein fesselt. Larry half Marta, eine positive, schmerzfreie Ressource in ihrem eigenen Körper zu finden. Nachdem sich ihr Gewahrsein darauf konzentriert hatte, breitete sich diese positive Empfindung von selbst aus. Die Reaktion weitete sich aus, bis sie auf die Aktivierung in Martas Hals stieß. Durch Hin- und Herwechseln zwischen den Ressourcen (der Wärme in den Händen und Armen), der Aktivierung (der Versteifung im Hals und den Knoten) und dem Fokussieren auf die Empfindung löste sich die Spannung im Hals allmählich auf.

 Übung: Die Empfindungssprache sprechen

Du siehst einen wunderschönen Sonnenuntergang und sagst zu dir selbst: »Das ist wunderbar.« Und weil es so schön ist, gehst du einen Schritt weiter, um eine dreimal so starke Wirkung zu erzielen. Frage dich: »Was spüre ich in meinem Körper, wenn ich diese lebhaften Farben, die Berge und das durch die Wolken brechende Licht sehe?« Vielleicht spürst du Wärme und ein Kribbeln, Freude, die in dir hochsteigt. Vielleicht spürst du, wie deine Brust weit wird und dein Herz sich öffnet für die Liebe zum Leben. Du hast soeben begonnen, in den Empfindungen deines Körpers heimisch zu werden.

Die Sprache des Empfindens

Es kann schwierig sein, Worte zu finden, um körperliche Empfindungen zu beschreiben, weil wir unsere Erfahrungen selten auf diese Weise zum Ausdruck bringen. Wenn ein Freund fragt, wie es uns geht, sagen wir vielleicht »gut«, aber kaum: »Ich fühle mich in meiner Brust sehr weit, im

Halsbereich verspannt, und der untere Teil meiner Beine fühlt sich kalt an.« Es folgt nun eine (keineswegs vollständige) Liste von Wörtern, die man benutzen kann, um Empfindungen zu beschreiben.

fest	dick	fließend
atemlos	unruhig	nervös
übel	geweitet	treibend
schwer	kribblig	elektrisiert
flüssig	taub	hölzern
benommen	voll	überfüllt
verträumt	zittrig	zuckend
angespannt	heiß	blubbernd
schmerzend	wacklig	juckend
erstarrt	wankend	ruhig
erstickend	aufgeregt	energievoll
verspannt	überschwenglich	sanft
zittrig	eingeschnürt	warm
verknotet	eisig	leicht
blockiert	hohl	kalt
abgetrennt	verschwitzt	strömend

Übung: Kontakt zum Reptilienhirn aufnehmen

Du sitzt auf einem bequemen Stuhl. Bevor du weiterliest, solltest du dir einen Augenblick Zeit nehmen, um deinen Körper durchzuprüfen. Wenn du willst, kannst du kurz die Augen schließen, um dich zu konzentrieren und das Gewahrsein auf das Innere deines Körpers zu richten. Wo spürst du körperlich die stärkste Unterstützung? Spüre deinen Rücken an der Stuhllehne. Spüre deine Arme auf den Lehnen des Stuhls. Spüre das Gewicht deiner Füße auf dem Boden. Achte darauf, wie sich deine Kleidung auf der Haut anfühlt.

Nimm dir ein paar Sekunden Zeit, um zu spüren, wie und wo sich dein Körper gestützt fühlt. Versuche, dich in diese Unterstützung hinein zu entspannen. Fühlt sich das bequem an? Angenehm? Wie fühlt es sich an, daß deine Füße auf dem Boden stehen? Wenn es dir schwerfällt, die Füße zu spüren, dann drücke sie sanft gegen den Boden, und verstärke den Druck allmählich. Das hilft, das Gefühl für sie wiederherzustellen. Sitze einfach ein paar Minuten lang da, und spüre deine Füße auf dem Boden. Richte dein Gewahrsein auf deine Körperempfindungen. Überprüfe das Innere deines Körpers auf Empfindungen in diesem Augenblick. Nimm dir Zeit. Urteile nicht, analysiere nicht, und versuche auch nicht, irgend etwas zu verändern. Registriere einfach, welche Körperempfindungen da sind.

Vielleicht wirst du Bereiche in deinem Körper bemerken, die sich angespannt oder verengt anfühlen. Hat diese Anspannung eine Größe oder eine Form? Verbindest du eine bestimmte Farbe oder Dichte damit? Versuche nicht, irgend etwas an der Anspannung zu ändern. Registriere sie einfach, und sei ihrer gewahr. Achte darauf, wo sich dein Körper am besten anfühlt. Und stelle fest, wo er warm oder kühl ist. Kannst du irgendwo ein Kribbeln feststellen?

Diese Übung wirkt meist sehr entspannend und beruhigend. Indem Sie einfach die Aufmerksamkeit auf Ihren Körper richten, verändert sich Ihr Erleben. Dieser Fokus hilft Ihnen, sich als ein Ganzes zu fühlen, verbunden. Und damit haben Sie einen guten Ausgangspunkt für die nächsten Schritte. Wenn Ihr Gewahrsein nicht so stark mit Ihrem Körper verbunden ist, oder anders ausgedrückt, wenn Sie sich nicht mit Ihrem Körper verbunden fühlen, vergegenwärtigen Sie sich einfach, was Sie aus Ihrer momentanen Perspektive erleben. Sollten Sie beispielsweise das Gefühl haben, das Geschehen von einer Position über Ihrem Körper zu sehen statt aus seinem Inneren heraus, dann verfolgen Sie das, was Sie erleben, von diesem Ort aus. Im Laufe der Arbeit werden Sie mehr Gewahrsein für Ihren Körper entwickeln, und Ihr Gefühl der Verbundenheit mit ihm wird stärker werden.

Übung: Die Empfindungsfähigkeit zurückerlangen

Die folgende Übung stammt von Peter Levine.

Besorge dir einen Massageduschkopf für die Dusche. Achte beim Duschen darauf, wie sich das Wasser auf deinem Körper anfühlt. Verändere die Einstellung, und achte darauf, wie sich dein Empfinden dadurch verändert. Mit einem Whirlpool kannst du eine ähnliche Wirkung erzeugen, indem du den Druck der Düsen variierst. Schon eine leichte Veränderung der Temperatur oder des Wasserdrucks kann bewirken, daß die Berührung als mehr oder weniger angenehm empfunden wird. Wie fühlt es sich an? Ist es angenehm oder unangenehm? Genießt dein Körper das Gefühl? Welche Temperatur ist dir am angenehmsten?

Levine empfiehlt auch, sich mit Hilfe der Geräte in einem Fitneß-Center der eigenen Muskeln bewußter zu werden und sich zu vergegenwärtigen, wie sie sich im aktiven und im entspannten Zustand anfühlen. Weitere Techniken für das Fokussieren der Aufmerksamkeit werden in Eugene Gendlins Buch *Focusing* beschrieben. Dort finden Sie eine ganze Reihe von Übungen, die Ihnen helfen, auf Ihren Körper zu hören.

Übung: Das Empfindungsvermögen und ein Gefühl der Sicherheit wiedererlangen

Denke an einen Ort oder eine Situation, an dem oder in der du dich sicher, geborgen und glücklich gefühlt hast. Was geschieht in deinem Körper, wenn du dir vorstellst, daß du dich an jenen Ort oder in jene Situation begibst? Schau dich nun an deinem Lieblingsort um. Was siehst du? Sind noch andere Menschen dort, oder bist du allein? Sind mit dieser Situation oder diesem Ort bestimmte Geräusche und Farben verbunden oder eine bestimmte Temperatur? Was gefällt dir so gut dort? Was fällt dir in deinem Körper auf, während du dich an diese Situation und diesen Ort erinnerst, wo du dich einmal sicher, geborgen und glücklich gefühlt hast? Wie bemerkst du das Gefühl der Sicherheit in deinem Körper? Wo in deinem Körper manifestiert sich dieses Gefühl der Sicherheit?

Empfindungen im Körper spüren

Es reicht nicht aus, über die Sinne nachzudenken. Die gewünschte positive Wirkung tritt erst ein, wenn Sie die betreffende Empfindung wirklich im Körper spüren, wenn Sie merken, daß es eine Körperempfindung ist.

Sie erforschen hier einen völlig neuen Raum. In die Erfahrung des »Sich-gut-Fühlens« fließt ein ganzes Spektrum deutlicher und subtiler Empfindungen ein, die, wenn sie vom Gehirn interpretiert werden, den Gesamteindruck eines guten Gefühls ergeben. Zum Reptilienhirn in Kontakt zu treten bedeutet, diese verschiedenen Empfindungen zu unterscheiden, auf sie zu fokussieren und sie bewußter zu spüren. Wir könnten beispielsweise ein angenehmes Zittern im linken Arm und im Rumpf spüren, eine Wärme und Weite im Brustbereich, und unser Hals könnte sich entspannt anfühlen. All diese Erfahrungen zusammen signalisieren uns, daß wir uns gut fühlen.

Auch »Sich-schlecht-Fühlen« kann ein ganzes Spektrum von Empfindungen beinhalten. Beispielsweise können mit dem Begriff Magendrücken Gefühle wie Eingeschnürtsein, »Ameisenkribbeln«, Druck, Übelkeit oder etwas, das sich anfühlt wie Steine oder Knoten in diesem Körperbereich, bezeichnet werden. Bestimmte Gefühle lassen sich allein durch Identifikation lindern, weil das bedeutet, daß man sie stärker wahrgenommen hat.

 Normalerweise verändern sich Empfindungen ständig. Eine konstante oder fixierte Empfindung, z.B. chronischer Schmerz oder ständig wiederkehrende Angst, ist oft ein Zeichen für das Bestehen eines Traumas und deutet auf eine erstarrte Aktivierung hin, die aufgelöst werden muß.

Übung: Gedanken, Bilder, Verhaltensweisen und Gefühle in Empfindungen verwandeln

Diese Übung soll Ihnen helfen, Gedanken und Emotionen in Empfindungen zu verwandeln. Stellen Sie sich vor, daß diese Geistesphänomene über die verschiedenen Ebenen Ihres Gehirns in den stetigen Fluß Ihrer Körperempfindungen zurückgleiten. Damit Sie ein Trauma auflösen können, müssen Sie in der Lage sein, Kontakt zu Ihren Empfindungen aufzunehmen und Ihr Reptilienhirn zu erreichen.

Gedanken: Was geschieht, wenn du einen selbstkritischen Gedanken hast wie: »Ich war selbst schuld, weil ich dumm bin«? Was passiert dabei in deinem Körper? Es kann sein, daß du dich schwach, vernichtet, eingeengt oder klein wie ein Kind fühlst.

Erinnerst du dich noch an das erste Mal, wo du dich kompetent und vertrauensvoll oder sogar mächtig gefühlt hast? Was empfindest du? Geh nun noch einen Schritt weiter in Richtung des Empfindens. Vielleicht spürst du Stärke in deinem Körper, den sicheren Stand deiner Füße auf dem Boden, ein Gefühl der Weite im Brustkorb oder die körperliche Bereitschaft, dich einer Herausforderung zu stellen.

Emotionen: Erinnere dich nun an eine Situation, in der du Angst hattest. Wie zeigt dein Körper, daß er Angst empfindet? Manche Menschen sagen, daß ihnen kalt wird, wenn sie Angst haben, daß ihr Atem flach wird oder daß sie nach Luft schnappen müssen, daß ihre Herzfrequenz steigt oder daß sie das Gefühl haben, eingeschnürt oder gelähmt zu sein oder unfähig, logisch zu denken.

Bilder: Ist dir aufgefallen, daß ein bestimmtes mit dem Unfall zusammenhängendes Bild immer wieder auftaucht? Was empfindest du in deinem Körper, wenn du dieses Bild vor dir siehst? Stellst du dir dann ein gegenteiliges Bild vor? Was spürst du in deinem Körper, wenn du das gegenteilige Bild siehst?

Verhaltensweisen: Manchmal sage ich zu einem Klienten: »Ich sehe, daß Sie immer wieder Ihr Bein schwingen lassen oder mit einem Fuß auf den Boden klopfen, wenn wir über den Unfall reden. Was fällt Ihnen auf, wenn Sie sich die Bewegungen Ihres Fußes bewußt machen? Haben Sie eine Ahnung, worauf er sich vorbereiten könnte?« Einer Klientin wurde, als sie diese Bewegung bemerkte, klar, daß sie auf die Bremse treten und den Zusammenstoß verhindern wollte. Achte darauf, ob du irgendwelche ruhelosen Bewegungen machst, wenn du über deinen Unfall sprichst.

Gefühle: Identifiziere einen anderen Gefühlszustand. Stelle beispielsweise fest, was passiert, wenn du dich geliebt, geschützt und sicher fühlst. Wie fühlt sich das in deinem Körper an? Du kannst dich entspannt, warm, geborgen, gehalten, unterstützt oder getröstet fühlen. Nimm dir Zeit. Sowohl positive als auch negative Zustände, die mit bestimmten Gedanken, Emotionen und Bildern verbunden sind, müssen als physische Empfindungen erfahren werden, damit die im Körper gefangene Energie befreit werden kann.

Machen Sie sich keine Sorgen, falls es Ihnen schwerfällt, diese Übungen auszuführen. Während Sie sich mit der Sprache des Empfindens vertraut machen, müssen Sie sich zunächst einmal so akzeptieren, wie Sie sind. Auch wenn Sie im Augenblick noch nicht dazu in der Lage sind, können Sie lernen, sich Ihre Empfindungen bewußt zu machen. Ein Trauma kann Ihr Gefühl der Abgetrenntheit von Ihrem Körper so intensivieren, daß es einige Zeit dauert, bis es Ihnen gelingt, diesen Kontakt wiederherzustellen. Setzen Sie sich jedoch nicht unter Druck. Wenn der Kontakt zu Ihrem Körper unterbrochen ist, weist dies auf ein hohes Maß an Aktivierung hin, und das ist eine natürliche Folge übermächtiger oder traumatischer Ereignisse.

Zusammenfassung der wichtigsten Punkte

- Das Überleben und der Kampf-oder-Flucht-Mechanismus unterliegen der Steuerung durch den instinktiven Teil des Gehirns, das sogenannte *Reptilienhirn*.
- Ein Trauma stört den normalen, fließenden Wechsel zwischen dem Aufbau und Abbau von Energie im autonomen Nervensystem.
- Nach Traumata treten häufig Reaktionen wie Überflutung und Erstarren auf.
- Symptome für Überflutung sind unter anderem Panikattacken, Wutausbrüche und Rückblenden. Symptome des Erstarrens sind unter anderem Empfindungen wie Enge, Taubheit, Abgetrenntheit, Dissoziation und Bewegungsunfähigkeit.

5
Traumasymptome

Bewerten Sie mit Hilfe der folgenden Tabelle die Schwere der Symptome, die seit dem traumatischen Erlebnis bei Ihnen aufgetreten sind. »0« bedeutet, daß Sie im betreffenden Bereich keine Schwierigkeiten hatten, und »5« zeigt an, daß der betreffende Aspekt Ihr Leben sehr stark beeinträchtigt.

Fragebogen für die Beurteilung von Traumasymptomen

1. Gefühle der Hilflosigkeit und/oder Machtlosigkeit	0	1	2	3	4	5
2. Konzentrationsschwierigkeiten	0	1	2	3	4	5
3. Erinnerungslücken, vor allem im Hinblick auf die traumatischen Geschehnisse	0	1	2	3	4	5
4. Desorientiertheit – Verwirrung bezüglich Zeit, Raum und Richtung	0	1	2	3	4	5
5. Anfälligkeit für Mißgeschicke und Unfälle	0	1	2	3	4	5
6. Gefühl, die Kontrolle verloren zu haben	0	1	2	3	4	5
7. Gefühl der Erstarrung, Lähmung, Immobilität	0	1	2	3	4	5
8. Wiederholte Träume über das traumatische Ereignis	0	1	2	3	4	5

9. Intrusive Bilder, die das traumatische Ereignis betreffen; d.h., Bilder von dem Unfall kommen Ihnen ständig in den Sinn   0   1   2   3   4   5

10. Rückblenden, die Ihnen das Gefühl vermitteln, Sie würden den Unfall erneut durchleben   0   1   2   3   4   5

11. Schlafstörungen (unterstreichen Sie die bei Ihnen zutreffende Art) Schlaflosigkeit, übermäßiges Schlafbedürfnis, beides   0   1   2   3   4   5

12. Lethargie, Erschöpfung, chronische Erschöpfung   0   1   2   3   4   5

13. Nächtliche Angst oder plötzliches Aufwachen mit starken Ängsten   0   1   2   3   4   5

14. Extreme Stimmungsschwankungen   0   1   2   3   4   5

15. Wutausbrüche   0   1   2   3   4   5

16. Übervorsichtigkeit   0   1   2   3   4   5

17. Angst, beobachtet oder verfolgt zu werden   0   1   2   3   4   5

18. Leichte Erschreckbarkeit oder »Sprunghaftigkeit«   0   1   2   3   4   5

19. Gefühl, den Dingen nicht gewachsen zu sein   0   1   2   3   4   5

20. Gefühl der Niederlage, Unzulänglichkeit oder Unfähigkeit, irgend etwas zu tun   0   1   2   3   4   5

21. Gefühl der Verwirrung oder Zersplitterung   0   1   2   3   4   5

22. Zuviel Energie (Hyperaktivität)   0   1   2   3   4   5

23. Impuls wegzulaufen oder Fluchtphantasien   0   1   2   3   4   5

24. Unfähigkeit, das Gewicht des eigenen Körpers zu spüren; Gefühl, außerhalb des eigenen Körpers zu sein   0   1   2   3   4   5

Traumasymptome

25. Der eigene Körper fühlt sich schwer an, wie ein lebloses Gewicht	0	1	2	3	4	5
26. Tendenz, Dinge wie Schlüssel, Brille usw. zu verlieren	0	1	2	3	4	5
27. Gefühl, abgetrennt, verwirrt, »nicht hier« zu sein	0	1	2	3	4	5
28. Schwierigkeit, Termine im Auge zu behalten; häufiges Zuspätkommen zu Verabredungen	0	1	2	3	4	5
29. Schwierigkeiten mit der räumlichen Orientierung; Tendenz, gegen Dinge zu stoßen	0	1	2	3	4	5
30. Vermeiden von Auslösern oder anderen Dingen, die mit dem traumatischen Ereignis assoziiert werden; z.B. Angst vor dem Fahren auf Autobahnen	0	1	2	3	4	5
31. Panikattacken	0	1	2	3	4	5
32. Angstgefühle	0	1	2	3	4	5
33. Übelkeit und/oder Erbrechen	0	1	2	3	4	5
34. Gefühl der Scham	0	1	2	3	4	5
35. Selbstverurteilung oder Selbstbeschuldigung	0	1	2	3	4	5
36. »Elektrisches« Gefühl oder Gefühl der »übermäßigen Spannung« im Körper	0	1	2	3	4	5
37. Obsessives Rekapitulieren des traumatischen Vorfalls; die Geschichte des Unfalls wird immer wieder von neuem erzählt	0	1	2	3	4	5
38. Eßstörungen (streichen Sie eine an) zuviel essen, zuwenig essen, beides	0	1	2	3	4	5
39. Leichte Ablenkbarkeit	0	1	2	3	4	5

40. Chronische Schmerzen	0	1	2	3	4	5
41. Hypervigilanz oder ständige Alarmbereitschaft	0	1	2	3	4	5
42. Unfähigkeit, mit normalem Streß fertig zu werden	0	1	2	3	4	5
43. Isolation von anderen Menschen	0	1	2	3	4	5
44. Gefühl, eingeengt, unterdrückt abgeschnitten zu sein	0	1	2	3	4	5
45. Mißtrauen	0	1	2	3	4	5
46. Kaum oder keine Alternativen sehen	0	1	2	3	4	5
47. Desinteresse am Leben	0	1	2	3	4	5
48. Generalisierte Angst oder Wut, beispielsweise in Form der Überzeugung, alle Autofahrer seien gefährlich	0	1	2	3	4	5
49. Übermäßige Besorgnis	0	1	2	3	4	5
50. Zerbrechen von Beziehungen	0	1	2	3	4	5
51. Entfremdung; Gefühl, von niemandem verstanden zu werden	0	1	2	3	4	5
52. Bindung zu anderen über das Trauma	0	1	2	3	4	5
53. Plötzliche, ohne jeden erkennbaren Grund auftretende Angstgefühle	0	1	2	3	4	5
54. Furchtlosigkeit in gefährlichen Situationen	0	1	2	3	4	5
55. Unkontrollierte Wutausbrüche	0	1	2	3	4	5
56. Impulse, sich selbst und andere zu verletzen	0	1	2	3	4	5
57. Verlust des Interesses an Sexualität	0	1	2	3	4	5
58. Benommenheit	0	1	2	3	4	5

59. Die Vorstellung, die eigenen Gedanken könnten von jemand anderem ferngesteuert werden	0	1	2	3	4	5
60. Angst vor dem Alleinsein	0	1	2	3	4	5
61. Angst vor dem Zusammensein mit anderen	0	1	2	3	4	5
62. Weinerlichkeit	0	1	2	3	4	5
63. Unfähigkeit zu weinen	0	1	2	3	4	5
64. Angst, die eigene Wohnung oder die vertraute Umgebung zu verlassen	0	1	2	3	4	5
65. »Alles ist bestens«-Haltung	0	1	2	3	4	5
66. Keine Vorstellung von der Zukunft	0	1	2	3	4	5
67. Verlust der Kreativität	0	1	2	3	4	5
68. Depression	0	1	2	3	4	5
69. Zittrigkeit	0	1	2	3	4	5
70. Apathie, Energielosigkeit	0	1	2	3	4	5
71. Sich tot oder im »Nirgendwo« fühlen	0	1	2	3	4	5
72. Schwierigkeiten, Projekte in Angriff zu nehmen	0	1	2	3	4	5
73. Initiieren zahlreicher Projekte, die nie zum Abschluß gebracht werden	0	1	2	3	4	5
74. Erhöhte Sensibilität gegenüber Geräuschen oder Licht	0	1	2	3	4	5
75. Übermäßige Verletzbarkeit	0	1	2	3	4	5
76. Reizbarkeit, Überreaktionen	0	1	2	3	4	5
77. Zwanghaftes Überprüfen aller eigenen Aktivitäten	0	1	2	3	4	5

78. Ausagieren (streichen Sie an, was zutrifft)
    Werfen von Gegenständen, Schreien,
    Schlagen oder Treten, Brüllen   0   1   2   3   4   5

79. Alles erscheint als belastend oder
    entmutigend   0   1   2   3   4   5

80. Schwächegefühle im Körper, vor allem in
    den Gelenken   0   1   2   3   4   5

81. Vorahnung, daß etwas Schlimmes
    geschehen wird   0   1   2   3   4   5

82. Rastlosigkeit, kann keine Ruhe finden   0   1   2   3   4   5

83. Herzklopfen, Herzrasen oder
    Herzrhythmusstörungen   0   1   2   3   4   5

84. Unfähigkeit, sich an bestimmte Aspekte
    des traumatischen Ereignisses zu erinnern   0   1   2   3   4   5

85. Schwierigkeiten, Kontakt zu anderen
    aufzunehmen oder sich ihnen nahe
    zu fühlen   0   1   2   3   4   5

86. Schwierigkeiten, Entscheidungen zu
    treffen   0   1   2   3   4   5

87. Schuld-, Reue- und Schamgefühle   0   1   2   3   4   5

88. Abstumpfung, Absterben von Gefühlen
    oder Empfindungen   0   1   2   3   4   5

89. Magenverstimmungen, Übelkeit,
    Verspannungen   0   1   2   3   4   5

90. Gefühle der Wertlosigkeit und
    Unzulänglichkeit   0   1   2   3   4   5

91. Das Gefühl, sich immer noch in
    Lebensgefahr zu befinden   0   1   2   3   4   5

92. Häufiger Harndrang   0   1   2   3   4   5

TRAUMASYMPTOME

93.	Veränderungen in der Körpertemperatur – Kälteschauer oder Hitzewallungen	0	1	2	3	4	5
94.	Projektion der Erinnerung in die Zukunft oder die Befürchtung, daß sich das Trauma erneut ereignen wird	0	1	2	3	4	5
95.	Gefühl der Verletztheit oder Unsicherheit	0	1	2	3	4	5
96.	Überflutung mit Emotionen (Unfähigkeit, Emotionen unter Kontrolle zu behalten)	0	1	2	3	4	5
97.	Gefühl erhöhter Dringlichkeit	0	1	2	3	4	5
98.	Obsessives Nachdenken über den Unfall	0	1	2	3	4	5
99.	Gefühl des Entsetzens in der Rolle des Beobachters traumatischer Ereignisse	0	1	2	3	4	5
100.	Gefühl, seit dem traumatischen Ereignis in Lebensgefahr zu schweben	0	1	2	3	4	5

Markieren Sie die Symptome, die Sie mit 3, 4 oder 5 bewertet haben. Diese Werte weisen auf mittlere bis starke Schwierigkeiten hin. Bei mehreren hohen Werten sollten Sie sich umgehend an einen Therapeuten wenden. Gehen Sie diese Liste von Zeit zu Zeit erneut durch, um festzustellen, welche Fortschritte Sie bereits gemacht haben.

Sam

Obwohl es hier nicht um einen Autounfall geht, veranschaulicht die Geschichte, wie Traumata sich auf das Reptilienhirn auswirken, das so viele Aspekte unserer Physiologie beeinflußt. Außerdem erfahren wir darin viel über die Beziehung zwischen Symptomen und einem Trauma.

Sam, ein Psychotherapeut, hatte um 4.30 Uhr ein schweres Erdbeben miterlebt. Seine Frau und er schliefen friedlich, als sie plötzlich aus dem Bett geworfen wurden und sich auf dem Boden ihres Schlafzimmers wiederfanden. Farbe und Möbelteile fielen auf sie herab. Es war stockdunkel. Sam wußte nicht genau, wo er war und wo seine Frau und seine Kinder waren. Glücklicherweise blieben alle unverletzt. Das Haus war allerdings in einem chaotischen Zustand.

In einem meiner Traumakurse berichtete Sam über sein Erlebnis. Er war sich absolut sicher, daß er nicht unter Nachwirkungen des Erdbebens litt. Gründlicheres Nachfragen ergab jedoch, daß er in dem Jahr seit dem Erdbeben ungewöhnlich häufig unter Infektionen der Atemwege gelitten hatte und immer noch unter sehr unangenehmen Verdauungsbeschwerden litt, gegen die bisher keine medizinische Behandlung etwas hatte ausrichten können.

Ich arbeitete mit ihm, um zunächst einmal festzustellen, ob die unerklärlichen Symptome nicht doch mit dem Erdbeben zusammenhingen. Als er sich in die beängstigende Erfahrung hineinversetzte, fing er an, nach Luft zu schnappen und spürte eine Verengung seiner Lunge und ein Brennen darin. Er hatte so große Angst, als wir uns mit jenem Erdbeben beschäftigten, daß er Atembeschwerden bekam – ein häufiges Traumasymptom. Da er normalerweise nie unter Atembeschwerden litt, waren sie ein Hinweis auf eine unaufgelöste Aktivierung. Nachdem er sich wieder beruhigt hatte, verwendete ich viel Zeit darauf, seinem Körper zu helfen, den Wechsel vom Schlafen in Bauchlage zum plötzlichen Aufwachen, Emporgeworfenwerden und Zubodenfallen zu spüren. Ich erinnerte ihn daran, daß er das Chaos überlebt hatte und daß auch seine Frau und seine Kinder in Sicherheit waren, und forderte ihn auf, sich seine Frau und seine Kinder vorzustellen und zu schauen, wie es ihnen im Augenblick ging – daß sie gesund und in Sicherheit waren –, bis sein Körper dies als

Tatsache registrierte und sich entspannte. Nun war er freier und besser in der Lage, sich auf sich selbst und seine physiologischen Reaktionen zu konzentrieren.

Wir beschäftigten uns damit, wie er dem Unheil entkommen war, und mit der Erleichterung, die er nach dem Erdbeben empfunden hatte. Allmählich entwickelte er wieder ein stärkeres Gefühl der Erdung – was bei Erdbebenopfern besonders wichtig ist, denn sie haben erlebt, daß selbst die Erde nicht mehr sicher war und zur Bedrohung wurde. Sams Atmung wurde allmählich tiefer und leichter.

Wir arbeiteten am Abbau der überschüssigen Energie und am Erreichen eines entspannten Zustandes. Ich half ihm, Überlebensreaktionen zu lokalisieren, die er in der aktuellen Situation nicht hatte zum Abschluß bringen können, was er nun tat. Auf diese Weise entspannte er sich zunehmend, und sein Atmen wurde leichter. Schließlich sah er sehr klar, daß es einen direkten Zusammenhang zwischen dem Erdbeben und seinen Atembeschwerden gab.

Im weiteren Verlauf unserer Arbeit bekam er mehrmals Anfälle von Bauchschmerzen. Ich brachte ihn dazu, sich an die stärkeren Erregungszustände zu erinnern, welche die Bauchschmerzen verursacht hatten. Nachdem ich ihn mit Ressourcen ausgestattet hatte, gelang es uns, seine überschüssige Energie abzubauen. Als die Energie aus dem Brustbereich und aus dem Verdauungssystem gelöst und abgebaut worden war, wurden seine Symptome allmählich schwächer und verschwanden schließlich ganz. Durch unsere Arbeit bekam sein Körper die Zeit, die er brauchte, um seine Reaktionen auf das Erdbebentrauma zum Abschluß zu bringen. Während wir am Abbau der mit dem Erdbeben verbundenen Erregung arbeiteten, entspannten sich auch sein Magen und sein Darm. Einige Wochen später berichtete er, die Atemprobleme und die Magen-Darm-Beschwerden seien fast völlig verschwunden.

Das Erdbeben hatte Sam überrascht, und er war gezwungen gewesen, im Bruchteil einer Sekunde von einem tiefen Schlafzustand auf augenblickliche Bewältigung einer großen Gefahr umzuschalten. Je abrupter wir unser Verhalten verändern müssen, um einer Bedrohung entgegenzutreten, desto wahrscheinlicher kommt es zum Erstarren nicht verbrauchter Überlebensenergie, und um so stärkere Traumasymptome entstehen.

Was passiert, wenn sich die Spannung aufbaut?

Wenn Ihr Körper übermäßig aktiviert ist, wird die nicht zur Traumabewältigung genutzte Energie im Körperinneren gebunden, und Ihr Körper verliert seine Fähigkeit, Energie abzubauen oder loszulassen. Erinnern Sie sich noch an unseren Vergleich des Nervensystems mit der Elektrizitätsversorgung Ihres Hauses? Wenn es Ihnen nicht möglich ist, Energie abzubauen, baut sich Spannung auf. Aufgrund dieser Eskalation werden die Symptome noch stärker, und wenn Sie versuchen, die Verbindung zu Ihrem Körper wiederherzustellen, überfällt Sie möglicherweise jedesmal das Gefühl, erneut von dem nicht aufgelösten Trauma überwältigt zu werden. Ihr Körper hat die Bedrohung verinnerlicht. Selbst wenn keine reale Gefahr besteht, löst er die Reaktion auf Bedrohung immer wieder aus, was zu einer weiteren Akkumulation der darin festsitzenden Energie und zur Eskalation der Symptome führt.

In dem Film *Jurassic Park* gibt es eine Szene, in der ein Junge auf einen Elektrozaun klettert, der Strom wird eingeschaltet, und der Junge fällt vom Zaun. In Wirklichkeit muß man den Körper eines Menschen mit Gewalt von einem elektrifizierten Zaun lösen, oder man muß die Elektrizität abschalten! Das System des Betreffenden baut eine so starke Spannung auf, und er klammert sich deshalb derart fest, daß er körperlich gar nicht loslassen kann.

Staus

Man könnte dieses Übermaß an Energie im Körper mit dem vergleichen, was Flößer einen Stau nennen. Zuerst fließt die Energie wohlgeordnet dahin, ein Ereignis nach dem anderen, so wie die Baumstämme problemlos Seite an Seite den Fluß hinabschwimmen, ohne einander zu stören. Sie gleiten ungehindert unter Brücken und durch Flußbiegungen hindurch. Wenn weitere Ereignisse hinzukommen, kann es passieren, daß die Ener-

TRAUMASYMPTOME

gie in einen chaotischeren Zustand gerät, so wie die auf dem Fluß treibenden Baumstämme ihre anfängliche Ordnung verlieren und sich übereinanderschieben, wenn eine sehr starke Strömung oder gar ein Strudel auftaucht. Doch selbst in dieser Phase kann Ihr Körper mit der überschüssigen Energie fertig werden, ohne daß eine Überlastung entsteht, sofern er genügend Zeit und Raum bekommt, um sich zu erholen.

Energiestaus – Aktivierungsgrade im Nervensystem

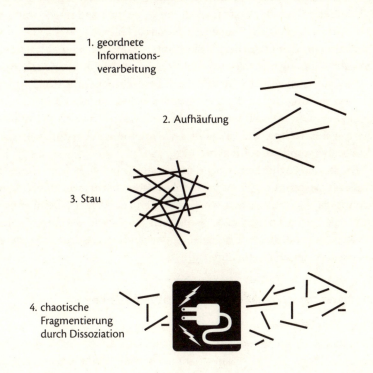

1. geordnete Informationsverarbeitung
2. Aufhäufung
3. Stau
4. chaotische Fragmentierung durch Dissoziation

Wird das System übermäßig aktiviert, erzeugt die überschüssige Energie einen Stau. Haben Sie schon einmal beobachtet, wie sich flußabwärts schwimmende Stämme in einer Flußbiegung gestaut haben? In der Behandlungsphase, mit der wir uns im Moment beschäftigen, geht es um die aufgestaute Energie chaotisch kreuz und quer liegender »Energiestämme«, die an Mikadostäbe erinnern. Ich erinnere mich an Flößer aus meiner Heimatstadt, die sich sehr behutsam auf solchen übereinander gestauten Stämmen bewegten und bestimmte Stämme so geschickt verschoben, daß sich der Stau schließlich auflöste. Man braucht dazu ebensowenig jeden einzelnen Stamm in die Hand zu nehmen, wie man jedes Symptom zu behandeln braucht. Es genügt, die Position einiger Stämme zu verändern, um das System wieder in Bewegung zu bringen und sein natürliches Reaktionsvermögen wiederherzustellen.

Wenn ein Klient berichtet, daß er unter Kopfschmerzen, Magendrükken, Anspannung und Nervosität leidet, dann gleicht dieses Konglomerat von Symptomen einem Stau, und durch diese chaotische Anhäufung können Erinnerungslücken, Konzentrationsprobleme und noch mehr Streß entstehen. Oft wirkt es schon beruhigend, wenn man den Betroffenen einfach nur erklärt, wie einige dieser Symptome auf natürliche Weise durch Überstimulation entstehen.

Die beste Möglichkeit, einen Stau zu überwinden, besteht darin, so lange ein bestimmtes Symptom zu fokussieren, bis es sich auflöst. Dann nimmt man sich das nächste vor. Erschwerend wirkt sich dabei allerdings aus, daß solche Energiestaus gewöhnlich ein Gefühl der Dringlichkeit verursachen und eher eine Beschleunigung der Bemühungen provozieren, als eine Verlangsamung anzuregen.

Ihr Nervensystem hat sich einfach »überfressen«

Es besteht eine gewisse Parallele zwischen der Art, wie das autonome Nervensystem Ereignisse verarbeitet, und der Arbeit des Verdauungssystems. Wenn alles glatt läuft, nehmen beide Systeme das auf, was sie brauchen, und scheiden den Rest aus. Sie brauchen nicht lange darüber nachzudenken, daß Sie das Frühstück oder das Mittagessen verdauen müssen. Ihr Körper tut dies automatisch. Aber denken Sie mal daran, wie Sie sich nach einer besonders üppigen Mahlzeit fühlen. Ihr Verdauungssystem ist überlastet, und Sie fühlen sich unwohl oder haben sogar Schmerzen. Ihre Verdauung arbeitet nicht mehr automatisch. Sie wird zu einem störenden Faktor. In solchen Fällen dauert es längere Zeit, bis sich die Nahrung wieder auf eine Ihnen angenehme Weise im Körper bewegt.

Wenn die Überstimulation des Nervensystems anhält, sind Sie außerstande, mit dem dadurch verursachten Streß fertig zu werden, und es kommt zur Fragmentierung. Um noch einmal das Bild der Flößer aufzugreifen, die einen Stau zu beseitigen versuchen: Wenn der Versuch, einen Stamm nach dem anderen aus dem Stau zu lösen, bis alle wieder frei schwimmen, zu nichts führt, müssen die Stämme mit Dynamit freigesprengt werden. Diese Methode mag beim Flößen von Nutzen sein, doch wenn Ihr Nervensystem versucht, durch Fragmentierung mit einer starken Überlastung fertig zu werden, entsteht das, was wir Dissoziation nennen. Durch diese Form von Dissoziation entstehen stark affektbelastete Erinnerungsteile, die durch Erinnerungslücken voneinander getrennt sind. Dann haben Sie an bestimmte Abschnitte des Geschehens absolut keine Erinnerung mehr. An der Behebung dieses Zustandes kann man nur arbeiten, indem man die stark belasteten Erinnerungsfragmente sucht und die mit ihnen verbundene starke Energie mit Hilfe von Ressourcen abbaut. Diese Technik wird in Kapitel 6 beschrieben.

Im Zustand der Erinnerungsfragmentierung fällt es Menschen schwer, sich an alltägliche Informationen wie beispielsweise häufig benutzte Telefonnummern zu erinnern. Ebenso kann es sein, daß Sie ständig die Autoschlüssel oder Ihre Brille verlegen. Manche Menschen spüren in diesem Zustand ihre eigene körperliche Präsenz nicht, oder sie haben, wie es oft heißt, das Gefühl, »neben sich zu stehen«. Vielleicht haben Sie auch Schwierigkeiten mit der räumlichen Orientierung und laufen öfter gegen Türrahmen oder Möbel.

Weil das Nervensystem selbst nicht unterscheidet, von welchem Trauma ein Zustand energetischer Anspannung herrührt, verringert ein Abbau der Überlastung die Aktivierung selbst dann, wenn Sie keine genauen Erinnerungen an den Unfall haben. Nach dem Abbau der überschüssigen

Energie kehrt die Erinnerung gewöhnlich zurück, und die Lücken schließen sich allmählich wieder.

Wir möchten sowohl verhindern, daß Sie vom Elektrozaun fallen, als auch, daß Sie davon abgelöst werden müssen. Deshalb werden wir Ihnen beibringen, wie Sie die Anspannung ganz allmählich abbauen können, ungefähr so, wie man das Licht mit einem Dimmer ganz allmählich dämpfen kann. Wir werden Ihr Erlebnis in gemeinsamer Anstrengung in »verdauliche« Stücke zerlegen und Ihnen Ressourcen an die Hand geben, die Ihnen bei der Bewältigung der Schwierigkeiten helfen werden. Ihr Körper wird sich dann ganz natürlich und leicht entspannen.

Stellen Sie sich vor, Sie blasen einen Ballon auf. Wenn Sie zu stark blasen, und er mit zuviel Luft gefüllt wird, zerplatzt er in einzelne Fragmente, zwischen denen keine Verbindung mehr besteht – was mit einer Dissoziation vergleichbar ist. Wenn Sie ihn füllen und ihn dann plötzlich loslassen, fliegt er in einer nicht berechenbaren Bahn durch den Raum – das Äquivalent zu einer Panikattacke oder einem Wutausbruch. Lassen Sie die Luft (Energie) hingegen ganz langsam ausströmen, erschlafft der Ballon allmählich, und die Energie wird abgebaut, ohne daß es zu einem plötzlichen Ausbruch kommt.

Wir zeigen Ihnen sozusagen, wie Sie den Dimmer bedienen können, um die energetische Hochspannung allmählich abzubauen. Wenn die Spannung verringert und die Aktivierung aufgelöst ist, fühlen Sie sich sofort besser.

Expansion und Kontraktion

Bei einer Traumatisierung reagiert der Körper der Betroffenen mit einer Kontraktion. Dies ist eine natürliche Reaktion aller Organismen, ob Einzeller oder Mensch. Durch Kontraktion verringern wir unsere Angriffsfläche.

Wenn man eine Amöbe mit einer Nadel pikst, zieht sie ihre Pseudopodien ein und zieht sich zu einer Kreisform zusammen. Nach einiger Zeit streckt sie die Scheinfüßchen vorsichtig wieder aus. Möglicherweise zuckt sie nach einem solchen Versuch gleich wieder zurück, doch wenig später kommt sie erneut in Bewegung. Wenn man länger zuschaut, tauchen allmählich immer mehr Pseudopodien auf, schließlich bewegt die Amöbe sich wieder, um die Welt zu erforschen. Sie hat sich von dem Stich mit der Nadel erholt.

Piksen Sie die Amöbe anschließend wieder, sobald sie ihre Pseudopodien ausstreckt, wird sie erneut »traumatisiert«, und wenn Sie dies mehrfach wiederholen, bleibt sie schließlich in der kontrahierten Position und hört auf, die Welt zu erforschen. Sie hat sich an eine enge, von Vermeiden geprägte Wirklichkeit angepaßt.

Genauso reagiert Ihr Körper auf Traumata. Vor allem nachdem Sie extreme oder mehrmalige Traumata erlebt haben, entwickeln Sie Angst, Ihre Pseudopodien auszustrecken! Sie haben Angst, dem Leben mit Entdeckergeist zu begegnen. Alles ist kontrahiert – Ihre Beziehungen, Ihre Emotionen, Ihre Sinne, Ihr Körper. Auf diese Weise kann Ihr Leben um der Sicherheit willen sehr eingeschränkt werden. Die Extremform dieser Haltung ist Agoraphobie, Angst vor offenen Räumen.

Noch schlimmer ist, daß zusätzlich eine Tendenz zur ständigen Wiederholung des Traumas entstehen kann, die sich manifestiert, indem Sie sich unbewußt immer wieder in ähnliche Situationen bringen. Dieses Phänomen wird Traumawiederholung genannt, und es erklärt, weshalb Menschen zuweilen mehrmals hintereinander in Auffahrunfälle verwickelt werden oder weshalb Frauen, die von ihren Männern geschlagen wurden, immer wieder in neue Beziehungen der gleichen Art geraten.

Neulich bat mich ein Anwalt, der auf Autounfälle spezialisiert ist, ihm ein merkwürdiges Phänomen zu erklären. »*In meinen Akten gibt es zahllose Fälle von Klienten, die immer wieder in die gleiche Art von Unfällen verwickelt waren*«, *sagte er. Ich erklärte ihm, daß sich Unfälle bei Menschen, die unter nicht aufgelösten Traumata leiden, wiederholen können, weil diese Menschen dazu neigen, sich zu stark auf einen bestimmten Aspekt des Fahrens zu konzentrieren. Wenn sie beispielsweise von rechts gerammt wurden, konzentrieren sie sich möglicherweise zu stark auf diese Seite, um eine Gefährdung von rechts auszuschließen. Traumaopfer sind so lange in Gefahr, ihr Trauma zu wiederholen, bis sie sich wieder normal in ihrer Umgebung orientieren können.*

Wenn sich das Trauma aufzulösen beginnt und Sie anfangen, sich zu öffnen, kommt es gleichzeitig mit dem Abbau der aufgestauten Aktivierung zu einer Expansion. Dem kann als Gegenreaktion eine Kontraktion folgen. Der Genesungsprozeß verläuft keineswegs linear. Sie setzen sich dabei ganz allmählich in Bewegung und fangen an, die Expansion aufzubauen. Es erfordert viel Vertrauen, dieses erste Pseudopodium auszustrecken. Doch in dem Maße, in dem Ihr Vertrauen und Ihr Gefühl der Sicherheit zunehmen, fängt Ihr Nervensystem an, sich zu regenerieren, bis es sich schließlich völlig normalisiert hat.

Das Gefühl der Sicherheit zu stärken ist in allen Phasen der Arbeit von entscheidender Bedeutung. Wenn Sie anfangen, sich unsicher zu fühlen, ist dies ein Hinweis auf eine beginnende Reaktivierung des Traumas, und das bedeutet, daß Sie mit der Nutzung von Ressourcen beginnen müssen. Dies ist das Thema des folgenden Kapitels.

Zusammenfassung der wichtigsten Punkte

- ✦ Es ist wichtig, daß Sie ein allgemeines Verständnis Ihrer Symptome entwickeln.
- ✦ Wenn ein Mensch traumatisiert wird, führt die damit verbundene energetische Überlastung zu einem Energiestau.
- ✦ Ist die Überlastung zu stark, tritt eine Fragmentierung und Dissoziation ein.
- ✦ Auf Traumata reagieren viele Menschen mit einer Einschränkung ihrer Lebensäußerungen.

6

Ressourcen

Unser Ansatz zur Behandlung von Traumata basiert auf der Vorstellung, daß Ihr Körper selbst genau weiß, was er braucht, um geheilt zu werden. Er geht von Ihren natürlichen Ressourcen aus, stellt Ihr Selbstvertrauen und Ihr Selbstwertgefühl wieder her und gibt Ihrem Nervensystem Gleichgewicht und Widerstandsfähigkeit zurück.

> *Eine Ressource ist jede positive Erinnerung, jede Person, jeder Ort, jede Handlung und jede persönliche Fähigkeit, die auf Ihren Körper beruhigend wirkt. Wir benutzen Ressourcen, um Ihnen beim Abbau der Überaktivierung Ihres Nervensystems und bei der Herbeiführung einer entspannenden Neutralisierungsreaktion zu helfen.*

Ressourcen sind positive Erfahrungen, die wir in unserem Leben gemacht haben und die wir immer noch machen. Auch Menschen, die wir kennen und lieben, gehören dazu. Ressourcen können auch Teile Ihres Körpers sein, die angenehme Gefühle verursachen, selbst wenn andere Körperteile infolge Ihres Unfalls chronische Schmerzen hervorrufen. Diejenigen unter unseren Klienten, die seit langem unter schweren chronischen Schmerzen leiden, sind stets überrascht, wenn sie feststellen, daß ein Teil ihres Körpers nach wie vor zu positiven Empfindungen in der Lage ist.

Übung: Eine Ressource erfahren

Diese Übung soll veranschaulichen, wie die geistige Vergegenwärtigung einer Ressource Veränderungen in Ihrem Körper hervorruft.

Denke an einen Ort, eine Situation oder eine Person, mit der oder dem du ein Gefühl der Sicherheit und Entspannung verbindest. Sobald du dieses Bild vor dir siehst, achte darauf, was du dabei in deinem Körper empfindest. Beim Fokussieren auf eine Ressource fühlst du dich möglicherweise entspannt, und vielleicht stellt sich auch ein allgemein angenehmes Gefühl ein. Es sollte beruhigend und tröstlich wirken. Achte auf die Details dieser angenehmen Erfahrung und darauf, wie sie sich in deinem Körper manifestiert. So entsteht allmählich eine Oase der Sicherheit in deinem Körper. Laß dir Zeit. Registriere, auf wie vielfältige Weise dir dein Körper signalisiert, daß er sich entspannt. Achte auf jedes Abnehmen der Spannung.

Übung: Schleifen fahren

Diese Übung hilft Ihnen, die Stellen in Ihrem Körper zu finden, die sich angenehm und entspannt anfühlen.

Du sitzt ruhig da. Beide Füße stehen fest auf dem Boden. Vergegenwärtige dir alle Bereiche deines Körpers. Versuche, in dir eine Stelle zu finden, die sich weich, warm und entspannt anfühlt. Selbst wenn du unter chronischen Schmerzen leidest, kannst du dich auf Bereiche deines Körper konzentrieren, in denen positive Empfindungen lokalisiert sind. Richte dein Gewahrsein auf einen solchen Bereich. Stelle fest, wie groß der angenehme Bereich ist. Achte auch auf jede Empfindung von Temperatur, Farbe oder Bewegung.

Wenn du dich mit dieser Stelle vertraut gemacht hast, richte dein Gewahrsein wieder auf den Randbereich deines Schmerzes oder deiner Anspannung – aber nur ganz kurz! Konzentriere dich anschließend sofort wieder auf den Körperbereich, in dem du die guten Gefühle entdeckt hast. Dieser wiederholte Wechsel vom Aktivierungszustand zur Ressource ist eine der Techniken, die wir zur Auflösung von Aktivierungen benutzen, ein Prozeß, der »Schleifen fahren« genannt wird. Wiederhole diese Prozedur mehrmals, aber nähere dich immer nur dem Randbereich des Schmerzes. Verharre niemals im Schmerz.

Viele Menschen stellen überrascht fest, daß ihr Schmerz nach dem Ausführen dieser Übung abnimmt. Wohlgemerkt: Du versuchst nicht, den angespannten oder schmerzenden Teil zu entspannen, denn das macht die Situation meist noch schlimmer. Schmerz ist ein Magnet. So wie die Zunge sich von einem beschädigten Zahn angezogen fühlt und ihn immer wieder abtastet und prüft, zieht der Schmerz unsere Aufmerksamkeit immer wieder auf sich. Schmerz weist oft auf einen Energiestau hin. Indem wir unser Gewahrsein darauf richten oder auch nur versuchen, den betreffenden Körperbereich zu entspannen, vergrößern wir den Stau nur noch und machen die Sache noch schlimmer.

Wenn Sie unter Traumasymptomen leiden, fällt es Ihnen möglicherweise zunächst schwer, eine Ressource zu finden. Sie sind dann so stark auf das konzentriert, was nicht in Ordnung ist, daß Sie Ihren Fokus nicht auf etwas Positives richten können. Der Schmerz ist stärker als alle Ihre übrigen Interessen und Perspektiven. Aber Ressourcen gibt es immer. Sie würden nicht schon so lange leben, wenn Ihnen nicht bestimmte Ressourcen zur Verfügung stünden. Wenn es Ihnen also schwerfällt, Ressourcen zu finden, ist Ihre Verbindung zu ihnen wahrscheinlich nur momentan gestört. Genauso wie Ihr Immunsystem sofort aktiv wird, wenn Sie sich in den Finger geschnitten haben, werden auch die Ressourcen Ihres Körpers nach einem Traumaerlebnis sofort aktiv. Wir werden Ihnen erklären, wie Sie zu Ihren Ressourcen in Kontakt treten können, damit sie die Heilung Ihres Körper aktiv unterstützen.

Was ist bei Ihnen »in Ordnung«?

Die traditionelle Psychotherapie konzentriert sich gewöhnlich auf das, was im Leben von Menschen *nicht* in Ordnung ist. Im Gegensatz dazu werden Sie hier lernen, wie Sie an dem, was Sie belastet, so arbeiten können, daß Sie ständig mit dem in Kontakt bleiben und das als Ressource nutzen können, was in Ihrem Leben »gut funktioniert« bzw. funktioniert hat. Indem Sie lernen, mit Ihren Ressourcen in Kontakt zu treten, helfen Sie Ihrem Körper beim Durcharbeiten seiner biologischen Reaktionen auf das erlebte Trauma.

Es ist wichtig, daß Sie Ihre Aufmerksamkeit auf die gesunden Bereiche Ihres Körpers richten. Oft suchen mich Patienten völlig entmutigt und in einem Zustand der Depression auf, weil sie keinen Ausweg aus ihren Schwierigkeiten sehen – und das kommt besonders häufig nach schweren Unfällen vor. Sie sehen dann nur die Schädigung, die sie erlitten haben, und ihren Schmerz. Ich versichere ihnen stets, daß ich die Gesundheit und das Potential in ihnen sehe. Und ich vermittle ihnen so lange meine Überzeugung, daß sie stark genug sind, um ihre Probleme zu überwinden, bis sie selbst erkennen, daß sie wieder gesund werden können.

Wenn Sie selbst, die Menschen, die für Sie sorgen, und Ihre nächsten Verwandten und Freunde davon überzeugt sind, daß eine Heilung möglich ist, kann das sehr nützlich sein. Haben Sie schon einmal erlebt, daß ein Freund, der sich um Ihr Wohl kümmerte, so stark auf Ihre Probleme konzentriert war, daß Sie sich nicht vorzustellen vermochten, wie es Ihnen jemals besser gehen könnte? Vergegenwärtigen Sie sich dieses Gefühl, und vergleichen Sie es mit dem Gefühl, das Sie im Beisein von jemandem haben, der an Ihre Fähigkeiten und Stärken glaubt. Vielleicht sollten Sie den Menschen in Ihrer Umgebung erklären, daß verstärktes Fokussieren auf das, was »funktioniert«, Ihnen zu der Ressource verhilft, die Sie brauchen, um an Symptomen zu arbeiten, die Ihre Genesung verhindern.

Durch die gemeinsame Arbeit an den hier vorgestellten Übungen schaffen wir eine Oase der Stabilität, die Sie jederzeit aufsuchen können, während Sie an stark belastenden Erinnerungen arbeiten. Sobald Sie das

Gefühl haben, durch eine Übung zu stark aktiviert zu werden, können Sie den Prozeß unterbrechen. Kehren Sie in solchen Fällen nach Belieben in Ihre Oase oder zu Ihren Ressourcen zurück.

Ziel ist die Wiederherstellung des Gefühls, in Sicherheit zu sein und unterstützt zu werden. Hier geht es nicht um das Prinzip »Was nicht weh tut, hilft auch nicht«. Die Pausen, die Sie nach Belieben einlegen, sind ebenso wichtig wie die Arbeit an dem traumatischen Erlebnis selbst.

Nur durch den wiederholten Wechsel zwischen dem Fokussieren auf die durch das Trauma verursachte Aktivierung und dem Fokussieren auf Ihre Ressoucen kann Ihr Nervensystem zu der erforderlichen Neutralisierung und Entspannung gelangen. Die Wiederherstellung des Sicherheitsgefühls ist unverzichtbar.

Übung: Die Empfindungen im Körper spüren

Diese Übung dient dem Aufbau von Ressourcen. Spüren Sie die Empfindungen in Ihrem Körper.

Denke an eine Reise in den Süden. Stell dir vor, du liegst am Strand. Spürst du die Sonne auf deinem Körper? Nimm dir einen Augenblick Zeit. Konzentriere dich. Spüre die Wärme der Sonne. Was geschieht in deinem Körper, wenn du das Gefühl hast, in der Sonne zu liegen? Hörst du das Wogen der Palmen in der Brise? Hörst du, wie sich die Wellen am Strand brechen? Was geschieht in deinem Körper, wenn du den warmen Sand unter dir spürst, die warme Sonne und die kühle Brise? Welchen Einfluß hat dies auf dich? Mit welchen Worten würdest du deine Empfindungen beschreiben? Nimm dir ein paar Minuten Zeit, um die Empfindungen zu genießen.

Während der Arbeit wechseln Sie ständig zwischen der traumatisierenden Aktivierung und dem durch Kontaktieren der Ressourcen in Ihrem

Körper eintretenden Zustand der Beruhigung und Neutralisierung. Auf diese Reaktionsfähigkeit Ihres Körpers und sein Vermögen, schmerzhafte Zustände zu neutralisieren, können Sie jederzeit zurückgreifen.

Übung: Eine Ressource in eine Empfindung verwandeln

Diese kurze Übung soll Ihnen zu einer tieferen Erfahrung Ihres Körpers verhelfen.

Stell dir einen Menschen oder ein Haustier vor, der oder das für dich eine Ressource ist – deinen Ehepartner, deine Eltern, einen Verwandten, einen Freund, eine Romanfigur oder deinen Hund bzw. deine Katze. Schließe die Augen, und konzentriere dich auf diese Ressource. Wie fühlst du dich innerlich, wenn du daran denkst? Reaktionen sind individuell. Einige Menschen berichten über Empfindungen der Expansion oder Entspannung, über einen tiefen Seufzer der Erleichterung (Bauchatmung), über Wärmeempfindungen oder über Kribbeln in den Fingerspitzen. Diese Empfindungen zeigen, daß du unmittelbar am parasympathischen Nervensystem (Reptilienhirn) arbeitest und Energie abbaust. Kontakt zu einer Ressource herzustellen unterstützt die Regulierung des autonomen Nervensystems durch Abbau überschüssiger Energie. Nimm dir genügend Zeit. Dein Körper muß soviel Zeit bekommen, wie er braucht, um zu diesen Ressourcen in Kontakt zu treten.

Ihre persönlichen Ressourcen

Mit Hilfe des folgenden »Formulars« können Sie Ihre persönlichen Ressourcen bewerten. Führen Sie alles darin auf, was Sie zu Ihrem Vorteil nutzen können oder was Ihrer Fähigkeit, effektiv mit Problemen oder Bedrohungen fertig zu werden, zugute kommt. Ressourcen vermitteln Ihnen ein Gefühl der Wärme, Sicherheit, Expansion und des Wohlbehagens.

Sie können real oder imaginär sein. Beispielsweise kann zu Ihren Ressourcen ein imaginärer Ort zählen, an dem Sie gern sein würden, oder ein imaginärer Verbündeter, der bereit ist, Ihnen in Ihren Kämpfen zu helfen. Indem Sie Ihr Ressourcenarsenal vergrößern, werden Sie widerstandsfähiger. Schauen Sie sich Ihre Ressourcenliste von Zeit zu Zeit erneut an, und stellen Sie fest, ob Sie ihr neue Ressourcen hinzufügen können. Erfassen Sie auf der Liste:

1. Innere Ressourcen: Eigenschaften wie Intelligenz, Ausdauer, Findigkeit, Zuversicht, Kompetenz, Kreativität, Flexibilität, Selbstwertgefühl oder Spiritualität.

2. Äußere Ressourcen: Unterstützende Kräfte wie Freunde und Familienangehörige, Lieblingsorte, Lieblingssportarten und positive Erinnerungen.

3. Fehlende Ressourcen: Jene, die augenblicklich nicht zugänglich sind oder nicht genutzt werden, beispielsweise Mangel an Zuversicht oder eine schlechte Beziehung zu Freunden oder Partnern.

Das folgende Beispiel zeigt, wie eine ausgefüllte Ressourcenliste aussehen könnte:

Innere Ressourcen	Äußere Ressourcen	Fehlende Ressourcen
Ich kann um das bitten, was ich brauche. Ich reagiere unter starkem Streß kompetent und schnell. Ich bin flexibel und habe mit Veränderungen keine großen Schwierigkeiten.	*Meine Freundin Patty ist immer für mich da, und ich sage ihr, wenn ich Hilfe brauche. Mein Chef versteht meine Situation und erleichtert mir nötigenfalls mein Arbeitspensum. Mein Mann massiert mir den Rücken, um mich zu beruhigen oder damit ich besser einschlafe. Ich habe einen Platz in der Natur, an den ich mich zurückziehen kann, wenn ich allein sein möchte. Mein Hund schläft an der Tür und weiß, wie er mich schützen kann. Immer wenn ich an meinen Lieblingsonkel Derrick denke, fühle ich mich sicher und entspannt.*	*Ich sehe mich nicht in der Lage, zu meiner Familie in Kontakt zu treten oder mit ihr über meinen Unfall zu sprechen. Es fällt mir schwer, mich wegen der Schlafstörungen, unter denen ich seit dem Unfall leide, an meinen Arzt zu wenden. Ich fühle mich nicht mehr sicher, wenn ich über Autobahnen oder Brücken fahre. Ich fühle mich wesentlich isolierter als früher und habe keine Lust mehr, mit meinen Freunden zusammen zu sein.*

Sie können nur eine solche Liste machen, aber auch Fotos von Ihren Ressourcen sammeln und sie in einem Fotoalbum aufbewahren.

Füllen Sie nun Ihre eigene Ressourcenliste aus:

Ressourcen

Innere Ressourcen	Äußere Ressourcen	Fehlende Ressourcen

Liste persönlicher Ressourcen zur Stärkung der Resilienz

Schauen Sie sich Ihre Liste an. Möglicherweise konzentrieren sich Ihre Ressourcen auf bestimmte Bereiche, während in anderen Bereichen weniger oder gar keine zu finden sind. Es kann beispielsweise sein, daß Sie über viele Ressourcen im Bereich des Sports oder anderer im Freien stattfindender Aktivitäten verfügen, aber nur über wenige, bei denen Menschen eine wichtige Rolle spielen. Eine solche Bestandsaufnahme gibt Ihnen einen guten Überblick über die Bereiche, in denen Ihre Stärken liegen. Kein Mensch kann jemals zu viele innere oder äußere Ressourcen haben.

Lebenslauf

Anhand der nächsten Tabelle erkennen Sie, wie Sie Ressourcen in Ihrem bisherigen Leben genutzt haben. Denken Sie an eine schwierige Situation, und tragen Sie diese wie in der Abbildung neben dem Alter ein, in dem Sie sie erlebt haben. Denken Sie anschließend darüber nach, welche Ressourcen Ihnen damals zur Verfügung standen.

Belastendes Ereignis	Alter	Ressourcen
	60	
	55	
	50	
Ehescheidung	45	Freunde, Unterstützung
	40	
	35	
Autounfall	30	gute medizinische Versorgung, unterstützender Ehemann, engagierte Teilnahme am Rehabilitationsprogramm
	25	
	20	
Tod des Vaters	15	Kirche, bester Freund, Hund, Fußballspielen
	10	
	5	
	Geburt	

Stellen Sie nun Ihren eigenen Lebenslauf zusammen:

Belastendes Ereignis	Alter	Ressourcen

Sie können niemals zu viele Ressourcen haben. Daher sollten Sie nach Möglichkeiten zur Erweiterung der verfügbaren Ressourcen Ausschau halten. Manchmal müssen Sie zu diesem Zweck zunächst einen Bereich identifizieren, in dem Ihnen Ihre Ressourcen als unzureichend erscheinen, und dann spezifisch an dem arbeiten, was Ihnen den Kontakt zu den betreffenden Ressourcen im betreffenden Bereich erschwert oder unmöglich macht. Je mehr Ressourcen Ihnen zur Verfügung stehen, desto besser werden Sie mit den alltäglichen Herausforderungen Ihres Lebens fertig. Es kann auch nützlich sein, gemeinsam mit einem Freund zu untersuchen, ob Ihre Ressourcen ihren Zweck erfüllen, ob sie tatsächlich für Sie in Aktion treten und zu welchen von ihnen Sie nur schwer Kontakt bekommen.

Kompetente Beschützer

Je jünger Sie zum Zeitpunkt eines traumatischen Erlebnisses sind, um so wichtiger ist es, daß Sie einen schützenden Verbündeten als Ressource zur Verfügung zu haben. Kinder brauchen kompetente Erwachsene, die sie schützen. Häufig haben Kinder, die früh unter Mißhandlungen oder Mißbrauch gelitten haben, nie eine solche schützende Präsenz erlebt. Dieses Beispiel veranschaulicht, daß das Fehlen einer Ressource schwerwiegende Folgen haben kann. Die Betroffenen haben oft nicht nur in ihrer Kindheit, sondern auch später noch als Erwachsene das Gefühl, daß es für sie keinen sicheren Ort gibt.

Wenn zu den Ressourcen in Ihrer Liste keine Menschen gehören – oft bewirkt ein Vertrauensverlust, daß die Betroffenen auch anderen Menschen generell nicht mehr trauen –, sollten Sie darüber nachdenken, ob es einen Menschen gibt, dem Sie so sehr vertrauen, daß Sie ihn als Ressource ansehen könnten. Das muß zunächst weder eine lebende noch eine reale Person sein. Menschen verfügen über unterschiedliche Fähigkeiten und können uns in unterschiedlichen Bereichen helfen oder uns unterstützen.

Don

Dons Trauma war durch Mißhandlungen in der Kindheit sowie durch Erinnerungen an das ständigen Streiten seiner Eltern entstanden. Er fand eine wichtige Ressource in seiner Tante Sadie, die immer ihr möglichstes getan hatte, um ihn vor der Gewalttätigkeit seiner Eltern zu schützen. Ich forderte Don auf, sich das Gesicht der Tante vorzustellen und sich darüber klarzuwerden, welche Wirkung dies auf seinen Körper hatte. Er stellte sich das freundliche Gesicht von Tante Sadie vor, spürte ihre liebevolle Präsenz und sagte, er fühle sich beruhigt und beschützt. Ich fragte ihn, wie sich das Gefühl des Schutzes in seinem Körper manifestiere. Don berichtete, ein Gefühl der Weichheit und Wärme breite sich in seinem Rumpf aus, und er nahm wahr, daß sich seine chronisch angespannten Schultern allmählich entspannten. So lernte er, wie sich Sicherheit und Geschütztheit körperlich anfühlten. Entscheidend war in diesem Fall, daß es uns gelang, die realen Gefühle seiner Tante gegenüber für den Aufbau eines Sicherheitsgefühls in der Gegenwart zu nutzen, zu dem er innerlich in Kontakt treten konnte.

Manche Menschen nutzen ihren religiösen Glauben als Ressource, indem sie sich an Jesus Christus, Buddha oder andere religiöse Leitfiguren wenden. Ist der Kontakt zu einem schützenden Verbündeten aufgebaut, entwickeln Klienten gewöhnlich den Wunsch und sind auch in der Lage, sich selbst zu schützen. Im Alltag müssen wir sowohl andere um Unterstützung bitten als auch nötigenfalls uns selbst schützen können.

Margaret

Während sich Margaret in einer Therapiesitzung zum Augenblick des Zusammenstoßes vorarbeitete, stellte sie fest, daß die Ressourcen, die sie zusammengestellt hatte, nicht ausreichten. Sie fühlte sich von belastenden Eindrücken überwältigt.

Da sie tief religiös war, gelangte sie zu der Überzeugung, daß nur das Bild Jesu, das sich bei ihr im Auto befand, ihr geholfen hatte, mit der extremen Aktivierung und dem durch den Zusammenstoß verursachten Trauma fertig zu werden. Nachdem Sie Jesus zu ihrem schützenden Verbündeten gemacht hatte, sah sie sich in der Lage, die am stärksten belastend wirkenden Augenblicke ihres Unfalls allmählich durchzuarbeiten.

Andere Klienten haben einen liebevollen Großelternteil oder ihren Ehepartner zum Verbündeten gemacht, um mit den schwierigsten Augenblicken eines Unfalls fertig zu werden. Die Wirksamkeit jeder Ressource ist daran zu erkennen, daß sie auf das Nervensystem eines Menschen beruhigend wirkt. Deshalb ist es so wichtig, daß der Ursprung dieser Bilder, Erinnerungen usw. Ihre eigene Erfahrung oder Imagination ist, nicht irgendeine Empfehlung eines Therapeuten. Durch Unfälle oder Traumata können Menschen wichtige Ressourcen auch verlieren. So war es bei einer meiner Klientinnen, Natalie.

Natalie

Natalie kam zu mir, um an einer ihr völlig unbegreiflichen phobischen Reaktion auf Hunde zu arbeiten. Während wir miteinander arbeiteten, erinnerte sie sich plötzlich an ein traumatisches Erlebnis aus ihrer Jugend. Sie war im Alter von neun Jahren auf dem Weg zu einem Fußballspiel brutal von zwei fremden Männern angegriffen worden. Später entwickelte sie eine vollständige Amnesie im Hinblick auf dieses Erlebnis.

Sie wußte zwar, daß etwas Schreckliches passiert war, konnte sich aber nicht erinnern, was es gewesen war. Weil sie sich weder sicher war, wer die Täter gewesen noch was geschehen war, zog sie sich völlig von ihren Freunden und ihrer Familie zurück. Sie konnte niemandem mehr vertrauen. Da sie in der Nähe von Mitgliedern ihrer Familie und vor allem in der Nähe ihres Vaters besonders große Angst hatte, entwickelte sie den Verdacht, er sei der Täter gewesen. Deshalb kamen die Mitglieder ihrer Familie für sie als Ressourcen nicht mehr in Frage.

Beim Durcharbeiten des Ereignisses vermochte sich Natalie zunächst an nichts weiter zu erinnern als daran, daß sie während des Überfalls Bäume und den Himmel über sich gesehen hatte. Dann fiel ihr ein, daß sie das Bellen von Hunden gehört hatte. Wenn wir uns in großer Gefahr befinden, macht unser Reptilienhirn einen »Schnappschuß« von der Situation, der oft viele Aspekte derselben dokumentiert, beispielsweise Geräusche, Anblicke, Gerüche, die Tageszeit, das Wetter sowie Farben, die in der Traumasituation präsent waren. Alle diese Faktoren können später Angstgefühle auslösen. Ein bekanntes Beispiel für dieses Phänomen sind Kriegsveteranen, die sich an den Kriegsschauplatz zurückversetzt fühlen, wenn sie Flugzeuge oder andere »Kriegsgeräusche« hören.

Nun hing die Phobie, an der Natalie arbeiten wollte, zwar auch mit Hundegebell zusammen, aber eigentlich ging es um die Männer, die sie überfallen hatten. Im Laufe unserer Arbeit an dem Überfall gelang es ihr allmählich, eine adäquate Verbindung zwischen den beiden Männern und dem Schrecklichen, das sie getan hatten, herzustellen. So arbeitete sie den Überfall Stück für Stück durch, bis sie schließlich in der Lage war, sich von der negativen Wirkung der Erfahrung zu befreien.

Im Laufe der Behandlung äußerte ich die Vermutung, daß die Hunde versucht haben könnten, sie zu schützen, statt ihr zu schaden. Sie spürte tief in ihrem Inneren, daß dies für sie die Wahrheit war. Ihre Angst vor Hunden verschwand, und später entwickelte sie sogar sehr positive Gefühle gegenüber Hunden und sah sie als Beschützer an.

In dem Maße, in dem Natalies Hilflosigkeit abnahm, gelang es ihr, Kontakt mit ihrer natürlichen Fähigkeit, sich selbst zu schützen, aufzunehmen. Sie konnte sich nun vorstellen, wie sich die Muskeln in ihrem Rücken und in ihren Schultern strafften, und hatte das Gefühl, stark genug zu sein, um die Fremden wegstoßen zu können. Sie wurde der Kraft gewahr, über die sie als Erwachsene verfügte, und nutzte sie, um dem viele Jahre jüngeren Kind zur Hilfe zu kommen. Dies ist nur ein Beispiel für die stärkende Wirkung, die der erfolgreiche Abschluß einer Selbstverteidigungsaktion haben kann. Bei Natalie nahm das Gefühl der Schwäche und Hilflosigkeit in dem Maße ab, in dem ihr Gefühl für die eigene Macht und Kraft erstarkte. Mit der gleichen Technik können Sie das Gefühl der eigenen Machtlosigkeit überwinden, das während eines Verkehrsunfalls entstehen kann.

Als Natalies Erinnerung an das Vorgefallene allmählich wiederkehrte, wurde ihr klar, daß ihre Familie nichts mit dem Überfall zu tun gehabt hatte. Deshalb sah sie sich nun in der Lage, die Beziehung zu ihren nächsten Verwandten wiederherzustellen und sie als Ressource zu nutzen.

Geben Sie sich Zeit

Die Ressource, die bei Traumata infolge von Autounfällen fast immer fehlt, ist Zeit.

Wahrscheinlich ging Ihr Unfall so schnell vonstatten, daß Ihr Körper keine Zeit hatte zu reagieren. Wenn Sie sich bewußt Zeit zugestehen, wirkt das auf Ihr Reptilienhirn sehr beruhigend. Hüten Sie sich also, beim Ausführen der Übungen oder beim Bemühen um Wiederherstellung Ihrer Erinnerungen in Eile zu verfallen.

Übung: Standbildtechnik

Diese Übung veranschaulicht, wie sich Ihre Empfindungen verändern können, wenn Sie Ihrer Erfahrung mehr Zeit geben.

Vielleicht hast du dir schon wiederholt vorgestellt, wie das Auto kurz vor dem Zusammenstoß auf dich zukam. Stell dir nun vor, daß es in sicherem Abstand plötzlich stehenbleibt. Dies ist die Standbildtechnik.

Der Abstand kann ein paar Meter oder einige Kilometer betragen. Er muß aber in jedem Fall so knapp sein, daß du bereits anfängst, das Auto als Bedrohung zu empfinden. Was geht in deinem Körper vor, wenn du das Auto aus sicherer Distanz siehst und es in dieser Position zu einem Standbild erstarren läßt, so daß es nicht mehr näher auf dich zukommen kann? Wenn du eine Distanz zur Bedrohung schaffst, hilft dir das, die Verbindung zu deinem Körper aufrechtzuerhalten. Manchmal löst das Fokussieren auf die Bedrohung den Drang wegzulaufen aus – eine Fluchtreaktion. Andere werden wütend – eine Kampfreaktion! Was geschieht in deinem Körper, wenn du diese Gefühle hast? Beispielsweise kann dir heiß werden, oder dein Gesicht kann erröten. Du kannst in Panik verfallen oder einen Impuls (bzw. ein Bedürfnis) nach physischer Aktivität verspüren. Stelle fest, was dein Körper tun will. Und stelle dir dann vor, wie er sich darauf vorbereitet, zu kämpfen oder zu fliehen. Achte genau auf die entsprechenden Gefühle in deinem Körper. Und während du immer noch spürst, was in deinem Körper geschieht, bringe die Visualisation allmählich zum Abschluß. Falls du nach dieser Übung Erleichterung empfindest, vergegenwärtige dir, wie dieses Gefühl der Erleichterung körperlich zum Ausdruck gelangt.

Ihr Körper ist Ihre wichtigste und stärkste Ressource. In ihm gibt es Bereiche, in denen die Symptome der Aktivierung zum Ausdruck gelangen, und andere, in denen Sie Wohlbehagen empfinden. Beide müssen Ihnen bewußt werden. Möglicherweise spüren Sie im Bereich der Aktivierung überhaupt nichts. Sie könnten beispielsweise das Gefühl haben, von Ihren Beinen völlig abgeschnitten zu sein. Eine beängstigende Erfahrung kann bewirken, daß wir unsere eigene Lebendigkeit nicht mehr spüren. Sobald die Aktivierung aufgelöst ist, kehrt Ihr Gefühl für das eigene Sein zurück, und alle Teile sind wieder präsent. Überprüfen Sie von Zeit zu Zeit Ihren gesamten Körper, und vergegenwärtigen Sie sich, wie Ihr Selbstgewahrsein allmählich zunimmt.

 Übung: Kontakt und Erdung

Diese Übung soll Ihnen helfen, die Aufmerksamkeit auf Ihren Körper zu richten.

Setze dich in einen bequemen Stuhl oder Sessel. Spüre, wo dein Körper mit dem Stuhl in Kontakt ist. Wie fühlt sich das an? Wie fühlt sich deine Brust an? Spürst du irgendwelche Empfindungen im Bauch? Wie ist es mit deinen Armen? Sind sie schwer? Spürst du ein Prickeln darin? Nimm dir soviel Zeit, wie du brauchst, um diese Empfindungen zu untersuchen.

Spürst du beide Beine? Wenn nicht, dann drücke deine Füße fest gegen den Boden. Verändert dies dein Gewahrsein der Beine? Wel-

> che Empfindungen manifestieren sich darin? Nun stell dir vor, deine Beine könnten alles bekommen, was sie wollten. Was könnte dazu beitragen, daß sie sich stärker mit deinem Körper verbunden fühlen? Denke an einen Teil deines Körpers, in dem du angenehme Empfindungen wahrnimmst. Spüre sie, und kehre dann in den tauben Bereich zurück. Kannst du dir vorstellen, was dazu beitragen würde, daß er sich besser fühlt?

Während Sie an dieser Übung arbeiten, werden Sie möglicherweise eine Empfindung der Wärme oder Expansion bemerken. Dies zeigt an, daß Energie abgebaut wird. Vielleicht tritt auch ein Zittern oder Schütteln auf. Erinnern Sie sich an den Hund, der fast überfahren worden wäre? So wie er baut auch Ihr Körper erstarrte Energie ab. Das ist ein gutes Zeichen. Es signalisiert, daß Ihr Körper weiß, wie er sich regenerieren kann, wenn man ihm die Möglichkeit dazu gibt.

Denken Sie stets daran: Es geht nicht darum, daß Sie nicht mit normalem Streß oder normaler Aktivierung fertig werden können. Das Problem ist vielmehr entstanden, weil Ihr Nervensystem belastenden Ereignissen ausgesetzt war, die zu stark waren, zu plötzlich eingetreten und zu schnell abgelaufen sind. Ressourcen helfen Ihnen, die in Ihrem Körper erstarrte überschüssige Energie abzubauen. Auf diese Weise wird Ihre natürliche Widerstandsfähigkeit wiederhergestellt, und Sie werden wieder mit alltäglichem Streß fertig, ohne sich überfordert zu fühlen.

Über die Nutzung der Ressourcenliste

Nehmen Sie immer dann Zuflucht zu Ihren Ressourcen, wenn Sie sich bedroht oder einer Situation nicht gewachsen fühlen. Legen Sie deshalb unbedingt eine Ressourcenliste an. Arbeiten Sie nicht an Ihrem Trauma, bevor Sie über eine solche Liste verfügen. Wenn Sie spüren, daß Ihr Körper die richtige Ressource zu finden vermag, wirkt das ungeheuer stärkend auf Ihr Selbstvertrauen. Die Fähigkeit, Ressourcen aufzubauen, hilft Ihnen nicht nur bei der Auflösung eines Unfalltraumas, sondern auch bei der Vorbereitung auf schwirige Lebenssituationen.

Eine Klientin schrieb alle guten Situationen, die sie erlebt hatte, auf Zettel, die sie in einer Keksdose aufbewahrte. Wenn sie sich schlecht fühlte, holte sie diese Ressourcen nacheinander hervor und las sie, bis sie sich besser fühlte. Eine andere Klientin hatte ein Fotoalbum mit Bildern von Menschen und Orten angelegt, die für sie als Ressourcen fungierten. Wenn sie sich die Bilder anschaute, spürte sie die Empfindungen, die die verschiedenen Ressourcen hervorriefen. Eine andere Klientin suchte in schwierigen Situationen einen »Ressourcenraum« auf, in dem ihr alles, angefangen von bequemen Sitzmöbeln bis hin zu den Bildern an den Wänden, als Ressourcen diente.

Viele Klienten empfinden mit Wasser zusammenhängende Bilder wie Schwimmen, Segeln oder den Aufenthalt am Meeresstrand als besonders nützlich. Das Fließen des Wassers scheint jenen Energiefluß zu spiegeln, der ein Gefühl des Wohlbehagens charakterisiert.

Jolene

Jolene fiel es nach einem Auffahrunfall sehr schwer, sich auf das Autofahren zu konzentrieren. Sie war zu sehr mit dem beschäftigt, was hinter ihrem Wagen geschah. Auch setzte sie sich nur ungern selbst ans Steuer, weil sie nicht das Gefühl hatte, das Fahrzeug wirklich unter Kontrolle zu haben. Lieber fuhr sie auf dem Rücksitz mit und überließ das Steuer jemand anderem. Sie konnte sich nicht vorstellen, daß sie das Autofahren jemals wieder würde genießen können.

Da Jolene seit ihre Jugend gesegelt war und dies immer als beruhigend und sicher empfunden hatte, ließen wir sie das Bild des Segelns als Ressource benutzen. Sie hatte keine Schwierigkeiten, sich vorzustellen, am Steuer des Segelboots zu stehen und dessen Bewegungen mit Hilfe der Steuerstange zu kontrollieren. Allmählich fing sie an, das Fließen des Wassers um das Boot mit dem normalen Verkehrsfluß auf der Straße zu assoziieren. Sie verglich die Autos mit einer Schule von Fischen, die alle Richtungsveränderungen der Straße automatisch in Formation vollzogen. Statt jedes Auto für eine einzelne feindliche Barriere zu halten, nahm sie nun die Symmetrie und Orchestration des normalen Verkehrsflusses wahr. Nachdem ihre Ressourcen stärker geworden waren, konnte sie andere Fahrer wieder als freundlich und kompetent ansehen, nicht mehr als generell nachlässig und unaufmerksam. Dies ist ein Beispiel für den Wechsel von einer defensiven zu einer normalen exploratorischen Orientierung.

Widerstand gegen Ressourcen

Wenn Sie mit der Arbeit beginnen, werden Sie möglicherweise Schwierigkeiten haben, Kontakt zu Ihren Ressourcen herzustellen. Manche Menschen wollen selbst von eindeutig vorhandenen Ressourcen nichts wissen. Sie wollen am liebsten überhaupt nicht über ihr Trauma sprechen und wünschen sich, der Unfall wäre gar nicht geschehen. Dieses Nichtwahrhaben-Wollen ist eine sehr verbreitete Reaktion. Andere Menschen wiederum halten Entspannung für gefährlich. Sie glauben, das Aufgeben ihrer defensiven Haltung mache sie anfällig für Angriffe und Bedrohungen.

In solchen Fällen arbeiten wir gemeinsam mit den Klienten daran, die mit der Entspannungsreaktion assoziierte Angst aufzulösen.

Im Besitz von Ressourcen und bereit für die Traumaarbeit

Kehren Sie noch einmal zu Ihrer Ressourcenliste auf Seite 103 zurück, und versuchen Sie nun, das Blatt auszufüllen.

 Übung: Beginn der Arbeit

Ziel dieser Übung ist, die Resilienz wiederherzustellen.

Denke an eine Situation, in der du dich sicher gefühlt hast. Konzentriere dich auf dieses Gefühl. Wo warst du? Wer war bei dir? Wie fühlte sich das in deinem Körper an? Warst du entspannt? Wie hast du geatmet?

Denke an den Moment während des Unfalls, als dir klar wurde, daß irgend etwas nicht stimmte. Was geschah in jenem Moment in deinem Körper? Was hätte dir ein stärkeres Gefühl der Sicherheit vermittelt? Hattest du jemanden vor Augen, als du dich sicher fühltest? Wie hättest du dich gefühlt, wenn diese Person bei dir gewesen wäre? Was hätte sie zu dir gesagt? Was hätte sie getan? Was geschieht in deinem Körper, wenn du dir vorstellst, daß diese Person da ist?

Henry
Henrys Auto kam auf einer vereisten Straße ins Rutschen und fuhr gegen einen Baum. Er erlitt eine Kopfverletzung, die so schwer war, daß er seinen Beruf nicht mehr weiter ausüben konnte.

Er wollte einfach nicht an dem Unfall arbeiten, ja noch nicht einmal darüber sprechen. Viele Psychotherapeuten nennen dieses Vermeidungsverhalten den »Widerstand des Klienten«. Wir sehen das anders, weil diese Deutung einer Schuldzuweisung gleichkommt. Wir sind überzeugt, daß es immer eine Tür zur Genesung gibt, und ermutigen unsere Klienten, die Suche nach dem persönlichen Zugang zu diesen Ressourcen nicht abzubrechen.

Bei Henry lag der Schlüssel in seiner Liebe zum Cellospiel. Vor Konzerten hatte er immer Lampenfieber. Wir arbeiteten gemeinsam an diesem Problem, und er stellte sich vor, er hätte vor einem Auftritt starkes Selbstvertrauen. Er lernte, sich in seinem Körper zu erden und das Musizieren zu genießen. So begann er allmählich zu verstehen, wie man Ressourcen nutzt. Sobald er Vertrauen in diese Technik gewonnen hatte, wurde es auch möglich, an seinen Unfalltraumata zu arbeiten.

Zusammenfassung der wichtigsten Punkte

- Ihr Körper weiß, was er braucht, um zu genesen.
- Jeder Mensch verfügt über individuelle Ressourcen.
- Wenn wir lernen, diese Ressourcen zu nutzen, können wir unsere Heilung damit unterstützen.
- Die in diesem Kapitel beschriebenen Übungen helfen Ihnen, nicht auf der Ebene des Verstandes, sondern auf der Ebene der Empfindungen mit Ihren Ressourcen in Kontakt zu treten.
- Dinge langsamer anzugehen ist eine Ressource.
- Die Verbindung zur Körpererfahrung wiederherzustellen ist eine Ressource.

7
Wiederherstellung Ihrer Resilienz

Ihr persönlicher Resilienz-Quotient

Manche Menschen reagieren von Natur aus flexibler auf Schwierigkeiten als andere. Darauf haben viele Variablen Einfluß, und offenbar spielen auch genetische Faktoren dabei eine Rolle. Bei manchen ist das Immunsystem einfach stärker als bei anderen, weshalb die Betreffenden körperliche und emotionale Verletzungen schneller zu überwinden vermögen. Ihre Widerstandsfähigkeit kann durch mehrmaliges Erleben von Traumata geschwächt sein und wird durch gute persönliche Unterstützung gestärkt. Wenn der Heilungsprozeß in Gang kommt, werden Sie feststellen, daß sich dieser allmählich intensiviert. Je mehr Ressourcen Sie entdecken und je besser Ihre Regenerationsfähigkeit entwickelt ist, desto schneller geht die Heilung vonstatten.

Außerdem hat die Fähigkeit, flexibel auf schwierige Erlebnisse zu reagieren, eine ansteckende Wirkung. Von uns ausgebildete Therapeuten haben festgestellt, daß sie am Ende eines Arbeitstages viel weniger erschöpft sind, wenn sie der Förderung der Elastizität und Flexibilität ihrer Klienten einen hohen Stellenwert geben. Während unsere Klienten diese Resilienz entwickeln, werden wir selbst zur Weiterentwicklung dieser Fähigkeiten angespornt.

Der Heller-Fragebogen zur Ermittlung der Resilienz

Die folgenden Fragen sind als Anregungen zu verstehen. Sie sollen Ihnen helfen, in verschiedenen Lebensbereichen zusätzliche Ressourcen zu finden.

Resilienz im beruflichen Bereich

Welchen Beruf haben Sie, oder was arbeiten Sie?
_____
_____

Was gefällt Ihnen an Ihrer Arbeit?
_____
_____

Wie sind Ihre Beziehungen zu den Menschen, für die oder mit denen sie arbeiten?
_____
_____

Welche beruflichen Ziele oder Karriereträume haben Sie?
_____
_____

Entspricht Ihre augenblickliche berufliche Position Ihren beruflichen Zielen bzw. Karriereträumen?
_____
_____

Wenn nicht, wie könnten Sie zu einer befriedigenderen beruflichen Position gelangen?
_____
_____

Resilienz in Beziehungen

Partnerbeziehungen

Befinden Sie sich augenblicklich in einer erfüllenden Partnerbeziehung?
_____
Was gefällt Ihnen an dieser Beziehung?
_____
_____

Wenn Sie sich zur Zeit *nicht* in einer Partnerbeziehung befinden: Wünschen Sie sich eine solche Beziehung, oder ziehen Sie es vor, allein zu sein?

Beschreiben Sie die Beziehung zu Ihrem Partner.
_____
_____

Wie lösen Sie und Ihr Partner Konflikte?
_____
_____

Haben Sie beide das Gefühl, über gute Kommunikationsfähigkeiten zu verfügen?
_____
Welche Einstellung haben Sie zu Treue in einer Beziehung?
_____
_____

Auf welche unterstützenden Ressourcen können Sie und Ihr Partner außerhalb der Beziehung zurückgreifen?
_____
_____

Wie könnten Sie beide gemeinsam das Spektrum Ihrer Ressourcen vergrößern?

Und wie einzeln?

BEZIEHUNGEN INNERHALB DER FAMILIE

Wie könnte man die Beziehungen innerhalb Ihrer Familie charakterisieren?

Wie geht Ihre Familie mit Konflikten um?

In welchen Bereichen gibt es Schwierigkeiten?

Über welche Art von Unterstützungssystem verfügt die Familie innerhalb ihrer Strukturen und außerhalb davon?

Wie könnte der Ressourcenfundus der Familie vergrößert werden?

Elternschaft

Wie erfüllen Sie nach Ihrer eigenen Meinung Ihre Elternrolle?
_____

Auf welche Ressourcen können Sie, Ihr Kind oder die gesamte Familie nötigenfalls zurückgreifen?
_____
_____

Wie könnte die verfügbare Unterstützung verbessert werden?
_____
_____
_____

Soziales Netz

Wie würden Sie Ihre Beziehungen zu Freunden charakterisieren?
_____
_____

Was gefällt Ihnen an Ihren Beziehungen zu Freunden?
_____
_____

Worauf basieren die Freundschaften, die Sie schließen (z.B. Aktivitäten, emotionale Unterstützung, Ähnlichkeiten)?
_____
_____
_____

Empfinden Sie Ihre Freundschaften generell als zufriedenstellend?
_____
_____
_____

Genießen Sie das Gefühl der Zugehörigkeit, der Verbundenheit mit anderen?

Lebenszweck, Vision und Leidenschaft

Haben Sie einen Traum oder eine Vision?

Wenn nicht, wissen Sie, wann Sie die Verbindung zu Ihrem Traum verloren haben?

Welche persönlichen Ziele erfüllen Sie mit Enthusiasmus?

Welche beruflichen Ziele inspirieren Sie?

Haben Sie berufliche Mentoren? Wie können diese Ihnen helfen?

Welche Bereiche Ihres Lebens wecken Ihre Leidenschaft, Ihren Enthusiasmus und inspirieren Ihre Suche nach einem Sinn?

Was könnte die Wahrscheinlichkeit erhöhen, daß Sie diese Ziele erreichen?

Bewältigungsfähigkeiten und -strategien

Wie gehen Sie mit Problemen um?
_____
_____

Welche Methoden der Selbstberuhigung nutzen Sie (z. B. Massage oder Körpertraining statt Alkoholkonsum)?
_____
_____

Was tun Sie, um sich von belastenden oder beunruhigenden Ereignissen zu erholen?
_____
_____

Auf welche Menschen verlassen Sie sich?
_____
_____

Gesundheit und Fitness

Wie schätzen Sie Ihren Gesundheitszustand und Ihre Vitalität ein?
_____
_____

Wie würden Sie Ihre Ernährungsgewohnheiten beschreiben?
_____

Welche Art von Körpertraining macht Ihnen Spaß?
_____

Wieviel Stunden schlafen Sie pro Nacht?
_____

Was tun Sie, wenn Sie sich nicht gut fühlen?
_____

Werden Sie in Ihren Bemühungen um Ihre Gesundheit gut unterstützt?
_____
_____

Interessen und Aktivitäten

Haben Sie Interessen und Hobbys, beispielsweise Lesen, Gartenarbeit, Tanzen, Sammeln, Kochen, Reiten?
_____

Haben Sie Haustiere?
_____

Wie könnten Sie Ihre kreativen Interessen erweitern?
_____
_____

Spirituelles Wachstum

Welche spirituelle oder religiöse Orientierung haben Sie?
_____
_____

Wie fühlen Sie sich damit?
_____
_____

Fühlen Sie sich mit etwas verbunden, das größer ist als Sie selbst?
_____
_____

Welchen Einfluß hat Ihr Glaube auf Ihren Heilungsprozeß?
_____
_____
_____
_____

Eine Oase schaffen

Bevor wir anfangen, an Ihrem Unfall zu arbeiten, werden wir Ihnen helfen, eine Oase zu schaffen, einen sicheren Ort, den Sie jederzeit aufsuchen können. Wir haben mit dieser Arbeit in Kapitel 6 begonnen.

Eine Oase ist eine Ansammlung von Ressourcen, die einem Menschen das Gefühl einer festen Grundlage geben. Wenn wir an den Einzelheiten des Unfalls arbeiten, werden Sie der Oase neue Ressourcen hinzufügen.

Eine der größten Ressourcen, über die Sie verfügen, ist die Gegenwart. *Den wichtigsten Teil der Arbeit haben Sie bereits getan, indem Sie überlebt haben.* Nun müssen wir alle noch bestehenden, durch den Unfall verursachten Probleme auflösen. Zwar können wir das Geschehene nicht ungeschehen machen, aber wir können die augenblickliche Wirkung des Ereignisses auf Sie sehr stark verändern.

 Übung: Es ist nicht vorüber, bis es vorüber ist

Diese Übung soll Ihrem Reptilienhirn helfen, sich darüber klarzuwerden, daß Sie überlebt haben. Ihr Neokortex mag das wissen, aber wenn sich das Reptilienhirn noch nicht entspannt hat, ist es nach wie vor auf Gefahrenabwehr eingestellt.

Versuche, die folgenden Sätze zu sprechen, und achte darauf, was du dabei in deinem Körper spürst:
»Ich habe überlebt.«
»Ich habe es geschafft.«
»Ich lebe.«
»Was ich getan habe, hat seinen Zweck erfüllt.«
»Ich bin hier.«
»Es ist vorüber.«

Konzentriere dich, während du diese Sätze laut sagst, auf deinen Körper. Wie fühlt er sich an? Was geschieht? Was empfindest du in deiner Brust? Wie atmest du? Hast du das Gefühl, daß irgendein Körperbereich angespannt ist? Wenn diese Anspannung sich auflöst, was spürst du dann? Wenn dein Körper diese Energie zerstreuen könnte, wie würde er dies tun?

Gewöhnlich empfinden Menschen, wenn sie diese Übung gemacht haben, Lebendigkeit, Enthusiasmus oder einen Zuwachs an Energie. Laß dir Zeit, diese Empfindungen zu erleben. Die Reaktionen auf das laute Aussprechen dieser Sätze können sehr unterschiedlich sein, und deine persönliche Reaktion zeigt dir, ob deinem Körper klar ist, daß die Bedrohung vorüber ist und du nun wirklich nicht mehr in Gefahr bist.

Zu Beginn der Behandlung empfinden unsere Klienten oft nur Taubheit, wenn sie die Sätze sprechen, so als hätten sie keine Gültigkeit. Ihr Überleben erscheint ihnen nicht real, obwohl ihnen kognitiv klar ist, daß sie tatsächlich überlebt haben.

Wenn sie dann im weiteren Verlauf der Behandlung wieder eine stärkere Verbindung zu dem entwickeln, was ihnen widerfahren ist, überkommt sie manchmal große Trauer oder Traurigkeit. Letztendlich sind viele ungeheuer erleichtert, wenn ihnen gefühlsmäßig klar wird, daß ihr Überleben eine Tatsache ist. Wenn das Trauma aufgelöst und die Heilung abgeschlossen ist, berichten die Betreffenden oft, daß sie sich über ihren Erfolg freuen. »Ich habe es geschafft, und ich lebe« wird dann für sie zu einer Realität, angesichts derer sie Freude empfinden.

Diese Sätze an verschiedenen Punkten im Laufe des Genesungsprozesses auszusprechen kann Ihnen Feedback über den Fortschritt geben, den Sie gemacht haben.

Das Gefühl, nicht verbunden zu sein

Menschen fühlen sich wohl, wenn sie Kontakt zu ihrer Lebendigkeit haben. Doch was ist, wenn der Satz »Ich lebe« Sie nicht mit Wohlbehagen erfüllt? Das zeigt deutlich, daß Sie sich immer noch sehr abgeschnitten fühlen. Bedenken Sie, daß es völlig normal ist, wenn Menschen sich nach einer beängstigenden Erfahrung abgeschnitten fühlen. Kehren Sie noch einmal zu Kapitel 4 zurück, und wiederholen Sie die dort beschriebenen Übungen, in denen es darum geht, die Beziehung zum eigenen Körper wiederherzustellen. Sobald das Reptilienhirn wieder bei dem Wissen »einklickt«, daß Sie lebendig sind, werden Sie große Erleichterung empfinden.

 Vergessen Sie nie: Überleben ist ein biologischer Prozeß, bei dem es keine Rolle spielt, wie Sie dieses Ziel erreicht haben.

Trauma-Zeitzonen

Unser Körper-Geist-System operiert in der Gegenwart. Sie mögen immer noch das Gefühl haben, der Unfall sei gerade erst passiert, obwohl er in Wirklichkeit schon Monate oder Jahre zurückliegt. Sie reagieren immer noch, als sei das Trauma hier und jetzt. Vielleicht erleben Sie sogar *»Vorwärtsblenden«* oder projizieren Erinnerungen auf die Zukunft. Einige meiner Klienten haben mir berichtet, daß sich die Unfallsituation vor ihrem inneren Auge wiederholt, sobald sie sich einer Straßenkreuzung nähern – ein Zeichen dafür, daß ihr Nervensystem die Umgebung nach wie vor unablässig auf Bedrohungen hin überwacht. Nachdem das Trauma aufgelöst ist, werden Ihre Erlebnisse wieder den ihnen gebührenden Platz auf der Zeitachse einnehmen – in der Vergangenheit. Sie verfügen über eine wichtige Ressource: Sie *haben* überlebt. Doch Ihr Körper muß daran erinnert werden.

Es ist wichtig, daß Sie auf einen sicheren Ort zurückgreifen können, bevor Sie mit der Arbeit an dem Unfall selbst beginnen. Wenn Sie sich immer noch nicht sicher fühlen, sollten Sie sich die Zeit nehmen, über Situationen in Ihrem Leben nachzudenken, in denen Sie sich sicher fühlten, und eine Assoziation zur Sicherheit aufzubauen. Damit schaffen Sie die Basis für die nächsten Übungen.

Übung: Ein Gefühl der Sicherheit etablieren

Diese Übung soll Ihren Körper daran erinnern, wie Sicherheit sich anfühlt.

Wann hast du dich nach dem Unfall das erste Mal wieder sicher gefühlt? (Wenn deine Antwort lautet, daß du dich immer noch nicht sicher fühlst, ist das okay. Diese Übung wird dir helfen, das Gefühl der Sicherheit wiederherzustellen.) Wenn du dich seit dem Unfall noch nicht wieder sicher gefühlt hast, dann denke darüber nach, wann du dich vor dem Unfall das letzte Mal sicher gefühlt hast. Wo warst du in jenem Augenblick? Wer war bei dir? Was spürst du in deinem Körper, wenn du dich an die Situation erinnerst, mit der du das Gefühl der Sicherheit verbindest?

Was würde jetzt bewirken, daß du dich sicher fühlst? Welche Menschen geben dir das Gefühl, geschützt oder sicher zu sein? Was geschieht in deinem Körper, wenn du an diese Menschen denkst?

Wenn es in deinem Leben keine reale Person gibt, die dir das Gefühl der Sicherheit und des Schutzes vermittelt, dann stelle dir einen schützenden Verbündeten vor. Wie würde er oder sie aussehen? Würde diese Person wissen, was du brauchst, ohne daß du es ihr sagen müßtest? Wie könnte sie dir helfen, dich sicher zu fühlen? Was würdest du dir von einem kompetenten Beschützer oder einer kompetenten Beschützerin wünschen? Was geschieht in deinem Körper, wenn du dir eine Person vorstellst, die dich beschützt?

Möchtest du einen Ort haben, an dem du dich sicher fühlst? Eine meiner Klientinnen fühlt sich sicher, wenn sie mit ihrem Hund in ihrem Schlafzimmer ist. Eine andere ist gern in den Bergen oder am Meer. Wo ist dein sicherer Ort? Stell dir vor, daß du dort bist. Was geschieht in deinem Körper, wenn du an deinen sicheren Ort denkst? Vergiß nie: Es spielt keine Rolle, ob dir diese Bilder dumm oder unrealistisch vorkommen. Wenn sie eine Entspannungsreaktion auslösen, sind sie genau das, was du brauchst.

Was ist, wenn ich das nicht kann?

Ähnlich wie die Kontaktaufnahme zum Reptilienhirn muss man auch das Entwickeln von Ressourcen ein wenig üben, bis man sich damit wohl fühlt. Zunächst werden Sie es wahrscheinlich mit »realen« Ressourcen zu tun haben – mit Ihrer Familie, Ihren persönlichen Fähigkeiten, einem Besitz, an dem Ihnen viel liegt, sicheren Orten und positiven Erinnerungen. Während Sie sich vorstellen, was gewesen sein könnte, werden Sie wahrscheinlich überrascht feststellen, daß Ihr Reptilienhirn anfängt, »Was wenn«-Szenarien zu entwickeln, die immer phantasievoller werden, Ihnen aber helfen, die in Ihrem Nervensystem blockierte Energie freizusetzen.

Evelyn

Evelyn, eine Anwältin für internationales Steuerrecht, hatte nach ihrem Unfall große Schwierigkeiten, ihre Ressourcen zu erkennen. In ihrer ersten Sitzung konnte sie sich nur mit Tatsachen auseinandersetzen. Deshalb beschränkte ich meine Hilfe zunächst auf die Erschließung faktischer Ressourcen – auf die Tatsache, daß sie überlebt hatte, auf die Präsenz ihres Mannes als eines Menschen, der in der Lage war, sie zu trösten, und auf die Empfindungen, die sie in seiner Nähe hatte.

Während sie sich allmählich tiefer in die Einzelheiten des Unfalls vorarbeitete, fing sie an, imaginäre Ressourcen zu visualisieren. Nach mehreren Sitzungen bewältigte sie ihre Erinnerung an das auf sie zukommende Fahrzeug, indem sie sich vorstellte, sie führe mit einem riesigen Lastwagen darauf zu und drücke es beiseite. Durch die Vorstellung, groß, mächtig und der Situation gewachsen zu sein, gelang es ihr, das Gefühl zu neutralisieren, klein und hilflos zu sein, das sie zur Zeit des Unfalls beherrscht hatte.

Natürlich können wir das, was tatsächlich geschehen ist, nicht verändern. Doch die Aktivierung von Ressourcen hilft unserem Körper, sein Gleichgewicht wiederzufinden, weil er sich dadurch aus der Erstarrungsreaktion befreien kann, in die er nach dem Unfall geraten ist.

Zusammenfassung der wichtigsten Punkte

+ Menschen verfügen von Natur aus über die Resilienz, die sie brauchen, um sich zu regenerieren – manche mehr als andere.
+ Der Resilienz-Fragebogen hilft Ihnen, sich ein Bild von Ihrer persönlichen Resilienz zu machen.
+ Eine Oase gibt Ihnen ein Gefühl der Sicherheit und eine Grundlage, auf der Sie arbeiten können.
+ An Ihrer Reaktion auf das Aussprechen von Sätzen wie »Ich lebe« können Sie feststellen, wie weit Ihr Heilungsprozeß fortgeschritten ist.
+ Arbeiten Sie nie an schwierigem Material, ohne zuvor eine Oase geschaffen zu haben, in die Sie sich zurückziehen können.
+ Das Trauma muß in die Vergangenheit befördert werden, wo es hingehört.

8

Korrigierende Erfahrungen

In meiner Praxis haben sich verschiedene Techniken als nützlich für die Traumaheilung erwiesen. Eine, die in den meisten Fällen gute Dienste leistet, ist das Konstruieren von Alternativen zu dem Unfall. Peter Levine schreibt in seinem Buch *Trauma-Heilung*: »Wir müssen uns darüber im klaren sein, daß es weder notwendig noch möglich ist, in der Vergangenheit liegende Ereignisse zu verändern.«

Die Technik des Konstruierens korrigierender Erfahrungen zielt nicht darauf, Ihre Erinnerung an das Geschehene zu verändern, sondern sie bringt Ihren Körper und Geist dazu, alternative Szenarien durchzuspielen und sich einen Ablauf der Ereignisse vorzustellen, der Ihnen lieber gewesen wäre. Dadurch entsteht in Ihrem Körper eine alternative physiologische Erfahrung, was ihm die Möglichkeit gibt, die im Nervensystem festsitzende Energie abzubauen.

 Übung: Die korrigierende Erfahrung

Denke an den Moment, in dem dir klar wurde, daß ein Unfall geschah. Wenn du an diesem Augenblick irgend etwas hättest ändern können, wofür hättest du dich entschieden?

Einige meiner Klienten empfinden es als tröstlich, das näherkommende Auto aus einer imaginären Distanz von mehreren Kilometern zu visualisieren, weil sie dadurch Zeit gewinnen, um sich in einer Weise auf die Situation vorzubereiten, wie es ihnen zum Zeitpunkt des realen Unfalls nicht möglich war. Andere stellen sich vor, sie wären von riesigen Mengen Schaumstoff oder Kissen umgeben, welche die Wirkung des Zusammenstoßes mildern würden. Du kannst dir den Zusammenstoß auch unter Wasser vorstellen, weil sich die beiden Autos nach dem Aufeinanderprallen in diesem Medium leicht wieder voneinander lösen. Einige meiner Klienten stellen sich vor, sie selbst und der Fahrer des anderen Autos säßen jeweils in einem Autoskooter auf der Kirmes und befänden sich damit in einer Situation, in der sie Entscheidungsmöglichkeiten haben und es gerade darum geht, einander zu rammen. Wenn du in der Lage bist, dir eine dieser Möglichkeiten vorzustellen, wie fühlt sich das dann in deinem Körper an? Nimmst du ein Gefühl der Expansion oder Entspannung wahr?

Was wäre, wenn du jemand Besonderen (real oder imaginär) bei dir gehabt hättest? Wäre der Unfall anders verlaufen? Und wie? Was hätte diese andere Person getan? Wie fühlst du dich, wenn du an das denkst, was sie hätte tun können, um dir zu helfen? Eine von Larrys Patientinnen spürte während des Unfalls die Gegenwart Gottes. Indem sie auf dieses Erlebnis fokussierte und diese spezielle Ressource auf ihr Nervensystem einwirken ließ, beschleunigte sie Ihren Heilungsprozeß erheblich.

In dieser Übung geht es um die Nutzung der Phantasie als Ressource. Vertrauen Sie Ihrem Körper, wenn er sich Dinge ausdenkt, die in der Unfallsituation beruhigend oder beschützend gewirkt hätten. Beschränken Sie sich nicht auf Fakten. Lassen Sie Ihrer Phantasie freien Lauf.

Das folgende Beispiel zeigt, wie ich bei Klienten Ressourcen nutze, um Symptome zu lindern. Gewöhnlich erinnert sich der Körper nach einem Unfall nur an das Trauma, die Angst und das Gefühl der Machtlosigkeit. Mit Hilfe von Ressourcen vermittle ich meinen Klienten alternative physische oder physiologische Erfahrungen.

David Rippe

Als David auf einer zweispurigen Landstraße links abbog, versuchte ein betrunkener Fahrer, ihn mit 130 Stundenkilometern zu überholen. Davids Auto wurde gerammt. Sein »O nein«-Augenblick war, als er den dumpfen Knall des Zusammenstoßes und anschließend das Geräusch von zersplitterndem Glas hörte. Seither hatten Geräusche wie diese seine Traumareaktionen reaktiviert. Ließ zum Beispiel jemand ein Trinkglas fallen, wurde David durch das Geräusch des zersplitternden Glases in einen Zustand hoher Aktivierung versetzt.

Weil seine stärkste Erinnerung das Geräusch war – an den Rest des Unfalls konnte David sich zunächst nicht erinnern –, begannen wir an diesem Punkt zu arbeiten. Ich ließ ihn seine Aufmerksamkeit auf Geräusche richten, die ihm gefielen, beispielsweise auf den Wind in den Bäumen oder auf den Gesang des Wiesenstärlings, und forderte ihn auf, sich zu vergegenwärtigen, was beim Klang dieser Geräusche in seinem Körper geschah. Ich bat ihn, sich vorzustellen, er hätte jene Geräusche während des Unfalls gehört. Daraufhin trat bei ihm jedesmal eine Entspannungsreaktion ein, mit deren Hilfe er aufgestaute Energie abbauen konnte. Dann wechselten wir zu seiner Erinnerung an das zersplitternde Glas, und ich ließ ihn erneut beschreiben, was bei dieser Vorstellung in seinem Körper geschah. Nachdem wir diesen Wechsel drei- oder viermal vollzogen hatten – ein Prozeß, den wir »Schleifen fahren« nennen –, konnte sich David wieder an das Zersplittern des Glases erinnern, ohne daß sein Körper darauf reagierte. Nachdem dies eingetreten war, konnten wir mit der Arbeit am nächsten Teil des Unfalls, an den er sich erinnerte, beginnen. Manchmal erfordern Symptome wie diese mehr als drei oder vier Wiederholungen des soeben beschriebenen Prozesses. Andererseits ist es erstaunlich, wie schnell es gelingt, manche Symptome zu lindern.

Korrigierende Erfahrungen verändern nicht das tatsächlich Geschehene, sind aber oft in der Lage, eine körperliche Empfindung dessen zu erzeugen, was hätte geschehen *können*. Sie eröffnen Ihnen Alternativmöglichkeiten, so als gäbe es in Ihrem Kopf noch eine zweite Stimme – eine andere, in Ihrem Körper verwurzelte innere Erfahrung, auf die Sie sich ebenfalls beziehen können. Bei dieser Art der Arbeit entwickle ich gemeinsam mit meinen Klienten eine Vorstellung davon, was in einer idealen Welt hätte geschehen können, und wir experimentieren damit, wie sich dies auf ihre Situation ausgewirkt hätte. Da sie einen schweren Unfall gehabt haben, leben sie offensichtlich *nicht* in jener idealen Welt. Dennoch verschafft diese Verlagerung der Perspektive vom Trauma zur Heilung vielen Klienten große Erleichterung und gibt ihnen Sicherheit.

 Denken Sie daran: Traumata sind im Nervensystem lokalisiert. Alles, was dem Nervensystem hilft, aus dem Zustand der Erstarrung und Überlastung in einen Zustand des Fließens zurückzukehren, wirkt heilend.

Manchmal schaffen Menschen es nicht, sich von bestimmten traumatischen Erinnerungen zu lösen. In solchen Fällen kann eine abrupte Fokusveränderung von Nutzen sein. Wenn Ihnen ein traumatisches Bild nicht mehr aus dem Kopf geht, können Sie sich einfach, ohne über die Logik dahinter nachzugrübeln, das gegenteilige Bild vorstellen. Diese Technik erschließt fast immer den Zugang zu einer Ressource. Achten Sie darauf, was in Ihrem Körper geschieht, wenn Sie das positive Bild sehen.

Maria

Eine meiner Klientinnen, Maria, sah immer wieder ein aktivierend wirkendes Bild vom gleißenden Licht der Scheinwerfer, die während einer Operation geleuchtet hatten, der sie sich nach ihrem Unfall unterziehen mußte. Als ich sie bat, sich das Gegenteil dieser Szene vorzustellen, kam ihr sanftes Kerzenlicht in den Sinn. Während sie sich auf den Kerzenschein konzentrierte, entspannte sich ihr Körper. Als sie sich anschließend wieder die Operationsscheinwerfer vergegenwärtigte, war auch deren Licht weicher geworden und wirkte nicht mehr so beängstigend.

Ein anderer Klient, Ted, fühlte sich erstarrt wie »eine hohle Mumie auf einem Eisberg« – ein Bild, das auf einen tiefen Schock hindeutete. Nachdem er sich das Gegenteil vorgestellt hatte – einen Teich mit sanftem Wellenspiel an einem Sommertag –, fühlte er sich allmählich wärmer und voller. Mit Hilfe dieses Gegensatzbildes gelang es ihm, den Schockzustand allmählich zu überwinden.

 Übung: Die Macht der Gegensätze nutzen

Wenn du dich in einem besonders schwierigen Gefühlszustand befindest, beispielsweise in einer dunklen Schwere, einer Depression, einer Angespanntheit irgendwo in deinem Körper, dann richte deine Aufmerksamkeit darauf. Stelle dir anschließend, ohne weiter an jenen Zustand zu denken, dessen Gegenteil vor. Du magst den Gegensatz, der dir einfällt, als unerwartet empfinden, aber oft wird durch ein solches Bild Kontakt zu einem Ressourcenzustand hergestellt, der dir helfen kann, den schwierigen Gefühlszustand zu überwinden.

Teil 1: Welches traumatische Bild taucht immer wieder in dir auf? Wie ist es beschaffen?

_____

_____

Was ist sein Gegenteil?

_____

Was spürst du in deinem Körper, wenn du dir das Gegenteil vorstellst?

_____

_____

Teil 2: Vergegenwärtige dir nun den ursprünglichen negativen Zustand oder das entsprechende Bild. Spürst du, daß die damit verbundene Erregung zu- oder abgenommen hat? Kehre, sobald du dich bereit fühlst, zum Gegenteil zurück, und achte darauf, wie sich dein Körper zum betreffenden Zeitpunkt anfühlt.

Innere Ressourcen als Gegenmittel

Der Einsatz korrigierender Erfahrungen kann helfen, fehlende Ressourcen zu ersetzen oder wiederherzustellen. Vielleicht haben Sie im Moment ein gutes Ressourcensystem, über das Sie zum Zeitpunkt des Unfalls nicht verfügten. Bringen Sie die augenblicklich verfügbaren Ressourcen in die Vergangenheit zurück. Was hätten die Menschen, die Sie als Ressourcen ansehen, zum Zeitpunkt des Unfalls zu Ihnen gesagt? Was hätten sie für Sie getan? Was könnten Sie selbst aufgrund Ihres jetzigen Wissens zu Ihrem traumatisierten Teil sagen?

Der Rückprall-Effekt

Beim Aufbau einer korrigierenden Erfahrung kann es zu einem Rückprall-Effekt kommen. Wenn man sich neue Ressourcen angeeignet hat, kann eine duale Realität entstehen, die Erleichterung ebenso beinhaltet wie Verzweiflung. Möglicherweise empfinden Sie zunächst Erleichterung, und unmittelbar darauf manifestieren sich schmerzhafte emotionale Reaktionen wie Wut, Verletztheit oder Enttäuschung darüber, daß Sie an das erlebte Leiden erinnert werden. Dieses Gefühl wird im weiteren Verlauf der Arbeit allmählich heilen, und der Schmerz wird sich auflösen. Wenn dies geschehen ist, können Sie Ihren Lebensweg unbeschwert fortsetzen.

Transformation

Traumata sind ein normaler, natürlicher Bestandteil des Lebens. Ihr Körper-Geist-System verfügt von Natur aus über die Fähigkeit, intensive oder extreme Erfahrungen zu heilen. Die Symptome sind nicht das eigentliche Problem. Sie signalisieren nur, wo Sie mit Ihrer Arbeit beginnen müssen, welche Bereiche in Ihrem Körper aktiviert sind, wo Energie festsitzt und welche emotionalen Trigger neutralisiert werden müssen.

 Transformation ist ein Ausgleich von Verlusten und die Heilung der Traumanachwirkungen.

Sobald Sie gelernt haben, die durch die Unterbrechung der natürlichen Kampf-oder-Flucht-Reaktion verfestigte Energie abzubauen, werden Sie folgendes erfahren:

- ein neues Gefühl für die eigenen Fähigkeiten (»ich kann«)
- ein Gefühl der Sicherheit und die Gewißheit, die Dinge unter Kontrolle zu haben
- das Bewußtsein für ein großes Spektrum von Möglichkeiten
- eine Entwicklung hin zum Bewußtsein für die eigenen Fähigkeiten
- das Bewußtsein, überlebt zu haben, und eine bewußte Entscheidung für das Leben
- die Fähigkeit, sich auszuruhen und zu entspannen
- die Wiederherstellung des Energieflusses
- das Gefühl, etwas abgeschlossen und integriert zu haben

Warum ich?

Viele Traumaüberlebende fragen sich immer wieder: »Warum ich? Warum ist das ausgerechnet mir passiert?« Die Auseinandersetzung mit diesen Fragen ist besonders schwierig. Vielleicht resultiert das Bedürfnis, nach dem Warum zu fragen, aus einem instinktiven Bemühen, nicht jenes Verhalten zu wiederholen, von dem wir glauben, es habe uns in Schwierigkeiten gebracht. Vielleicht kommt in der Frage auch das Bedürfnis zum Ausdruck, sich anzupassen, indem man lernt, Gefahr zu lokalisieren. Traumata entstehen nun einmal. Wir sind physische Wesen auf einem physischen Planeten und deshalb physisch verletzbar. Wir haben einen Körper, einen Geist, eine Seele und Emotionen, die verletzt werden können. Wir alle haben Schicksalsschläge erlebt, mit denen wir fertig werden müssen und von denen wir uns erholen oder gar geheilt werden wollen. In jedem Fall gilt: Wenn es Ihnen nicht gelingt, über das »Warum ich?« hinwegzukommen, und wenn Sie nicht akzeptieren, daß dieser Unfall nun einmal geschehen ist, werden Sie Ihre Behandlung nicht zu einem erfolgreichen Abschluß bringen können. Ihre gesamte Energie ist dann auf die Lösung dieses oft unlösbaren Rätsels gerichtet, obwohl es eigentlich wichtiger wäre, den Heilungsprozeß in Gang zu setzen. Die Heilung kann noch in diesem Augenblick einsetzen, während Sie lernen, Ihre Aufmerksamkeit auf Ihre Ressourcen zu richten.

Das gleiche gilt für Schuldgefühle. Möglicherweise sind Sie völlig darauf fixiert, sich selbst oder einem anderen an dem Unfall beteiligten Menschen die Schuld daran zu geben, und Sie sind so wütend, daß Sie über diesen Punkt nicht hinwegkommen. Schuldzuweisungen sind nach einem Trauma eine normale menschliche Reaktion. Oft versuchen wir auf diese Weise, mit unseren Gefühlen der Hilflosigkeit fertig zu werden. Genau wie die Fixierung auf die Frage »Warum ich?« halten uns Selbst- und Fremdbeschuldigungen davon ab, auf bestmögliche Weise an unserer Heilung zu arbeiten. Manchmal wird das Beschuldigen auch benutzt, um die durch eine Kampf-oder-Flucht-Reaktion aktivierte, noch nicht abgebaute Energie zu kanalisieren. Um es noch einmal klarzustellen: Ich sage nicht: »Sehen Sie zu, daß Sie darüber hinwegkommen.« Mir ist völlig klar, daß es lange dauern kann, bis eine Wunde heilt, die entstanden ist, weil jemand Ihnen oder einem Ihnen nahestehenden Menschen große Schmerzen zugefügt hat.

Zusammenfassung der wichtigsten Punkte

- Traumata werden im Körper in Form von fixierten Energieansammlungen und negativen Bildern gespeichert.
- Korrigierende Bilder und Gegenmittel-Ressourcen müssen der eigenen Erfahrung eines Menschen entspringen.
- Alternative korrigierende Bilder – selbst wenn sie reine Phantasieprodukte sind – fördern den Abbau erstarrter Energie und eröffnen Ihrem Körper andere Möglichkeiten des physiologischen Erlebens.
- Schuldzuweisungen und Rachegelüste müssen aufgelöst werden, damit die Heilung abgeschlossen werden kann.

9
Ihr Unfall

 Sobald Sie etwas als starke Belastung empfinden, sollten Sie eine der Übungen zur Stärkung der Resilienz ausführen. Und hüten Sie sich, das im folgenden beschriebene Material zu schnell durchzuarbeiten.

Aufgrund der bisherigen Kapitel beginnen Sie wahrscheinlich zu verstehen, was in Ihrem Nervensystem geschehen ist und weshalb einige Ihrer belastenden Symptome entstanden sind. Sie wissen nun, daß solche Symptome häufig Folgen einer fehlgeschlagenen Reaktion des autonomen Nervensystems auf eine Gefahr sind. Durch eine Traumatisierung entstandene Symptome lassen sich jedoch auflösen. Ihr Körper ist in der Lage, sie zu heilen.

In Kapitel 6 wurde erklärt, wie Sie eine persönliche Ressourcenliste erstellen, sich mit Hilfe bestimmter Übungen selbst beruhigen und überschüssige Energie abbauen können. Sie haben gelernt, mit Ihrem Reptilienhirn in Kontakt zu treten und Ihren Körper äußern zu lassen, was er braucht, um heilen zu können.

Wie Sie Symptome beurteilen können, die nach Ihrem Unfall auftreten

Unmittelbar nach Ihrem Unfall beobachten Sie vielleicht eines oder mehrere der folgenden Phänomene:

- Sie fühlen sich beim Autofahren nicht mehr sicher. Gibt es bestimmte Umstände, die Angst, Wut oder einen übermäßigen Erregungszustand in Ihnen hervorrufen? Denken Sie daran, daß Ihr Gehirn das Erlebnis des Unfalls mit bestimmten äußeren Merkmalen oder Geschehnissen verbindet. Sie könnten z.B. feststellen, daß Sie jedesmal wütend werden oder Angst bekommen, wenn Sie ein Auto vom Typ oder von der Farbe des anderen Autos sehen, das an dem Unfall beteiligt war.
- Sie fühlen sich beim Autofahren desorientiert. Sie bemerken Ausfahrten nicht rechtzeitig, achten nicht darauf, wo Sie abbiegen müssen, oder verfahren sich häufiger als früher.
- In Rückblenden hören Sie Geräusche, sehen intrusive Bilder, haben mit dem Trauma zusammenhängende Träume oder werden von Panik- oder Angstanfällen geplagt. Vielleicht werden Sie von der Vorstellung verfolgt, daß ein anderes Auto auf das Ihre auffährt.
- Sie werden von der Befürchtung geplagt, daß sich der Unfall erneut ereignet. Manchmal sehen Traumatisierte an jeder Ampel Autos trotz Rot weiterfahren. Vielleicht stellen Sie sich beim Bremsen auf der Autobahn vor, daß irgend jemand von hinten auf Ihren Wagen auffährt. Dies weist gewöhnlich auf ein gestörtes Zeitgefühl hin. Ihr Gewahrsein ist auf den Augenblick unmittelbar vor dem Unfall fixiert und sieht das Unheil deshalb immer wieder kommen. Wenn es Ihnen gelingt, die durch den Unfall mobilisierte, aber ungenutzte Energie abzubauen, wird dieses Ereignis wieder den ihm zustehenden Platz in der Vergangenheit einnehmen. Solange Sie den Unfall noch nicht wieder in der Vergangenheit lokalisieren, besteht die Gefahr, daß Sie noch einmal den gleichen oder einen ähnlichen Unfall erleben. Für Ihre Sicherheit beim Autofahren ist es wichtig, daß Sie diese Phase durcharbeiten.

- Sie haben kein Vertrauen mehr in Ihre eigenen Fahrkünste oder in die Fähigkeiten anderer Fahrer.
- Ihnen wird klar, daß Sie bestimmte für das Fahren wichtige Fähigkeiten nicht in ausreichendem Maße entwickelt oder nicht entsprechend eingesetzt haben und daß Sie diese Fähigkeiten stärken oder wiederherstellen müssen. Wäre der Unfall verhindert worden, wenn Sie Ihre Hupe benutzt hätten? Wäre die Blendung geringer gewesen, wenn Ihre Windschutzscheibe sauber gewesen wäre?
- Sie erleben sich als »nicht ganz ich selbst« oder fühlen sich fragmentiert.

Selbstpflege nach dem Unfall

Auch Ereignisse, die *nach* dem Unfall stattgefunden haben, können Ihre Erfahrung beeinflussen.

- Haben Sie sich nach dem Unfall genug Ruhe gegönnt? Wo? Konnten Sie sich wirklich ausruhen? Sind Sie jetzt in der Lage, sich auszuruhen? Sind Sie hypervigilant oder übervorsichtig?
- Sind Sie mit der Hilfe der Menschen, die Ihnen augenblicklich beistehen, zufrieden? Müssen Sie die Zusammenarbeit mit verschiedenen Helfern koordinieren?
- Nehmen Sie Medikamente ein?

Zeichnen Sie in das nachstehende Diagramm des menschlichen Körpers zur Zeit bestehende Verletzungen und Schmerzmuster sowie bereits geheilte Verletzungen ein. (Beispielsweise kann der Druck des Sicherheitsgurts bewirken, daß die durch eine frühere Bauchoperation entstandene Narbe schmerzt.) Welche Verletzungen haben Sie während des Unfalls erlitten?

Diagramm des menschlichen Körpers

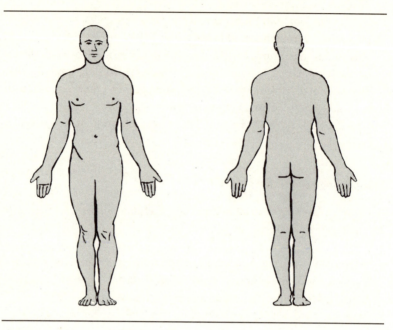

Was möchten Sie mit der Behandlung erreichen? Waren die Behandlungen, die Sie bekommen haben, unzulänglich oder unwirksam? Hatten Sie das Gefühl, wegen Ihrer Symptome beschuldigt zu werden?

Erzählen Sie nicht alles

Nun beginnen wir mit der Arbeit an Ihrem Unfall. Ein sehr wichtiger Aspekt unserer Technik ist, daß wir die Details des Unfalls *nicht* chronologisch durcharbeiten. Wir wollen nicht, daß Sie Ihre Geschichte von Anfang bis Ende erzählen. Natürlich ist die ganze Geschichte wichtig, und Sie werden letztendlich auch alles durcharbeiten, was Sie erlebt haben. Doch ebenso wichtig ist, daß Sie dies Stück für Stück tun.

Warum? Das Erzählen des Geschehens von Anfang bis Ende – also das, was wir nach einem traumatischen Erlebnis alle am liebsten tun möchten – kann die Gefühle, die Sie in der Situation empfunden haben, reaktivieren und Sie in den körperlichen Zustand der »Überlastung« versetzen. Dies kann zu einer Intensivierung Ihres Traumas führen und den Abbau der Spannungen verhindern. Ich selbst habe die Erfahrung gemacht, daß es mir schlechter ging als vorher, nachdem ich den vollständigen Hergang meines Unfalls geschildert hatte. Mit unserer Technik werden Sie Ihren Unfall schildern können, ohne daß Ihr Trauma erneut aktiviert wird.

 Übung: Sicherheit nach dem Unfall

Bemühe dich zunächst um ein Gefühl der Sicherheit, indem du herauszufinden versuchst, wann du dich nach dem Unfall zum ersten Mal wieder sicher gefühlt hast. Versuche, dich an den ersten Augenblick eines auch nur partiellen Sicherheitsgefühls zu erinnern, beispielsweise an den Moment, in dem dein Partner auf der Intensivstation des Krankenhauses eintraf oder in dem du gesehen hast, daß dein Kind nicht verletzt war, oder an den Moment, in dem der Sanitäter am Unfallort eintraf. Sobald du diese Erinnerung vor Augen hast, kannst du feststellen, wie sie dich auf der physischen Ebene beeinflußt. Nimm dir Zeit, um den körperlichen Ausdruck deines Gefühls der Sicherheit zu genießen. Nachdem du den Kontakt zu deinem Gefühl der Sicherheit nach dem Unfall hergestellt hast, arbeiten wir an dem, was vor dem Unfall geschah. Wir werden in jeder Phase dieses Prozesses zwischen den Einzelheiten des Unfallgeschehens und deinen verschiedenen Ressourcen hin- und herwechseln, um zu verhindern, daß die Erinnerungen dich zu sehr erschüttern. Wenn du dich seit dem Unfall nie mehr sicher gefühlt hast, werden wir dich auffordern, an eine Situation vor dem Unfall zu denken, als du dich sicher gefühlt hast. Dann werden wir die Wirkung dieser Erinnerung auf deinen Körper untersuchen.

David Rippe

Ein Lastwagen war auf Davids Auto aufgefahren und hatte es sechzig Meter weit vor sich hergeschoben. Er sagte, er habe Erleichterung empfunden, als er spürte, daß sein Fahrzeug schließlich in einem Graben zum Stillstand kam. Da der Unfallort ganz in der Nähe seines Hauses lag, war seine Familie sofort für ihn da gewesen.

Wir halfen ihm, seine Erfahrung der Erdung zu vertiefen, und gaben seinem Körper mit Hilfe des Visualisierens viel Zeit, sich zu entspannen und das Geschehene aufzunehmen, statt sofort aus dem Auto zu springen, wie er es in der realen Situation getan hatte.

Wenn Sie sich mit den Ereignissen vor und nach dem Unfall beschäftigen können, ohne sich dadurch übermäßig stark belastet zu fühlen, arbeiten wir an der Heilung einiger Symptome, wobei wir wieder zwischen der Aktivierung, der Ressource und dem Abbau der Energie hin- und herpendeln. Am Augenblick des Zusammenstoßes, dem am stärksten aktivierend wirkenden Moment des Unfalls, arbeiten wir erst, wenn die Aktivierung so weit abgebaut ist, daß Sie mit dem durch die Arbeit entstehenden Streß fertig werden können.

Wir bezeichnen dies als Arbeit an der »Peripherie oder am Rand des Unfalls«. Indem wir zunächst die Einzelheiten der Situation vor dem Zusammenstoß bis zum Zeitpunkt danach durcharbeiten, helfen wir Ihnen, sich allmählich zu entspannen und die in jedem Aspekt des Ereignisses gespeicherte Energie abzubauen. Visualisieren Sie eine sich selbständig weiterbewegende Spiralfeder. Die stark zusammengedrückte Feder ist an den Enden weniger gespannt als in der Mitte. Während sie sich von einer Ebene (z. B. einer Treppenstufe) zur nächsten bewegt, streckt sich die Feder allmählich in der Länge aus. Dies ähnelt der Art, wie die Energie nach einem Unfall in Ihrem Nervensystem gespeichert wird. Indem wir Ihr Erleben des Unfalls allmählich von beiden Enden der Situation her »ausstrecken«, beseitigen wir die überschüssige Aktivierung und arbeiten uns allmählich zur stärksten Energiezusammenballung in der Mitte vor.

Unmittelbar vor dem Unfall

Was unmittelbar *vor* dem Unfall in Ihrem Leben geschehen ist, kann für Ihre Reaktion auf das Unglück entscheidend sein. Ereignisse, die Umgebung oder der Geisteszustand unmittelbar vor einem traumatisierenden Erlebnis können eine enge Verbindung mit dem Trauma eingehen. Wenn Sie vor dem Unfall beispielsweise entspannt und glücklich waren, kann sich mit dem Unfall eine Angst vor entspannten und freudigen Zuständen verbinden, weil Sie befürchten, daß ihnen etwas Gefährliches folgen wird.

Rachel

Rachel war mit ihrer Tochter in einem Geschäft für Brautkleider verabredet, wo sie gemeinsam das Hochzeitskleid aussuchen wollten, als Rachel in einen Autounfall verwickelt wurde. Sie hatte die Fahrt glücklich und in freudiger Erregung angetreten. Nach dem Unfall geriet sie jedesmal in Panik, sobald sie wegen irgend etwas Glücksgefühle empfand.

Durch unsere gemeinsame Arbeit wurde ihr klar, daß ihr Nervensystem die Gefühle freudiger Erregung, die sie unmittelbar vor dem Unfall empfunden hatte, mit drohender Gefahr und Schmerz in Verbindung brachte. Sobald sie verstanden hatte, weshalb ihre positiven Gefühle so stark mit dem traumatischen Erlebnis assoziiert waren, konnten wir ihr schnell helfen, ihre Ressourcen so zu nutzen, daß sie wieder freudige Erregung erleben konnte, ohne daß dadurch automatisch Angst aktiviert wurde.

Zuerst hatte Rachel Freude über die bevorstehende Hochzeit ihrer Tochter und gleich anschließend Panik verspürt. In der Behandlung halfen wir ihr, sich auf die Zeit nach dem Unfall zu konzentrieren und sich die Hochzeit ihrer Tochter und ihr heutiges Glück zu vergegenwärtigen. Wir arbeiteten die Details des Unfalls durch, um ihr zu helfen, die Panik abzubauen. Allmählich gelang es ihr, ihre Angst adäquat mit dem näherkommenden Auto zu verbinden, also nicht mehr mit ihrer Freude.

Übung: Der Tag des Unfalls

Nehmen Sie sich ein paar Minuten Zeit, um über den Tag nachzudenken, an dem sich Ihr Unfall ereignete. In welcher Stimmung waren Sie? Waren Sie glücklich? Waren Sie auf dem Weg zu einem angenehmen Ort? Denken Sie ein paar Minuten darüber nach. Wie fühlen Sie sich dabei?

- Was haben Sie von der Reise erwartet? Welches Ziel hatten Sie? An welche bevorstehenden Aktivitäten dachten Sie?
- In welcher Stimmung waren Sie?
- Wen wollten Sie besuchen?
- Wer saß am Steuer?
- Waren Mitfahrer im Auto? In welcher Beziehung stehen Sie zu ihnen? (Waren es Mitglieder Ihrer Familie, Freunde, Kinder, Haustiere?)
- Gab es vor oder nach dem Zeitpunkt des Unfalls irgendwelche besonderen Ereignisse (z. B. Hochzeiten, Geburten, Geburtstage, Urlaub, Examina, Familienbesuche)?
- Welchen besonderen Belastungen waren Sie zur Zeit des Unfalls ausgesetzt (z. B. Verlust des Arbeitsplatzes oder eines geliebten Menschen, Ehescheidung, schlechte Nachrichten, finanzielle Probleme, Umzug, Probleme mit den Kindern)?
- Welche äußeren Faktoren hatten Einfluß auf die Situation (z. B. vereiste Straßen, schlechte Sicht aufgrund von starkem Sonnenschein, Nebel, Regen, Buschwerk, Bäume, Kinder im Auto, die Sie durch ihre Aktivitäten abgelenkt haben)?
- Welche Ressourcen standen Ihnen zur Verfügung (z. B. Fahrfähigkeit, Reaktionsvermögen, soziales Netz, Erfolge, Beförderungen, Freundschaften, Charakterzüge)?
- Wann merkten Sie zum ersten Mal, daß irgend etwas schiefging? Hatten Sie auch nur die geringste Zeit, sich auf diese Gefahr vorzubereiten, oder merkten Sie gar nicht, was sich anbahnte?

Möglicherweise müssen Sie hier eine Pause einlegen und ein paar Übungen zur Stärkung Ihrer Resilienz machen.

Beurteilung Ihres Unfalls

Die folgenden Fragebögen helfen unseren Klienten, sich an die entscheidenden Details ihres Unfalls zu erinnern und ihre diesbezüglichen Gefühle zu untersuchen. Wenn Sie bei einem Therapeuten in Behandlung sind, können Sie die Fragebögen kopieren und zur nächsten Sitzung mitnehmen. Wenn Sie allein zu Hause damit arbeiten, können sie Ihnen zu wichtigen Erkenntnissen über Ihre Reaktionen verhelfen.

 Unterbrechen Sie die Arbeit sofort, wenn irgendeine Frage Unwohlsein bei Ihnen hervorruft. Sie können die weiteren Fragen dann unbeantwortet lassen oder mit der Beantwortung fortfahren und anschließend die Übungen zur Entwicklung von Ressourcen machen.

Formular für Klientengespräche

Informationen über die Zeit vor dem Unfall

Sind Sie selbst Auto gefahren, oder waren Sie Mitfahrer, Fahrradfahrer, Fußgänger?

Wohin waren Sie unterwegs?

Wie schnell sind Sie gefahren?

Waren außer Ihnen noch andere Menschen oder Tiere im Auto?

Wieviel?

Wie heißen/hießen sie, und in welcher Beziehung stehen/standen sie zu Ihnen?
_____
_____

Wer hat das Auto gefahren, in dem Sie sich befanden?
_____

Wer saß am Steuer des anderen Autos?
_____

Wann haben Sie zum ersten Mal gemerkt, daß etwas nicht in Ordnung war?
_____
_____

In welchem emotionalen Zustand befanden Sie sich zu diesem Zeitpunkt?
_____
_____

Gab es zum Zeitpunkt des Unfalls signifikante Streßfaktoren in Ihrem Leben (z. B. finanzielle Schwierigkeiten, eine Ehescheidung, familiäre Probleme usw.)?
_____
_____

Welche signifikanten Ressourcen, positiven Ereignisse oder persönlichen Unterstützungssysteme stehen Ihnen augenblicklich zur Verfügung?
_____
_____
_____
_____
_____

Ihr Unfall

Informationen über den Unfall

Zeichnen Sie eine Skizze der Unfallsituation. Kennzeichnen Sie Ihr eigenes Fahrzeug mit einem »X« und das oder die anderen Fahrzeuge mit »#«. Machen Sie Angaben über die Position der beiden Fahrzeuge, ihre Farbe und ihren Typ sowie über die Fahrtrichtung, den Punkt des Zusammenstoßes, die verursachten Schäden und die Geschwindigkeit beider Fahrzeuge, falls bekannt.

Beschreiben Sie kurz, was passiert ist. Gehen Sie dabei auch auf die Wetterbedingungen und alle etwaigen Besonderheiten der Situation ein.

_____
_____
_____
_____
_____
_____

Crash-Kurs zur Selbsthilfe nach Verkehrsunfällen

Wo ist der Unfall passiert?
_____
_____

Zu welcher Tageszeit?

An welche Einzelheiten Ihres persönlichen Erlebens während des Unfalls können Sie sich erinnern?
_____
_____
_____
_____
_____
_____

Waren Sie angeschnallt? _____ Wenn ja, fühlten Sie sich dadurch: eingeengt? _____ geschützt? _____ beides? _____

Kam der Airbag zum Einsatz?

Wenn ja, welche Wirkung hatte dies auf Sie?
_____

Wurden Sie verletzt, oder fühlten Sie sich durch den Sitzgurt oder den Airbag behindert?
_____

Waren Sie zu irgendeinem Zeitpunkt während des Unfalls bewußtlos?
_____

Können Sie schätzen, wie lange das war?
_____

Fühlten Sie sich desorientiert?
_____
_____

IHR UNFALL

Haben Sie das andere Fahrzeug vor dem Zusammenstoß näherkommen sehen?
_____

Wieviel Zeit hatten Sie bis zum Zusammenstoß?
_____

Hatten Sie Zeit, um auf die Bedrohung zu reagieren oder für einen Versuch, ihr zu entkommen?
_____

Können Sie sich erinnern, wie Sie versucht haben, dem Unheil zu entgehen?
_____
_____
_____

Erinnern Sie sich an Gedanken, Emotionen oder Körperempfindungen, die Sie während des Ereignisses hatten?
_____
_____
_____

Wie lange haben Sie gewartet, bis Hilfe eintraf?
_____

Wie haben andere Fahrer oder Zuschauer reagiert?
_____
_____
_____

Wie haben sich die am Unfallort Anwesenden verhalten?
_____
_____
_____
_____

Informationen über die Situation nach dem Unfall

Was geschah *nach* dem Unfall als erstes?
_____
_____

War das, was geschah, von Nutzen oder nicht?
_____

Fühlten Sie sich unterstützt?
_____
_____

Bedroht?

Oder wie sonst?
_____

Haben Sie die Tätigkeit der Polizei, der Sanitäter und eventuell des Krankenhauspersonals als hilfreich empfunden?
_____

Als kompetent?
_____

Als informativ?
_____

Hatten Sie irgendwelche Sorgen?
_____
_____

Wann fühlten Sie sich wieder sicherer?
_____
_____

Was trägt heute dazu bei, daß Sie sich sicher fühlen?
_____
_____

Fühlen Sie sich seit dem Unfall beim Autofahren sicher?
_____
_____
_____

Was belastet Sie seit dem Unfall beim Autofahren am meisten?
_____

Wenn genug Zeit gewesen wäre, hätte irgend etwas, dessen Sie sich bewußt waren, zur Verhinderung des Unfalls beitragen können (z. B. rechtzeitiges Hupen, bessere Sicht, langsamere Fahrgeschwindigkeit, eine Vorwarnung usw.)?
_____

Wohin sind Sie nach dem Unfall gegangen?
_____

Waren Sie in der Lage, sich zu erholen?
_____

Welche Behandlung oder sonstige Betreuung haben Sie erhalten?
_____

Sind Sie mit der Behandlung, die Sie bekommen haben, zufrieden?
_____

Bei wem sind Sie augenblicklich in Behandlung?
_____

Hat man Ihnen Medikamente verschrieben, und wenn ja, welche?
_____

Wenn ja, geben Sie die Dosierung an.
_____

Wer überwacht Ihre medikamentöse Behandlung?
_____

Wird es nach Ihrem Wissensstand zu einer juristischen Auseinandersetzung kommen?
_____

Falls Sie meinen ja, beschreiben Sie die Situation.
_____
_____
_____
_____

Welches Resultat Ihrer Behandlung wünschen Sie sich am meisten?
_____
_____

Machen Sie sich wegen Ihrer Behandlung irgendwelche Sorgen?
_____
_____

Zeichnen Sie in das folgende Körperdiagramm etwaige Verletzungen ein, die seit dem Autounfall aufgetreten sind, einschließlich Bereiche, in denen Sie Schmerzen haben, sowie Bereiche, die angespannt sind oder sich taub anfühlen. Zeichnen Sie auch frühere Verletzungen ein, deren Nachwirkungen seit dem Unfall möglicherweise stärker geworden sind.

Diagramm des menschlichen Körpers

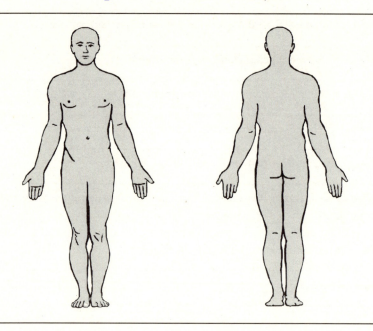

IHR UNFALL

Frühere Autounfälle oder medizinische Behandlungen

Beschreiben Sie Beschwerden, die Sie vor diesem Unfall hatten.
_____
_____

Waren Sie schon einmal an einem ähnlichen Unfall beteiligt?
_____

Haben Sie andere Autounfälle miterlebt? _____ Nennen Sie den Zeitpunkt dieser Ereignisse, und beschreiben Sie die Situation(en) kurz.
_____
_____
_____

Weitere Informationen zur Evaluierung der Symptome

Haben Sie eine Situation erlebt, in der Ihr eigenes Leben oder das Leben anderer Menschen in Gefahr zu sein *schien* oder *tatsächlich* in Gefahr war?
_____

Oder sind Sie Zeuge einer solchen Situation geworden?
_____

Bestand dabei die *Gefahr* einer körperlichen Verletzung für Sie selbst oder andere Menschen?
_____

Ist es in der Situation tatsächlich zu Verletzungen oder gar zu Todesfällen gekommen? Beschreiben Sie sie.
_____
_____
_____

Haben Sie große Angst, Hilflosigkeit oder Schrecken empfunden?
_____

Werden Sie zur Zeit regelmäßig von belastenden Erinnerungen an das Ereignis in Form von Bildern, Gedanken oder Wahrnehmungen heimgesucht?
_____

Haben Sie belastende Träume über das Ereignis, die sich ständig wiederholen?
_____

Haben Sie manchmal das Gefühl, daß sich das traumatische Ereignis wiederholen wird?
_____

Empfinden Sie es als psychisch belastend, wenn Sie auslösenden Momenten ausgesetzt sind, die Sie an den Unfall erinnern?
_____

Treten bei Ihnen physiologische Reaktionen auf, oder kommt es zu einer Aktivierung, wenn Sie durch bestimmte Ereignisse oder Umstände an den Unfall erinnert werden?
_____

Werden Sie in einen starken Erregungszustand versetzt:

an Kreuzungen?_____ an Verkehrsampeln?_____

wenn Autos sich aus bestimmten Richtungen nähern? (aus welchen Richtungen)?
_____

bei starkem Verkehr?
_____

bei bestimmten Wetterbedingungen? Erklären Sie, bei welchen.

an Straßeneinmündungen?

Werden Sie manchmal wütend auf andere Autofahrer?

Meiden Sie den Unfallort?

Ist Ihnen aufgefallen, daß Sie auf Autos vom Typ oder von der Farbe des anderen am Unfall beteiligten Fahrzeugs merkwürdig reagieren?

Haben Sie andere Schwierigkeiten beim Fahren?

Versuchen Sie, Erinnerungen an den Unfall oder Gespräche darüber zu vermeiden?

Fällt es Ihnen schwer, sich an bestimmte Aspekte des Unfalls zu erinnern?

Verspüren Sie einen starken Drang, Ihre Geschichte zu erzählen?

Nehmen Sie seit dem Unfall seltener an wichtigen Aktivitäten teil als vorher?

Fühlen Sie sich von anderen Menschen isoliert?

Ist Ihnen aufgefallen, daß Ihr emotionales Reaktionsvermögen verglichen mit der Situation vor dem Unfall eingeschränkt ist? (Sind Sie beispielsweise unfähig, liebevolle Gefühle zu entwickeln, Freude zu empfinden, zu weinen usw.?)

_____

_____

Haben Sie das Gefühl, daß die Zukunft Ihnen Unheil bringen wird?

Fürchten Sie, daß der Unfall noch einmal geschehen könnte?

Erleben Sie starke Reizbarkeit, übertriebene Frustration oder unkontrollierbare Wut?

Werden Sie leicht abgelenkt, oder verlieren Sie sich leicht in Gedanken?

Haben Sie das Gefühl, übermäßig wachsam (hypervigilant) oder übervorsichtig zu sein?

Erleben Sie eine übertriebene Schreckreaktion, oder fühlen Sie sich verunsichert?

Hat der Unfall Ihre berufliche Leistungsfähigkeit oder Ihre Fähigkeiten im Umgang mit anderen Menschen beeinträchtigt?

Die Symptome bestehen seit:

_____ weniger als 3 Monaten (akut) _____ über 3 Monaten (chronisch)

_____ Die Symptome haben erst mindestens 6 Monate nach dem Unfall eingesetzt (verzögerte Reaktion).

Der Kontext und seine Bedeutung

Ihre Reaktion auf den Unfall basiert nicht nur auf der eigentlichen Unfallsituation oder auf dem, was im Verlauf des Unfalls geschehen ist. Sie müssen vielmehr alles, was in Ihrem Leben zur betreffenden Zeit sonst noch geschehen ist, in die Beurteilung mit einbeziehen.

Wenn es ansonsten keine Probleme gab, bei dem Unfall niemand ernstlich verletzt wurde, wenn alle Helfer gute Arbeit geleistet haben und die Versicherung prompt gezahlt hat, können sich die Nachwirkungen des Unfalls schnell auflösen. Wahrscheinlicher ist jedoch, daß Sie zur gleichen Zeit auch in anderen Lebensbereichen Belastungen ausgesetzt waren – familiären, finanziellen oder beruflichen. In den Monaten unmittelbar vor David Rippes Unfall starben drei Mitglieder seiner Familie. Sie müssen sich über die Wirkung solcher Streßfaktoren in Ihrem Leben Klarheit verschaffen und feststellen, welche Art von Unterstützung Ihnen zur Verfügung stand. Manchmal ist der Unfall selbst wesentlich weniger belastend als der Kontext, in dem er sich ereignete. Vielleicht passierte er in einer ländlichen Gegend, und erst nach Stunden traf Hilfe ein. Alles, was in jener Situation in Ihrem Leben vor sich ging, beeinflußt Ihre Reaktionen.

Wenn zum Zeitpunkt des Unfalls Kinder oder Tiere mit Ihnen im Wagen waren, brauchen Sie wahrscheinlich Zeit, um mit Ihren Gefühlen und Reaktionen im Hinblick auf Ihre Mitfahrer fertig zu werden, bevor Sie sich voll auf Ihre eigene Genesung konzentrieren können.

 Übung: Was wäre wenn?

Was wäre geschehen, wenn du wie geplant angekommen wärst? Stell dir vor, du wärst sicher an deinem ursprünglichen Ziel angekommen. Mit wem wärst du dort gern zusammen gewesen? Wie hättest du auf die Situation reagiert? Wann hast du dich danach zum ersten Mal wieder sicher gefühlt?

Konzentriere dich jetzt auf den »O Nein!«- Moment – auf den Augenblick, in dem dir klar wurde, daß das Unglück unausweichlich war, und achte darauf, wie du körperlich auf diese Vorstellung reagierst. Was wäre gewesen, wenn du Zeit zum Ausweichen gehabt hättest?

Indem Sie Ihre Aufmerksamkeit auf Ihre Ressourcen richten und sich einen positiven Ausgang der Situation vorstellen, schaffen Sie vor und nach dem Unfall »sicheren Grund« bzw. eine Oase. Kehren Sie, wenn Sie über den Unfall nachdenken, immer wieder zu diesen positiven Ressourcen zurück, bis Sie ein Gefühl der Sicherheit und Kontrolle entwickelt haben. Durch das Hin- und Herwechseln zwischen den Szenen des Unfalls und den Ressourcen wird das während des Unfalls entstandene physiologische Muster unterbrochen, so daß es sich auflösen und die zurückgebliebene Überlebensenergie abgebaut werden kann.

Sie sind jetzt präsent und lebendig. Wenn Sie merken, daß Ihr Körper unter Anspannung gerät oder Ihr Atem schneller wird, können Sie sich erneut Ihre Ressourcen vergegenwärtigen. Denken Sie dann an jemanden, der Sie tröstet und Ihnen hilft. Stellen Sie sich vor, daß diese Person bei Ihnen ist. Stellen Sie sich vor, wie es sich in Ihrem Körper anfühlt, wenn Sie in Sicherheit sind.

Warum Sie sich möglicherweise vor weißen Autos fürchten

Erinnern Sie sich an das, was wir früher in diesem Kapitel gesagt haben, nämlich daß sich Emotionen oder Ereignisse, die Sie zur Zeit des Unfalls erlebt haben, mit dem Unfallgeschehen verbinden können? Solche Assoziationen nennen wir *Verkettungen*.

Assoziative Verkettungen basieren auf der Funktion des Reptilienhirns. Es reagiert sehr schnell auf Bedrohungen, ohne differenzierter zu untersuchen, welches von den vielen Dingen, die Sie im betreffenden Moment erlebt haben, tatsächlich die Bedrohung war. Deshalb braucht es lediglich einen geistigen Schnappschuß des gesamten Vorgangs, der die Wetterbedingungen, die Farbe des anderen Autos, das gelbe oder rote

Licht der Ampel oder das Bellen von Hunden in der Nachbarschaft umfassen kann. Nach dem Unfall kann alles, was dieser Schnappschuß erfaßt hat, zu einem Gefahrensignal werden und bei Ihnen Angst und Furcht reaktivieren. Deshalb werden manche Menschen jedesmal in Angst versetzt, wenn sie ein weißes Auto sehen, falls ein solches an ihrem Unfall beteiligt war, oder geraten in Panik, wenn ein anderes Fahrzeug sich ihrem eigenen von hinten nähert, falls sie einen Auffahrunfall miterlebt haben. Die wohl am weitesten verbreitete Form von *Verkettung* betrifft den Unfallort. Viele Menschen bekommen äußerst unangenehme Gefühle, sobald sie sich dem Ort ihres Unfalls nähern. Manche nehmen riesige Umwege in Kauf, um nie mehr in die Nähe des Unfallortes zu kommen.

Durch solche Auslöser können Sie unmittelbar in das Unfalltrauma zurückversetzt werden, ebenso wie ein Kriegsveteran durch das Geräusch eines Hubschraubers über seinem Kopf oder durch die Fehlzündungen eines Autos in seine Kriegserlebnisse zurückversetzt werden kann. Dies sind unbewußte Reaktionen, die sich allein mit Hilfe des Verstandes nicht überwinden lassen, so oft Sie sich auch sagen mögen, daß ein weißes Auto, das sich Ihrem Wagen von hinten nähert, Sie nicht in Gefahr bringt.

Bevor Sie die verschiedenen Unfallphasen durchgearbeitet haben, ist Ihnen wahrscheinlich gar nicht klar, wie viele äußere Vorgänge Ihr Gehirn mit dem erlebten Unfall verbunden hat. Sobald Sie diese Vorgänge verstehen und die Verbindung zwischen ihnen auflösen, verschwinden viele der rätselhaften Ängste, unter denen Sie seit dem Unfall gelitten haben.

Cynthia

Cynthia fuhr jeden Tag mit dem Fahrrad zur Arbeit. Fahrradfahren war für sie nicht nur eine Form der Fortbewegung, sondern auch eine Freizeitbeschäftigung. Als sie eines Tages mit gesenktem Kopf auf einem Radweg zur Arbeit fuhr, prallte Sie mit dem Gesicht zuerst auf einen Müllwagen, der auf dem Radweg parkte. Da sie schwere Gesichtsverletzungen erlitt, mußte sie sich einer plastischen Operation unterziehen.

Cynthias erste Reaktion war, das Fahrradfahren völlig aufzugeben. Sie wollte nie mehr ein Fahrrad haben. Nachdem sie ihre Ängste durchgearbeitet hatte, fuhr sie zwar wieder Fahrrad, aber sie war noch Monate danach unfähig, auf direktem Weg zur Arbeit zu fahren. Um die Unfallstelle zu meiden, nahm sie stets einen riesigen Umweg in Kauf. Außerdem wurde sie zur Sicherheitsfanatikerin. Wenn Sie andere Radfahrer ohne Helm fahren sah, wurde sie wütend und tadelte sie wegen ihrer Unvorsichtigkeit.

Nach einigen Therapiesitzungen fand Cynthia ihre Freude am Fahrradfahren wieder. Doch überwand sie erst nach vielen weiteren Sitzungen den Schrecken, der sie jedesmal beim Anblick eines Müllwagens überkam.

Zeichnen Sie Ihren Unfall

Benutzen Sie das folgende Diagramm, um Ihren Unfall und etwaige frühere Unfälle aufzuzeichnen. Das Zeichnen des Unfalls kann Ihnen helfen, sich an Details zu erinnern, die Sie vergessen haben, und wenn wir anfangen, an Verletzungen Ihrer persönlichen Grenzen und am Schleudertrauma zu arbeiten, vermittelt Ihnen eine solche Darstellung einen visuellen Eindruck davon, auf welcher Seite der Zusammenstoß erfolgte. Dies kann beim Durcharbeiten Ihrer persönlichen Ängste und Verletzungen von Nutzen sein.

Ihr Unfall

Darstellung des Unfalls und seines zeitlichen Ablaufs

Datum <u>Roonstr., Ecke Jasperallee</u>	Datum_____
Datum_____	Datum_____
Datum_____	Datum_____

zeitlicher Verlauf des Autounfalls
(Daten angeben)

Erster Unfall |⎯⎯⎯⎯⎯⎯⎯⎯⎯⎯⎯⎯⎯⎯⎯⎯⎯⎯⎯⎯⎯| neuester Unfall

Sobald Sie das Gefühl bekommen, daß sie durch diese Arbeit unter starken Druck oder Streß geraten, sollten Sie sie unterbrechen und mit Übungen zur Stärkung und zum Aufbau von Ressourcen fortfahren.

Versuchen Sie nun, sich an die genauen Umstände aller Unfälle zu erinnern, die Sie hatten.

Ist jemand bei Rot über eine Ampel gefahren? Hat Eis oder Schnee Ihr Auto ins Rutschen gebracht? Ist jemand an einem Halteschild von hinten auf Ihren Wagen aufgefahren? Schreiben Sie den Verlauf des Geschehens auf, und zeichnen Sie ihn. Denken Sie daran, auf Ihre Ressourcen zurückzugreifen oder den Fokus zu verändern, wenn die Übung Angstgefühle bei Ihnen auslöst.

Gleichzeitige Bedrohungen

Möglicherweise mußten Sie gleichzeitig mit zwei unterschiedlichen Bedrohungen fertig werden. Dann ist es nur natürlich, daß sich Ihre Augen auf eine dieser Bedrohungen konzentrieren. Sobald Sie eine beginnende Bedrohung bemerken, verengt sich Ihr Gesichtsfeld, was leicht dazu führen kann, daß Sie eine zweite Bedrohung übersehen. Beispielsweise könnte es sein, daß sich zwei Autos gleichzeitig aus unterschiedlichen Richtungen Ihrem Fahrzeug näherten, oder die Sonne könnte Sie geblendet haben, während Sie versuchten, sich in den Verkehr einzufädeln.

Marybeth

Marybeth fuhr vorsichtig durch eine komplizierte Baustelle. Vor sich sah sie einen Kieslaster auf die Fahrbahn einbiegen. Sie konzentrierte sich auf diese Gefahr und war völlig überrascht, als sie plötzlich mit einem anderen, viel näher fahrenden Lastwagen zusammenstieß, der ebenfalls von der Seite auf ihre Fahrspur einbog. Unablässig hielt sie sich vor: »Wie konnte ich nur so dämlich sein, einen Lastwagen nicht zu sehen? Er war doch riesengroß!«

Menschen, die Unfälle miterlebt haben, bei denen mehrere Bedrohungen gleichzeitig auftraten, schämen sich oft, weil sie die zweite Gefahr nicht bemerkt haben. Die Betreffenden müssen sich klarmachen, daß dies eine natürliche Folge der Reaktion ihres Körpers auf Gefahr ist. Sie waren einfach völlig auf die zuerst erkannte Bedrohung fixiert. Ihr Gesichtsfeld hatte sich verengt. Es war ihnen aus physischen Gründen unmöglich, die zweite Bedrohung zu erkennen.

Wie haben Sie reagiert?

Haben Sie die Hupe betätigt? Sich zu vergegenwärtigen, wo die Hupe ist, und sie ab und zu auch zu betätigen, gibt Ihnen beim Fahren ein höheres Maß an Sicherheit. Haben Sie ein Signal gegeben oder Ihre Fahrgeschwindigkeit verlangsamt? Haben Sie auszuweichen versucht? Haben Sie kräftig auf die Bremse getreten?

Erinnerungslücken

Ist Ihre Erinnerung lückenhaft, oder waren Sie nach dem Unfall bewußtlos? Erinnerungslücken treten nach Unfällen häufig auf. In vielen Fällen stellen sich die Erinnerungen später wieder ein, nachdem die in Ihrem Körper festsitzende überschüssige Energie abgebaut worden ist. Wie ich bereits in Kapitel 5 in Zusammenhang mit dem Stau-Phänomen erklärt habe, schützt Sie Ihr Körper vor einer Überlastung durch Reize. Ihre Erinnerung ist fragmentiert. Nachdem die überschüssige Energie im Körper abgebaut ist, läßt die Fragmentierung der Erinnerung wieder nach. Die Lücken füllen sich wieder, nachdem Ihre Verbindung zum Körpergewahrsein wiederhergestellt ist. Traumaerinnerungen werden im Körper gespeichert. Sobald Sie mit der Arbeit auf der Empfindungsebene Fortschritte erzielen, taucht wahrscheinlich auch der größte Teil Ihrer Erinnerungen wieder auf.

Falls Sie sich an einen Teil des Unfalls nicht erinnern können, ist dies ein Hinweis auf ein zu hohes Aktivierungsniveau Ihres Körpers. Traumatisierte stellen oft fest, daß ihre Erinnerungen bis zu einem bestimmten Zeitpunkt völlig intakt sind, doch ist ihnen völlig rätselhaft, was danach geschah. Von einem späteren Zeitpunkt an können sie sich dann wieder an alle Einzelheiten erinnern. Wir bezeichnen diesen Punkt zu beiden Seiten der Erinnerungslücke als *Erinnerungsmarker*.

Jeremy

Nach einem schweren Zusammenstoß litt Jeremy unter Gedächtnisverlust. Seine letzte Erinnerung aus der Zeit vor dem Unfall war, daß er Flugzeuge einer Flugschau am Himmel gesehen hatte. Als nächstes erinnerte er sich, daß er nach einem chirurgischen Eingriff wegen einer Kopfverletzung im Krankenhaus aufgewacht war. Nachdem er mit unserer Hilfe seine Aufmerksamkeit vom Autofahren auf die am Himmel in Formation fliegenden Jets gerichtet und er sich die erforderliche Zeit genommen hatte, erinnerte er sich, in seinem peripheren Blickfeld einen roten Honda gesehen zu haben, der von links auf seine Fahrspur wechselte. Dann sollte er sich vorstellen, wie er sich die Jets angeschaut hatte, und sich die mit diesem Anblick verbundene freudige Erregung vergegenwärtigen. Anschließend bat ich ihn, sich auf den roten Honda zu konzentrieren.

Ich empfahl ihm, einen Schnappschuß zu machen oder den Honda im Geiste in so weiter Entfernung stoppen zu lassen, wie er zu brauchen glaubte, um das Fahrzeug mit erträglichen Gefühlen anschauen zu können. Er spürte eine Welle der Erleichterung in seinem Körper, weil er Zeit hatte, die Bedrohung zu lokalisieren und zum ersten Mal »zu sehen, was ihn getroffen hatte«. Sein Körper hatte nun Zeit, um die Überlebenspläne zu erkennen, die zu kontaktieren ihm in der ursprünglichen Situation unmöglich gewesen war. Hätte er mehr Zeit gehabt, wäre er ausgewichen und hätte mit seiner Hupe ein Warnsignal gegeben. Wir verlängerten die verfügbare Zeitspanne, um ihm die Möglichkeit zu geben, seine Hände auf dem Lenkrad zu spüren und sich auf die erfolgreiche Ausführung einer Ausweichbewegung vorzubereiten. Er hörte den lauten Ton seiner Hupe und spürte den Druck seiner Hand auf dem Schalthebel. Er fühlte sich stärker. Obwohl er in der Unfallsituation keine Zeit gehabt hatte, diese Dinge zu tun, empfand er es als bestärkend, sie nun in einer Behandlungssitzung durchzuspielen.

Auf Jeremy wirkte es erleichternd, sich an einen größeren Teil des Geschehens erinnern zu können. Allmählich fiel ihm wieder ein, daß er sich am Morgen jenes Tages mit seinem Sohn gestritten hatte und beim Fahren wütend und abgelenkter gewesen war als gewöhnlich. Nach dem Unfall und der Operation hatte er sich mit seinem Sohn versöhnt. Als er sich die Harmonie vergegenwärtigte, die er nun in der Beziehung zu seinem Kind empfand, entspannte sich sein Körper noch mehr.

Als nächstes spürte Jeremy, wie die Kraft des Aufpralls zuerst das Auto und dann seinen Körper erfaßte. Die Erinnerung an ein Kindheitserlebnis mit Autoskootern in einem Vergnügungspark wirkte sich lindernd auf die durch das Erlebnis der Kollision hervorgerufenen Empfindungen aus. Er hatte den Skooter unter Kontrolle gehabt, und die Zusammenstöße, die er darin erlebte, waren absichtlich herbeigeführt und erträglich gewesen. Er spürte den Gegensatz zwischen der unerwarteten plötzlichen Erfahrung des Unfalls und der bewußten Herbeiführung von Zusammenstößen nur so zum Spaß. Wieder entspannte sich sein Körper ein wenig mehr. Erneut hörte er den Klang der Hupe und empfand sie, als würde er »nein« sagen oder den anderen Fahrer warnen.

Dann erinnerte Jeremy sich an die Sirene des Ambulanzfahrzeugs, das ihn ins Krankenhaus gebracht hatte. Wieder fühlte er sich zunächst durch die Erinnerung aktiviert, doch später wirkte sie erleichternd. Ihm kam die Erinnerung an das Gefühl, das er gehabt hatte, als er angeschnallt auf der Tragbahre lag und die beruhigende Stimme des Sanitäters hörte. Er spürte, wie sich seine Arme aus den Gurten, mit denen sie fixiert waren, zu befreien versuchten. Er fühlte sich stark und voller Kraft.

Während der Operation hatte man Jeremy betäubt, so daß sich eine doppelte Schicht erzwungener Amnesie gebildet hatte. Zwar wird er sich wohl nicht an die Operation selbst erinnern können, doch erinnern sich viele Klienten daran, wie sie im Operationsraum und später im Aufwachraum lagen.

Nach der Operation wachte Jeremy auf und sah die mitfühlenden Gesichter seiner Frau und seines Sohnes. Während unserer Sitzung spürte er die Nachwirkungen der Betäubung und roch die typischen Krankenhausgerüche. Allmählich wurde sein Kontakt zu den Ereignissen vor, während und nach dem Unfall und während des Krankenhausaufenthalts immer stärker.

Sie brauchen sich nicht unbedingt an alle Details Ihres Unfalls zu erinnern. Wichtig ist nur, daß Sie in der Lage sind, die Ereignisse in einer

Kontinuität zu sehen, denn nur dann können Sie sich klarmachen, daß die Erfahrung nun tatsächlich vorüber ist. Nur wenn Sie dies wirklich begriffen haben, können Sie Ihren Lebensweg ungehindert fortsetzen.

Während der Übungen müssen Sie, wie Jeremy es in seinen Sitzungen tat, folgende Schritte vollziehen:

- Achten Sie darauf, wie Sie die Bedrohung anfangs erleben.
- Lassen Sie die *defensive Orientierungsreaktion* zum Abschluß gelangen. Vergegenwärtigen Sie sich die verschiedenen möglichen Überlebensstrategien (im Beispielfall Ausweichen, Hupen, die Gurte der Krankenbahre sprengen).
- Fügen Sie korrigierende Erfahrungen hinzu, indem Sie sich ähnliche, aber angenehme Situationen vorstellen.
- Verschaffen Sie sich einen Überblick über Ihre Ressourcen (in Jeremys Fall die Versöhnung mit seinem Sohn, das Sich-Zeit-Nehmen, die Erinnerung an die beruhigenden Sanitäter).
- Füllen Sie Ihre Erinnerungslücken.

Wieviel Zeit hatten Sie vor dem Unfall? Haben Sie das Unheil kommen sehen? Blieb Ihnen Zeit, darauf zu reagieren? Was haben Sie unternommen? Je weniger Reaktionszeit Sie hatten, desto aktivierender wirkt die Erfahrung.

Olivia

Als das Auto, in dem Olivia mitfuhr, mit einem anderen Wagen zusammenstieß, wurde sie vom Rücksitz nach vorn und gegen die Windschutzscheibe geschleudert. Als sie den Unfall beschrieb, sagte sie: »Beim Aufprall auf die Windschutzscheibe hatte ich das Gefühl, Zeit und Raum würden zusammenbrechen.«

Nach dem Unfall fühlte sich Olivia, als müßte sie ständig von einem Ort zum anderen eilen. Sie hatte nie genug Zeit. Andererseits gelang es ihr auch nicht, rechtzeitig zu Terminen zu erscheinen. Weil sie sich ständig verspätete, lief sie Gefahr, ihre Arbeit zu verlieren.

»Ich bemühe mich so, pünktlich zu sein«, sagte sie. »Ich schaue auf die

Uhr, und es ist fünf Minuten vor acht. Und wenn ich das nächste Mal hinschaue, ist es 9.15 Uhr, und ich habe nicht die geringste Ahnung, wo die Zeit dazwischen geblieben ist.«

Unfallopfer haben häufig ähnliche Probleme wie Olivia. Ihr Zeitgefühl ist gestört. Dies kann sie in Gefahr bringen, ihren Job zu verlieren, und auch Beziehungen gefährden, wenn die ihnen nahestehenden Menschen nicht verstehen, daß es für die Unfähigkeit dieser Traumatisierten, Termine einzuhalten, einen physiologischen Grund gibt.

Übung: Zeit hinzufügen

Diese Übung soll Ihnen das Gefühl vermitteln, daß Sie genug Zeit haben.

Vergegenwärtige dir noch einmal den »O Nein!«- Augenblick. Und stelle dir nun vor, daß der Zeitverlauf langsamer wird. Nimm im Geiste das andere Auto, plaziere es in sicherem Abstand, und belasse es dort. Dies haben wir als Standbildtechnik (freeze-framing) oder Anhalten des Bildes bezeichnet. Wo ist dieser Ort für dich? Einen Häuserblock entfernt? Kilometerweit entfernt? Stell dir vor, du sähest das Auto und würdest den »O Nein!«-Augenblick aus dieser neuen Entfernung erleben. Du siehst die Bedrohung und verfügst über die Ressourcen Zeit und Raum. Was geschieht in deinem Körper? Wird die Atmung langsamer? Schau dich im Geiste am Unfallort um. Siehst du Dinge, die dir vorher nicht aufgefallen sind? Gibt es einen Ort, an den du dein Auto in Sicherheit hättest bringen können, wenn du die Zeit gehabt hättest, eine solche Entscheidung zu treffen? Stell dir vor, dein Auto erreicht diesen Ort, bevor das andere Auto näher kommt.

Unfälle lassen uns so wenig Reaktionszeit, daß uns oft nicht klar ist, wie angemessen unsere Reaktionen waren. Die Verlangsamung des Geschehens im Geiste verschafft Ihnen die Zeit, die Sie brauchen, um sich Ihre Reaktionen anzuschauen und sie zu verstehen. So gewinnen Sie den Raum, den Sie zur Reorganisation Ihres Körpers und zur Umsetzung von Überlebensplänen benötigen, deren Verwirklichung in der Unfallsituation aus zeitlichen Gründen nicht möglich war.

Vielleicht fühlen Sie sich an den Moment des Unfalls gefesselt und nicht in der Lage, Ihr Leben ungehindert fortzusetzen. Ein Zeichen dafür, daß das Trauma sich aufzulösen beginnt, ist das Gefühl, daß der Unfall zu einem in der Vergangenheit liegenden Ereignis geworden ist, das den ihm zustehenden Platz auf der Zeitachse einnimmt. Sie haben das Gefühl, daß es vorüber ist, sind in der Lage, in Ihrem gegenwärtigen Leben präsent zu sein, und haben Vertrauen in die Zukunft.

Falls Sie sich die Entfernung des anderen Autos aus der bedrohlichen Zone oder die Verlangsamung des Unfallgeschehens immer noch nicht vorstellen können, sollten Sie sich erneut mit den Ressourcenübungen beschäftigen. Machen Sie die Übung mit dem Titel *Kontakt zum Reptilienhirn aufnehmen* noch einmal. Machen Sie sich immer wieder klar, daß Sie überlebt haben, daß das, was Sie getan haben, seinen Zweck erfüllt hat und daß Sie, wie auch immer Sie reagiert haben, erfolgreich waren.

- Hatten Sie den Sicherheitsgurt angelegt? Hatten Sie aufgrund dessen das Gefühl, geschützt zu sein, oder eher den Eindruck, in der Falle zu sitzen? Ist Ihr Airbag aufgegangen? In Kapitel 13 werden Sie Übungen kennenlernen, die Ihnen helfen, durch Sicherheitsgurte oder Airbags entstandene Traumata zu überwinden.
- Welche besonders problematischen Details haben Sie erlebt? Dazu kann zählen, daß Sie durch die Windschutzscheibe geschleudert wurden, daß die Bremsen Ihres Wagens versagt haben, daß Sie auf das Lenkrad aufgeschlagen sind, daß der Fahrer des anderen Autos Sie angebrüllt hat oder daß Sie sich Sorgen wegen der Kinder oder Tiere in Ihrem Auto gemacht haben.
- Welche spezifischen Vorteile oder Ressourcen sind Ihnen zugute gekommen? Hat eine Leitplanke verhindert, daß Ihr Auto in einen Fluß stürzte? Hat eine Schneeverwehung Sie gerettet?

Nach dem Unfall

Als nächstes werden wir an Ereignissen nach dem Unfall arbeiten. Denken Sie daran, daß das chronologische Durcharbeiten des Unfalls Ihr Nervensystem aktiviert und zusätzlichen Streß verursachen kann. Erliegen Sie nicht der Versuchung, vorzupreschen und die ganze Situation auf einmal durcharbeiten zu wollen.

Dinge, die nach dem Unfall geschehen sind, können die Intensität Ihrer Erfahrung verstärkt oder verringert haben. Während Sie an diesem Teil des Unfalls arbeiten, sollten Sie immer wieder innehalten, zu Ihren Ressourcen zurückkehren und Übungen machen, bei denen Sie sich vorstellen, daß das Erlebte einen anderen Verlauf genommen hätte.

◆ Was geschah unmittelbar nach dem Unfall? War jemand da, der Hilfe geleistet hat? Sind die am Unfallort Anwesenden ruhig geblieben, und war ihr Verhalten von Nutzen? Waren die Sanitäter freundlich und beruhigend? Eine meiner Klientinnen schrie in völliger Panik auf, als die Sanitäter ihr eine Sauerstoffmaske über das Gesicht stülpten, um sie zum Schweigen zu bringen. Dadurch wurde ihr Trauma noch verstärkt. Andere haben in solchen Situationen sehr positive Erfahrungen mit Sanitätern gemacht, die ihnen die Hand hielten und sanft mit ihnen sprachen, um ihnen das Gefühl zu vermitteln, daß alles wieder in Ordnung kommen würde.

Selbst bei relativ geringfügigen Unfällen kann das Verhalten der am Unfallort anwesenden Menschen eine so negative Wirkung haben, daß Ihre Reaktionen als Beteiligter in stärkerem Maße auf die (mangelnde) Unterstützung der Umgebung als auf den Unfall selbst zurückzuführen sind.

Rosemary

Rosemary rutschte über Eis. Ihr Auto fuhr gegen einen Laternenmast. Sie erschrak furchtbar, wurde aber nicht verletzt. Als sie nach Hause kam, reagierte ihr Vater extrem wütend auf den Unfall und gab ihr die Schuld an dem, was geschehen war. Er behauptete, sie hätte den Unfall vermeiden können, wenn sie nur vorsichtiger und auf einer anderen Strecke gefahren wäre. Danach wurde Rosemary beim Fahren häufig von Angstanfällen gepackt. Für sie war der traumatischste Teil des Erlebten nicht der Unfall, sondern die Reaktion ihres Vaters.

Als wir uns gemeinsam mit der merkwürdigen Reaktion ihres Vaters beschäftigten, stellte sich heraus, daß dieser als Kind zusammen mit seinem Bruder im Auto der Eltern gesessen hatte, als sie in einen Unfall verwickelt worden waren. Dabei war der Bruder zu Tode gekommen. Rosemarys Unfall hatte bei ihrem Vater eine starke traumatische Erinnerung ausgelöst.

Solche extremen und inadäquaten Reaktionen sind symptomatisch für unaufgelöste Traumata.

Bei dem Unfall, den ich selbst erlebt habe, war der Fahrer des anderen Autos nicht nur körperlich unverletzt, sondern als Kieferchirurg auch noch in der Lage gewesen, sich sofort und in aller Ruhe um meine Verletzungen zu kümmern.

Vielleicht haben Sie bei Ihrem Unfall Streit mit dem anderen Fahrer bekommen oder sich isoliert und allein gefühlt, oder Sie haben sich selbst oder anderen die Schuld an dem Unglück gegeben. Die Anwesenheit eines Menschen, der sie unterstützt, kann in einer solchen Situation von unschätzbarem Wert sein.

Übung: Aktivitäten nach dem Unfall

Sich vorzustellen, wie Sie sich den Verlauf der Dinge gewünscht hätten, kann beruhigend wirken.

Stell dir die Situation unmittelbar nach deinem Unfall vor. Wer war anwesend? Was von dem, das diese Menschen getan haben, hast du als Hilfe empfunden? Falls niemand zugegen war, wessen Anwesenheit hättest du dir am meisten gewünscht? Stell dir vor, wie diese Person dir zu helfen versucht hätte. Wie wirkt sich diese Vorstellung auf dein Gefühl der Sicherheit aus? Nimm dir soviel Zeit, wie du brauchst, bis du die positive Wirkung des Gefühls auf deinen Körper spürst. Wenn du spürst, daß deine Ressourcen positiv auf deinen Körper wirken, dann nimm dir viel Zeit, um diese Entspannungsreaktion zu genießen und dir im Detail zu vergegenwärtigen, wie und wo sich dein Körper entspannt.

Welche Erfahrungen hast du mit dem Personal des Rettungsfahrzeugs und der Notaufnahme im Krankenhaus gemacht? Haben sie dich gut unterstützt und sich verständnisvoll verhalten? Haben Sie dir ein Gefühl der Sicherheit vermittelt? Falls du nach dem Unfall eine gute Unterstützung erhalten hast, vergegenwärtige dir jetzt das dadurch verursachte Gefühl, in guten Händen zu sein.

Falls die Unterstützung in irgendeiner Hinsicht zu wünschen übrig ließ, solltest du deine Aufmerksamkeit auf das richten, was dir lieber gewesen wäre. Was hättest du dir von den medizinischen Helfern gewünscht? Falls es tröstende Worte waren, schreibe ihren möglichen Wortlaut auf, und wiederhole sie anschließend laut im Gespräch mit dir selbst. Wie fühlst du dich, während du die unterstützenden Worte hörst, die du dir gewünscht hättest?

Auch wenn dir die Unterstützung, die du tatsächlich erhalten hast, unzureichend erschien, weiß irgend etwas in dir – dein innerer Kompaß für Gesundheit –, was richtig gewesen wäre. Du kannst darauf vertrauen, daß die Intelligenz deines Körpers erkennt, was dieser braucht.

Wann hast du dich wieder sicher gefühlt? Als Hilfe kam? Als du ein bekanntes Gesicht sahst? Als du im Krankenhaus oder zu Hause ankamst? Als dich jemand, den du liebst, in den Arm nahm? Vielleicht hat ein Freund dir eine Decke oder eine Tasse Tee gebracht.

Nimm dir einen Moment Zeit, um dieses Gefühl der Sicherheit erneut zu spüren. Wie empfindest du es in deinem Körper? Fühlst du dich warm? Geborgen? Kehre immer dann zu diesem Gefühl zurück, wenn du den Wunsch nach Sicherheit verspürst.

Nachwirkungen des Unfalls

Natürlich hat Ihr Unfall für Sie unangenehme Nachwirkungen gehabt, und Sie haben dadurch Verluste erlitten. David Rippe litt drei Jahre lang unter chronischer Migräne. Susan hätte fast die Schule verlassen müssen, weil sie sich nicht mehr konzentrieren konnte. Ein Klient, der Zahnarzt war, verlor die für seinen Beruf wichtige Fähigkeit, zwischen Hand und Auge zu koordinieren. Und eine Massagetherapeutin erlitt eine Schulterverletzung und mußte deshalb ihren Beruf aufgeben.

Der Abbau aufgestauter Energie kann erheblich zur Linderung von Symptomen beitragen, doch viele Verletzungen machen auch später noch chirurgische Operationen oder andere Formen der Behandlung erforderlich. Bemühen Sie sich, ein persönliches Netz von fachkundigen Helfern und Freunden aufzubauen, die sie in dieser schweren Zeit unterstützen.

Veränderungen oder Verluste im beruflichen und privaten Bereich sowie Beeinträchtigungen des allgemeinen Gesundheitszustandes und der finanziellen Situation können irreversibel sein, und Sie werden um diese Verluste trauern. Diese Trauer müssen Sie sich zugestehen.

Es ist keineswegs unsere Absicht, diese Veränderungen in Ihrem Leben herunterzuspielen. Es geht uns vielmehr darum, Sie zur Entdeckung neuer Möglichkeiten zu ermutigen und zu verhindern, daß Sie sich in negativen Empfindungen ergehen. Beispielsweise verwendete die Massagetherapeutin das Schmerzensgeld, das sie nach dem Unfall bekam, um ihre Ausbildung fortzusetzen. Heute ist sie eine erfolgreiche Psychotherapeutin. Wenn Sie mitten in der Krise stecken, fällt es Ihnen vielleicht schwer zu erkennen, wie aus dem Unfall irgend etwas Positives entstehen soll. Doch während Sie dieses Buches lesen, werden Sie feststellen, daß sich viele andere Menschen nach ebensolchen Unfällen positiv verändert haben.

Interessanterweise benutzen die Chinesen für Krisen und Chancen das gleiche Symbol.

Zusammenfassung der wichtigsten Punkte

- Sie sollten Ihren Unfall weder chronologisch erzählen, noch sollten Sie in chronologischer Reihenfolge an den Geschehnissen arbeiten, weil das Trauma dadurch reaktiviert und verstärkt werden kann.
- Erinnern Sie sich zunächst an die erste Situation nach dem Unfall, in der Sie sich wieder sicher fühlten.
- Auch was unmittelbar vor dem Unfall in Ihrem Leben geschah, ist wichtig.
- Weil Unfälle gewöhnlich sehr schnell vonstatten gehen, ist es wichtig, der Erfahrung im Geiste Zeit hinzuzufügen, um sie zu verlängern.
- Der allgemeine Kontext Ihres Lebens, vorherige Traumata, Ihre allgemeine Belastung und Ihre Kindheitsgeschichte beeinflussen allesamt die Nachwirkungen Ihres Unfalls.
- Echte Verluste infolge des Unfalls müssen betrauert werden.

10 Grenzverletzungen und Wiederherstellung persönlicher Grenzen

 Es kann sehr kontraproduktiv und unnötig traumatisch wirken, wenn Ihr Physiotherapeut an verletzten Körperbereichen arbeitet, bevor diese vollständig geheilt sind. Nach der Lektüre des nun folgenden Kapitels werden Sie verstehen, warum das so ist.

Persönliche Grenzen

Vielleicht ist Ihnen die Vorstellung persönlicher Grenzen neu, doch gilt das gewiß nicht für das Gefühl, einen persönlichen Raum zu haben. Haben Sie schon einmal mit jemandem ein Gespräch geführt, der so nahe bei Ihnen stand, daß Sie unwillkürlich das Bedürfnis verspürten, einen Schritt zurückzutreten? Unbewußt war Ihnen klar, daß dieser andere sich in Ihrem persönlichen Raum befand. Wir alle haben das Gefühl, einen eigenen Raum zu haben, der von energetischen Grenzen umgeben ist. Ignoriert jemand diese Grenzen, fühlen wir uns unwohl.

Grenzen helfen uns, unsere innere Erfahrung im Zaum zu halten, so daß wir nicht von exzessiven Gefühlen überflutet werden. Grenzen puffern uns auch gegen zu starke Reize ab oder gegen das Gefühl, von außen bedrängt zu werden. Ebenso wie wir unsere physische Haut benötigen, um innen und außen definieren zu können, definieren wir mit Hilfe unserer energetischen Grenzen unseren persönlichen Raum. Wir sind aufgebracht, wenn wir uns in die eigene Haut schneiden, und ähnlich empfinden wir, wenn wir das Gefühl haben, daß unsere Grenzen mißachtet oder verletzt werden.

Grenzverletzungen und Wiederherstellung persönlicher Grenzen

Sind unsere persönlichen Grenzen intakt, können wir Reize filtern oder die Aufmerksamkeit von etwas abwenden, das uns nicht gefällt, beispielsweise vom Geräusch einer laut tickenden Uhr. Außerdem wissen wir instinktiv, wann wir uns von einer Person oder Situation entfernen müssen, die wir als invasiv bzw. toxisch empfinden. Grenzen verhelfen uns in der Welt zu einem Gefühl persönlicher Sicherheit. Normalerweise fühlen Menschen sich rundherum sicher, als befänden sie sich in einer schützenden Kugel oder in einer energetisch sicheren Hülle.

Grenzen sind je nach Situation unterschiedlich flexibel. Wenn ein Freund oder jemand, den wir lieben, sich uns nähert, haben wir gewöhnlich nichts dagegen, daß diese Person uns beliebig nahe kommt, und wir lassen sogar zu, daß sie physischen Kontakt zu uns aufnimmt, beispielsweise in Form eines Händedrucks oder eines Kusses. Ist uns hingegen jemand fremd und halten wir diesen Menschen sogar für gefährlich, brauchen wir natürlich wesentlich mehr Distanz zu ihm. Dann empfinden wir unsere Grenzen als sehr dicht und fest, bis wir den Abstand zu dieser Person hergestellt haben, den wir brauchen. Wenn wir unsere persönlichen Grenzen sehr deutlich spüren, können wir auch sagen, wieviel Distanz wir in einer bestimmten Situation brauchen. Wir merken dann, ob uns jemand zu nahe gekommen ist und wie wir unsere Position so verändern können, daß wir uns wohler fühlen. Daß wir unser Bedürfnis nach Raum und Distanz in unterschiedlichen Situationen erkennen können, ist ein Zeichen dafür, daß unsere Grenzen intakt sind und ihren Zweck erfüllen.

In jedem meiner Kurse demonstriere ich, wie schwer es für einen Menschen ist, sich auch nur irgendwie geschützt zu fühlen, wenn seine persönlichen Grenzen verletzt worden sind. Ich veranschauliche dies, indem ich ein Sieb über eine Schale halte und Wasser hindurchgieße. Das Sieb versinnbildlicht verletzte Grenzen, die ihren Zweck nicht erfüllen, während die Schale für intakte Grenzen steht. Das Wasser repräsentiert die Erfahrung oder den Reiz. An der Auflösung eines Traumas zu arbeiten hat erst Sinn, wenn Sie in der Lage sind, den Zustand der Heilung aufrechtzuerhalten und zu integrieren. Diese Demonstration veranschaulicht auf dramatische Weise, wie wichtig es ist, im Laufe des Behandlungsprozesses Grenzverletzungen zu beheben.

In unseren Kursen für Überlebende von Autounfällen benutzen wir eine Übung, mit deren Hilfe sich Menschen über ihr Empfinden für Grenzen klarwerden können, und zwar sowohl wenn diese Grenzen intakt sind als auch im Fall einer Grenzverletzung. Einmal nahm ein hoher Armeeoffizier an einem unserer Kurse teil. Dieser muskulöse ehemalige Fallschirmspringer mit Bürstenschnitt stand dem Konzept der persönlichen Grenzen skeptisch gegenüber. Ich lud ihn zu einem Experiment ein.

Er sollte sich vorstellen, er befände sich in einer schützenden Kugel, und dann sagen, welche Richtung er als die sicherste empfand. Er nannte die Richtung geradeaus vor ihm. Als den zweitsichersten Bereich bezeichnete er den hinter sich. Der Sektor zu seiner Linken weckte eine gewisse Angst in ihm, doch als er begann, den Sektor zu seiner Rechten zu erforschen, kam ihm sofort das Bild, wie er während eines Autounfalls fünf Jahre zuvor von einem von links kommenden Lastwagen gerammt worden war.

Bei genauerer Untersuchung dieses Sektors tauchten weitere Bilder auf, denen zufolge er auf dieser Seite im Kampf verwundet worden war. Zu beobachten, wie dieser äußerst harte Soldat das Zutagetreten seiner Verletzlichkeit und seiner Emotionen in der Gruppe zuließ, war für uns alle sehr bewegend. Die Übung veranschaulichte auch, daß Grenzen nichts mit Stärke oder Charakter zu tun haben, sondern eine energetische Realität spiegeln.

Bei meinem eigenen Unfall »verlor ich meine linke Seite«. Ich konnte nicht mehr nach links schauen, ohne bewußt den Kopf in diese Richtung zu drehen. Ich ertrug es nicht, von links angesprochen zu werden. Noch heute bin ich gegenüber Menschen, die sehr nah links von mir stehen, empfindlicher als gegenüber solchen, die sich in anderen Bereichen meines persönlichen Raums befinden.

Ein Autounfall kann eine Verletzung unserer Grenzen verursachen, so daß wir das Gefühl entwickeln, schutzlos zu sein. Handelt es sich um eine schwerwiegende Grenzverletzung, können wir das Gefühl, Herr unserer selbst zu sein, verlieren. Symptome für Grenzverletzungen sind unter anderem:

- das Gefühl, ohne Haut umherzulaufen,
- ein Mangel an Abwehrmöglichkeiten oder eine mangelhafte Fähigkeit, Reize auszufiltern,
- das Gefühl, in die Umgebung zu zerfließen oder von ihr überflutet zu werden,
- die Tendenz, sich in einem bestimmten Bereich immer wieder zu verletzen, oder eine Neigung zu Unfällen.

Da wir uns der Grenzen, die uns schützen, gewöhnlich nicht bewußt sind, kann das Gefühl, daß unsere Grenzen verletzt worden sind, sehr irritierend sein. Bis es Ihnen gelingt, Verletzungen Ihrer Grenzen zu heilen, werden Sie sich nicht mehr völlig sicher und als ein Ganzes empfinden können. Es kann sogar zu einer erneuten Traumatisierung kommen, wenn sich Ihnen Menschen in Bereichen nähern, in denen Ihre persönlichen Grenzen verletzt worden sind. Und es ist durchaus möglich, daß Sie Ihre eigenen Ängste in solchen Situationen nicht verstehen.

 Übung: Überprüfung auf Grenzverletzungen

Zweck dieser Übung ist es, Bereiche aufzuspüren, in denen Grenzverletzungen bestehen.

Probiere diese Übung zuerst mit anderen Personen aus. Du sitzt auf einem Stuhl. Fordere die Person auf, frontal auf dich zuzugehen. Wie fühlt sich das an? Dann laß sie von hinten auf dich zugehen. Stört dich das irgendwie? Wiederhole die Übung, wobei du die andere Person jetzt aufforderst, sich dir nacheinander von beiden Seiten zu nähern. Falls dein persönlicher Raum in irgendeinem Bereich verletzt worden ist, empfindest du es als unangenehm oder sogar als beängstigend, wenn jemand aus der betreffenden Richtung auf dich zukommt.

Fordere die Person auf, sich dem von der Grenzverletzung betroffenen Bereich langsamer zu nähern. Empfindest du das als weniger bedrohlich? Wo möchtest du, daß sie stehenbleibt? Es könnte anfangs wichtig sein, daß sie nur sehr kleine Schritte macht und in einigen Metern Abstand stehenbleibt.

Wenn sie dir so nahe gekommen ist, daß du es gerade noch als angenehm empfindest, fordere sie auf stehenzubleiben. Wie fühlt es sich an, daß du deine Grenze definieren kannst und daß ein anderer Mensch dies respektiert? Fühlst du dich im Besitz dieser Ressource wohler? Wie würde es sich auf deine Körperempfindungen auswirken, wenn du wüßtest, daß jemand da ist, der dich beschützt? Kannst du dich angesichts dieser Vorstellung entspannen? Wiederhole diese Übung und den Wechsel zu einer Ressource so lange, bis du dich im verletzten Bereich deines persönlichen Raumes nicht mehr bedroht fühlst.

Es ist sehr wichtig, daß Sie Psychotherapeuten und Physiotherapeuten, die mit Ihnen arbeiten, über etwaige Grenzverletzungen informieren, damit sich die Betreffenden Ihnen aus einer Richtung nähern oder in einer Position zu Ihnen setzen können, aus der Sie die Annäherung nicht als bedrohlich empfinden. Nachdem wir mit einer Klientin an der Wiederherstellung ihrer persönlichen Grenzen gearbeitet hatten, berichtete sie, wie ihr allmählich klar wurde, daß sie jedesmal, wenn ihr Chiropraktiker an ihrem Hals arbeitete, in einen Zustand traumatischer Aktivierung versetzt worden war und Angst bekommen hatte. Obwohl der Physiotherapeut sehr erfahren war, wurde die Zusammenarbeit mit ihm erst produktiv, nachdem die Klientin an der Wiederherstellung ihrer persönlichen Grenzen gearbeitet hatte.

Ihre Grenzen können auch an mehreren Stellen verletzt worden sein. Nehmen Sie sich die Skizze von Ihrem Unfall noch einmal vor. Ist das andere Auto von links auf Ihr Fahrzeug aufgefahren? Wenn ja, haben Sie wahrscheinlich links eine Grenzverletzung erlitten. Doch weil Ihr Körper nach rechts geschleudert wurde und Sie auf etwas aufgeprallt sind oder ein Schleudertrauma erlitten haben, könnte Ihre persönliche Grenze auch rechts verletzt worden sein. Wenn Sie bei einem Auffahrunfall auf das Steuerrad geprallt sind, leiden Sie wahrscheinlich unter Verletzungen

Ihrer persönlichen Grenzen auf der Rück- und Vorderseite Ihres Körpers. Schauen Sie sich die folgenden Diagramme genau an, und benutzen Sie sie, um aufzuzeichnen, wo bei Ihnen Grenzverletzungen vorliegen und wo Ihre Grenzen intakt sind.

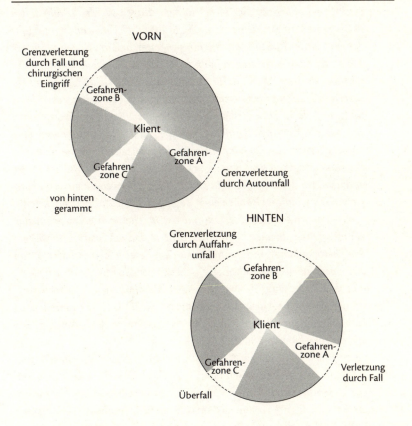

Lokalisierung von Grenzverletzungen

Übung: Beurteilung von Grenzverletzungen

Diese Übung soll Ihnen helfen, bestehende Grenzverletzungen differenzierter zu beurteilen. Die Übung wurde von Darrell Sanchez entwickelt, einem Rolfer und Traumatherapeuten aus Boulder, Colorado.

Stell dir vor, du sitzt oder stehst in einer Kugel. Werde dir allmählich in allen Richtungen deiner Umgebung bewußt. Versuche herauszufinden, in welcher Richtung du dich am sichersten und am besten geschützt fühlst, damit wir feststellen können, wo deine Grenze intakt ist. Dies hilft dir, ein Bewußtsein dafür zu entwickeln, wie sich Grenzen energetisch anfühlen, und herauszufinden, wie es sich für dich körperlich anfühlt, daß du in Sicherheit und geschützt bist. Beginne immer da, wo sich deine Grenzen völlig intakt anfühlen, und arbeite von dieser Position der Stärke aus. Du wirst dich wundern, wie genau du die Demarkationslinie zwischen dem Bereich erkennst, in dem du dich sicher fühlst, und dem, wo die Unsicherheit beginnt. Möglicherweise kannst du buchstäblich eine Linie im Raum ziehen, sobald du deine Aufmerksamkeit auf diesen Bereich richtest. Falls du mit einem Therapeuten zusammenarbeitest, solltest du unbedingt darauf achten, daß die Position, in welcher der Therapeut sitzt, nicht zufällig mit dem Bereich identisch ist, in dem deine persönliche Grenze verletzt ist. Falls der Therapeut tatsächlich genau dort sitzt, wirst du wahrscheinlich Gefährdung oder Aktivierung verspüren und die Arbeit des Betreffenden nicht als Hilfe empfinden. Es kann allerdings auch sein, daß es dir recht ist, wenn die betreffende Person ausgerechnet dort sitzt.

Untersuche nun die zweitsicherste Richtung. Suche Ressourcen, und stärke mit ihrer Hilfe diesen Bereich. Auf welche Weise würde dein Körper diesen Bereich mit zusätzlichem Schutz versehen wollen? Wäre ihm ein Schild oder die Gegenwart eines freundlich gesinnten Verbündeten lieber? Sobald diese Richtung stärker geworden ist und du dich sicherer fühlst, kannst du mit der Untersuchung des nächsten Bereichs beginnen, bis du dich schließlich in allen Richtungen unterstützt und sicher fühlst. Bei der Erforschung der verschiedenen Richtungen erinnern sich meine Klienten oft an unterschiedliche traumatische Erlebnisse, von denen sie dachten, sie seien bereits aufgelöst. Diese Übung fördert wichtige Informationen zutage, die offenbar nur durch den Kontakt zum Gewahrsein der eigenen Grenzen zugänglich werden.

Rita

Rita, eine Gebäudeinspektorin, verletzte sich den Kopf an einem Balken, als sie abrupt aufstand. In den folgenden Monaten stieß sie mehrmals mit dem Kopf gegen Dinge, die sich über ihr befanden. Sie konnte ihre plötzliche Tölpelhaftigkeit nicht begreifen.

Als sie zu mir kam, erklärte ich ihr, daß durch den ersten Vorfall eine Verletzung ihrer persönlichen Grenzen entstanden war, die es ihr unmöglich mache, sich ausreichend vor Gefahren von oben zu schützen. Weil ihr Reptilienhirn »oben« als gefährlich identifiziert hatte, hatte es diesen Bereich aus ihrem Gewahrsein ausgeblendet. Sie war nicht in der Lage, »oben« in ihre Liste der sicheren Orte aufzunehmen. Nachdem wir einige Übungen zur Wiederherstellung persönlicher Grenzen gemacht hatten, erlangte Rita ihre normale Vorsicht gegenüber Objekten über ihrem Kopf zurück. Sie konnte sie rechtzeitig orten und so vermeiden, daß sie mit dem Kopf dagegen stieß.

Den Schaden beheben

Mit der Behebung von Grenzverletzungen sollten Sie am ungefährlichsten Punkt beginnen. Zur Wiederherstellung Ihres Gefühls der eigenen Unversehrtheit werden Sie alle Ressourcen einsetzen, die Sie benötigen, reale ebenso wie imaginäre.

Übung: Zonen der Sicherheit finden

Diese Übung hilft Ihnen, Kontakt zu Ihren Zonen der Sicherheit herzustellen und Ihre Grenzverletzung in Körperempfindung umzuwandeln.

Welche Richtung fühlt sich am sichersten an? Wo verändert sich dein Sicherheitsgefühl? Wo beginnt die Gefahrenzone? Wie fühlt sie sich an? (Eine Klientin charakterisierte den Bereich des Zusammenstoßes, als würde eine riesige Metalltür gegen sie knallen, wenn sie ihre Aufmerksamkeit darauf richtete).
 Was für eine Ressource könnte dein Körper dort brauchen? Jemanden, der dich verteidigt? Einen Schutzschild? Etwas Weiches, das Schocks auffängt, wie ein Kissen? Nimm dir einen Augenblick Zeit, damit dein Körper jede dieser Optionen spüren kann. Wie fühlen sie sich an? Spürst du ein Gefühl der Expansion oder ein Zittern, das ein Freiwerden von Energie anzeigt? Stell dir deine intakten Grenzen als eine Sicherheitszone vor, die es dir ermöglicht, überschüssige Aktivierung abzubauen, während du dich zwischen sicheren und gefährlichen Bereichen hin- und herbewegst. Oft ist es nützlich, nur den Rand des Bereichs zugänglich zu machen, in dem die Aktivierung beginnt, so als würdest du einen Zeh ins Wasser stecken und ihn gleich wieder herausziehen.

Wenn die aufgestaute Energie allmählich abgebaut wird, reparieren sich die Grenzen in den verletzten Bereichen praktisch selbst. Es ist völlig natürlich, daß Ihr Körper seine persönlichen Grenzen wiederherstellt, während Ihre Resilienz zunimmt. Fahren Sie mit den Übungen zum Aufbau von Ressourcen fort, und stellen Sie sich Ressourcen vor, die Sie vor dem Gefühl der Grenzverletzung schützen, bis Sie durch sich nähernde Menschen nicht mehr in einen Zustand übermäßiger Aktivierung versetzt werden.

Wiederhergestellte Grenzen

Daß Ihre Grenzen wieder intakt sind, werden Sie daran merken, daß Ihr Gefühl der eigenen Sicherheit deutlich stärker geworden ist. Vielleicht haben Sie das Gefühl, von einer Energieblase, die Sie umgibt, geschützt zu werden. Körpergrenzen sind hinsichtlich ihrer Dichte und ihres Abstandes vom Körper flexibel, und sie vermögen zwischen Sicherheit und Gefahr zu unterscheiden.

Zusammenfassung der wichtigsten Punkte

- Wir alle haben persönliche Grenzen.
- Grenzen filtern sowohl innere als auch äußere Erfahrungen.
- Traumata können diese Grenzen durchbrechen.
- Grenzverletzungen machen uns anfällig für weitere Traumata.
- Grenzen können wiederhergestellt werden, nachdem die zur Abwehr einer Bedrohung mobilisierte Energie abgebaut ist.

11 Der Zusammenstoß

Sie haben die Ressourcenübungen gemacht. Sie haben an den Ereignissen vor und nach dem Unfall gearbeitet, Energie neutralisiert und die Aktivierung abgebaut. Sie wissen, wie man vermeiden kann, durch die Beschäftigung mit Details des Unfalls zu stark aktiviert zu werden. Und Sie haben gelernt, Verletzungen Ihrer persönlichen Grenzen zu beheben. Nun ist es an der Zeit, sich dem Augenblick des Zusammenstoßes zu nähern.

Die Erinnerung an Ihren Unfall

Machen Sie sich keine Sorgen, wenn Sie sich nicht an alle Einzelheiten Ihres Unfalls erinnern können. An einige Szenen, vor allem an den Moment des Zusammenstoßes, werden Sie sich aufgrund der mit diesen Erinnerungen verbundenen starken Aktivierung wahrscheinlich nur bruchstückhaft erinnern. Sobald Sie die überschüssige Energie abgebaut haben, wird wahrscheinlich immer mehr von Ihren Erinnerungen an die Situation zurückkehren.

Vielleicht drängt es Sie, mit diesem Teil der Arbeit möglichst bald zu beginnen, um die Sache »hinter sich zu bringen«. Geben Sie dieser Versuchung nicht nach! Zu schnelles Vorgehen kann zu einer Dissoziation oder zu einer Überflutung mit Affekt führen. Aufgrund der mit dem Unfall verbundenen hohen Belastung könnten Sie diesem gegenüber ein starkes Vermeidungsverhalten entwickelt haben. Auch bei diesem schwierigen Teil Ihrer Genesung wird es sich als nützlich erweisen, einen Schritt nach dem anderen zu gehen.

> *Dieses Material kann sehr belastend wirken. Arbeiten Sie deshalb sehr langsam und vorsichtig daran, und kehren Sie während dieser Arbeit immer wieder zu Ihren Ressourcen zurück.*

Vorbereitung

Wiederholen Sie die Ressourcenübungen noch einmal, bevor Sie mit dieser Phase der Arbeit beginnen. Vergegenwärtigen Sie sich, daß Sie die Arbeit jederzeit unterbrechen können, wenn Sie zu stark aktiviert werden. Während dieses Teils der Arbeit können unerwartet starke Gefühle auftreten. Sorgen Sie dafür, daß Ihre Ressourcen die volle Wirkung entfalten können, so daß die Energie allmählich freigesetzt und abgebaut wird.

Den Zusammenstoß lindern

Zunächst werden wir uns mit Übungen beschäftigen, die in Ihrer Erinnerung die Wucht des Zusammenstoßes lindern sollen.

Übung: Kinästhetische Linderung des Zusammenstoßes

In dieser Übung geht es darum, die in Ihrer Erinnerung gespeicherte reale Wucht des Zusammenstoßes durch eine weniger heftige Empfindung zu ersetzen. Diese alternative physiologische Erfahrung trägt dazu bei, die Nachwirkung des Zusammenstoßes zu neutralisieren.

Denke an den Unfall, den du erlebt hast. Stell dir vor, die an dem Unfall beteiligten Fahrzeuge wären nicht aus Metall, sondern mit Kissen umhüllt. Nun versuche dir vorzustellen, wie sich der Zusammenstoß der beiden Autos in diesem Fall anfühlen würde. Wie hätte dies die Reaktionen in deinem Körper verändert?

Und was wäre, wenn dein Auto und das des anderen Fahrers Autoskooter gewesen wären und einander absichtlich gerammt hätten? Erinnerst du dich noch, wieviel Spaß es dir als Kind gemacht hat, am Steuer eines solchen Fahrzeugs zu sitzen? Wie fühlt es sich in deinem Körper an, wenn du absichtlich kleine Zusammenstöße provozierst, wobei du immer die Kontrolle behältst und in Sicherheit bleibst?

Fahre mit dieser Übung fort, und ersetze die Fahrzeuge aus Metall durch solche aus anderen Materialien. Wie wäre es, wenn es Autos aus Stoff, Schaumstoffbällen, Wolken oder Federn gewesen wären? Wie wirken sich diese Vorstellungen auf das aus, was in deinem Körper geschieht?

Übung: Auditive Linderung

Viele meiner Klienten berichten, daß sie sich besonders stark an den Höllenlärm des Zusammenstoßes erinnern und diesen als sehr belastend empfinden. Erinnern Sie sich noch an David in Kapitel 8, dessen einzige Erinnerung an seinen Unfall das Geräusch von zersplitterndem Glas war? Die folgende Übung ermöglicht es Ihnen, die Geräusche des Unfalls durch eine andere Erfahrung zu ersetzen.

Denke an deinen Unfall. Erinnere dich an den Lärm des Zusammenstoßes. Und nun stelle dir vor, du würdest zum Zeitpunkt des Zusammenstoßes Ohrenstöpsel tragen. Wie wirkt sich die Dämpfung der Unfallgeräusche auf deinen Körper aus?

Vergegenwärtige dir das Geräusch des Zusammenstoßes erneut, und stelle dir nun vor, du würdest eine Musik hören, die dir besonders gut gefällt. Stell dir vor, daß diese Musik während des Zusammenstoßes gespielt wird. Was geschieht in deinem Körper, wenn du während des Unfalls wunderschöne Musik hörst? Wie fühlt sich deine Brust an? Was geschieht in deinem Herzen? Und im Bauch? In Schultern und Armen?

Übung: Visuelle Linderung

Unfälle geschehen so schnell, daß das Nervensystem keine Zeit hat, seine Reaktion auf Gefahr zum Abschluß zu bringen. Außerdem werden durch den Schnappschuß, den das Reptilienhirn von der Traumaszene macht, noch andere Bilder mit der Erinnerung an den Unfall verbunden. Die folgende Übung dient der Verlangsamung des Ereignisablaufs und der Entschärfung der intrusiven Bilder.

Erinnerst du dich noch an die Übung, die du im Kapitel über die Ressourcen zur Verlangsamung des Unfallverlaufs gemacht hast? Wir werden sie nun noch einmal aufgreifen. Stell dir vor, das Auto des Unfallgegners bewegt sich aus sicherem Abstand sehr langsam auf dich zu. Du kannst es ganz stoppen und es dir in aller Ruhe anschauen, wann immer du dies für erforderlich hältst. Laß das Bild des Fahrzeugs zum Stillstand kommen, um festzustellen, wie dein Körper angesichts der Bedrohung reagiert, sofern ihm Zeit zu reagieren bleibt. Vergegenwärtige dir die intelligenten Überlebenspläne deines Körpers. Überlaß dich ihrer Weisheit.

Was empfindest du in deinem Körper, wenn du mit deinem Auto ausweichst? Wie fühlt es sich an, wenn du aus dem Auto springst und zu einem sicheren Ort läufst? Registriere, was bei alldem in deinem Körper geschieht. Was wäre, wenn du das andere Fahrzeug wegstoßen könntest, bevor es mit deinem zusammenstößt? Wie fühlt sich das in deinem Körper an?

Wir können die Geschehnisse zwar nicht verändern, aber wir können unserem Körper ermöglichen, sich zu entspannen. Die Gefahr ist vorüber. Diese imaginären Reaktionen durchzuspielen hilft Ihnen, unnötige Anspannung loszulassen.

Lil

Lil suchte uns fast ein Jahr nach ihrem Unfall auf, weil sie unter Angst vor dem Autofahren litt und große Wut auf den Fahrer hatte, der sie geschnitten und dadurch in einen Unfall verwickelt hatte. Sie hielt es nicht für notwendig, die Erinnerung an den Unfall zu rekonstruieren. Sie erinnerte sich nur daran, daß der schwarze Caravan vor ihr eingeschert war, und dann an nichts mehr. Ihr nächste Erinnerung war, daß ihr Auto in eine andere Richtung gedreht dastand.

Anfangs fühlte sie sich extrem desorientiert und war wütend auf den anderen Fahrer, der sich so leichtsinnig verhalten hatte. Lils Hand und ihr Handgelenk waren bei dem Unfall verletzt worden, und sie hatte sich einer Operation unterziehen müssen. Die Hand tat immer noch höllisch weh. Zum Glück war sie schon am Unfallort und auch später ausgezeichnet medizinisch betreut worden.

Lil hatte an Teilen ihres Unfallerlebnisses gearbeitet, indem sie die Zeitdimension in den Verlauf der Ereignisse eingefügt hatte. Dies ermöglichte es ihr mental, auf die Gefahr zu reagieren und das Gefühl zu entwickeln, daß sie die Kontrolle über die Situation hatte. Beispielsweise stellte sie sich vor, sie hätte das andere Auto weggestoßen oder einen riesigen Panzer gefahren, der so stark war, daß das andere Auto einfach daran abprallte, ohne Schaden anzurichten. Beide Bilder sind Versuche, eine ursprünglich fehlgeschlagene Kampfreaktion zum Abschluß zu bringen, und sie halfen ihr, ihre Wut aufzulösen. Indem sie diese Bilder kreierte, ermöglichte sie ihrem Nervensystem, aufgestaute Energie abzubauen.

Anschließend forderte ich die Klientin erneut auf, sich den schwarzen Caravan vorzustellen. Als wir die Zeitdimension als Ressource in das Geschehen einfügten, hatte Lil das Gefühl, ihr Körper wolle schneller fahren oder die Straße verlassen und sich auf dem Seitenstreifen in Sicherheit bringen. Diese in der Vorstellung veränderten Versionen des Geschehens stellten den Abschluß ihrer zuvor fehlgeschlagenen Fluchtreaktionen dar. Nach jeder in ihrer Imagination erfolgten Fluchtreaktionen entspannte sie sich stärker und atmete leichter.

Immer noch konnte sich Lil kaum an den Zusammenstoß selbst erinnern. Ihre Hand und ihr Handgelenk hatten nach der Operation ihre

Funktionsfähigkeit zurückerlangt, aber sie hatte immer noch das Gefühl, diese Körperteile seien vom übrigen Körper abgetrennt – ein Beispiel dafür, daß Körperteile dissoziiert werden können. Da Dissoziation auf ein hohes Maß an Aktivierung hindeutet, war uns klar, daß unsere Arbeit noch nicht abgeschlossen war.

Weil Lil keinesfalls erneut mit dem Augenblick des Zusammenstoßes konfrontiert werden wollte, gingen wir sehr langsam vor und legten viele Pausen ein, in denen ich ihr half, Kontakt zu ihren Ressourcen aufzunehmen. Sie hatte das Gefühl, nicht sehen zu können. Allmählich wurde ihr klar, daß sie, sobald sie erkannt hatte, daß der Zusammenstoß nicht mehr zu vermeiden war, die Augen geschlossen hatte. Sie spürte, daß sie ihre Brille aufhatte und daß sie ihre Augenlider fest geschlossen hielt.

Sie spürte auch, wo sich ihre Hände auf dem Lenkrad befanden: auf den Positionen der Sieben und der Drei, wenn man das Lenkrad mit dem Zifferblatt einer Uhr gleichsetzt. Ich forderte sie auf, in ihrer Vorstellung das Lenkrad fester zu umfassen. Auf diese Weise wollte ich ihr helfen, das Rad noch stärker zu spüren. Dann ließ sie es wieder los, und erneut wurde ein Teil ihrer Aktivierung abgebaut.

Plötzlich sagte sie: »Meine Hände sind wieder da. Sie tun zwar weh, aber sie sind wieder da. O, mein Gott, jetzt weiß ich, wie es zu der Verletzung gekommen ist!«

Sie erinnerte sich nun, daß sich ihre Hand und ihr Handgelenk in verdrehter Haltung innerhalb des Lenkrads befunden hatten und daß beide im Moment des Zusammenstoßes auf die Lenksäule geprallt waren. Sie spürte, mit welcher Kraft der schwarze Caravan ihr Auto von der Straße gedrückt hatte. Als die sensomotorische Erinnerung an die Unfallsituation zurückkehrte, empfand sie zunächst ein hohes Maß an Aktivierung und später ein Nachlassen der Anspannung, wobei sich gleichzeitig die Verwirrung auflöste.

Plötzlich wurde Lil klar, wie nah sie dem Verhängnis gewesen war, und eine Welle der Angst überflutete sie. Außerdem beängstigte sie die Vorstellung, sie hätte auf der stark befahrenen Straße noch ein zweites Mal von einem anderen Fahrzeug gerammt werden oder jemand hätte von hinten auf ihren Wagen auffahren können, weil ihr Auto früher zum Stehen gekommen war als der schwarze Caravan. Ich forderte sie auf, sich in aller Ruhe zu vergegenwärtigen, daß es in der Realität zu keinem zweiten Zusammenstoß gekommen war. Nachdem ihr Auto stand, war sie der Gefahr entronnen. Dann wandten wir uns wieder dem eigentlichen Zusammenstoß zu, und diesmal empfand sie die Konfrontation damit als weniger aktivierend, und mehr Bruchstücke paßten zusammen. Ihr Gefühl der Verbundenheit und Integration wurde stärker. Die einzelnen Teile paßten zusammen, und die Erinnerung daran fühlte sich für sie »richtig« an.

Lil sah allmählich einen größeren Teil des Gesamtbildes: das Armaturenbrett, das Lenkrad, die Windschutzscheibe, die Leitplanke und das andere Auto. Um ihr bei der Orientierung zu helfen, forderte ich sie auf, sich jedes dieser Objekte genau anzuschauen. Um sich zu erden, schaute sie zu den Bergen in der Ferne empor und hatte das Gefühl, sie berühren zu können. Sie sagte, sie erinnere sich, daß alles sehr schnell gegangen sei, doch da sie überlebt hätte, habe sie nun Zeit, sich über alle Einzelheiten klarzuwerden. Als sie alle Einzelheiten in einen Zusammenhang gebracht hatte, war sie erleichtert. Daß sie überlebt hatte, erfüllte sie mit großer Freude. Sie hatte das Gefühl, ihre Umgebung erforschen zu können.

Sie sagte, es sei nun für sie so, als habe sie die neue Fahrtrichtung selbst gewählt (diejenige, in die zu fahren sie durch den Zusammenstoß gezwungen worden war). Sie habe an diesem Ort sein wollen. Sie überprüfte ihren gesamten Körper und ihre äußere Umgebung, und alles fühlte sich gut an.

Überwinden der Erstarrung

Die häufigste Reaktion im Augenblick des Zusammenstoßes ist das Erstarren. Was sollten Sie auch sonst tun! Sie sind angeschnallt, haben keine Zeit, den Sicherheitsgurt zu öffnen, und noch weniger Zeit zu kämpfen.

Wenn Sie mit der Arbeit an Ihrem Gefühl der Erstarrung beginnen, kann eine ziemlich starke Reaktion erfolgen. Sobald die Erstarrungsreaktion sich aufzulösen beginnt, setzt gewöhnlich die Kampf-oder-Flucht-Reaktion ein. Sie wollen dann entweder weglaufen oder jemanden schlagen. Beispielsweise könnten Sie ungeheure Wut auf den anderen Fahrer verspüren. Ein so starker gewalttätiger Impuls ist in Anbetracht der Menge an Energie, die in Ihrem Nervensystem festsitzt, nur natürlich. Gestehen Sie sich zu, den Impuls zu spüren und das damit verbundene Bild zu sehen. Und achten Sie darauf, was unterdessen in Ihrem Körper vorgeht. Wenn Sie gewalttätige Gedanken haben, bedeutet das nicht automatisch, daß Sie ein gewalttätiger Mensch geworden sind. Wir empfehlen Ihnen, die Energie der Wut auf eine für Sie selbst und andere ungefährliche Weise zuzulassen, statt sie real auszuagieren.

Der kognitive Teil Ihres Gehirns wird versuchen, Ihr Reptilienhirn außer Funktion zu setzen. Möglicherweise werden Sie Schuldgefühle bekommen, wenn Sie Wut zum Ausdruck bringen. (Frauen haben gewöhnlich stärkere Schuldgefühle wegen ihrer Wut als Männer.) Ihre Wut ist ein normaler Bestandteil Ihrer noch nicht abgeschlossenen Kampf-oder-Flucht-Reaktion, ein Teil des der Lebensrettung dienenden Systems in Ihrem Reptilienhirn.

Cynthia

Cynthia, von der bereits die Rede war (sie fuhr mit ihrem Fahrrad auf einen Müllwagen auf), hatte starke unterdrückte Wutgefühle, die vor allem durch den Anblick von Müllwagen aktiviert wurden. Ich forderte sie auf, sich vorzustellen, wie sie auf den Müllwagen zuging, wobei sie diesen Weg aus so großem Abstand antreten konnte, wie sie wollte. Sie beschloß, mehrere Kilometer entfernt zu beginnen. Ich forderte sie auf, sich den Lastwagen vorzustellen und sich zu merken, wo er geparkt war. Sie spürte eine Bedrohung.

Ich fragte sie, wie ihr Körper auf die Bedrohung reagieren wolle. Sie antwortete, sie würde den Lastwagen am liebsten zertrümmern, und stellte sich vor, wie sie dies tat. Als nächstes wollte sie den Fahrer verprügeln. Auch dies stellte sie sich vor, wobei sie genau auf ihre damit verbundenen Körperempfindungen achtete und später berichtete, es habe sich gut angefühlt. Sie fühlte sich stärker und nicht mehr so hilflos.

Meiner Erfahrung nach wirkt die Vorstellung von Alternativen zum realen Ereignisverlauf sehr erleichternd auf den Körper. Außerdem möchte ich an dieser Stelle nachdrücklich darauf hinweisen, daß ich keinesfalls das tatsächliche Ausagieren von Gewalt befürworte!

Larry

Mein Mann Larry ist einmal knapp einem Auffahrunfall entgangen, der um ein Haar von einem Fahrzeug eines Sportartikelunternehmens verursacht worden wäre. Während er seine Fahrt fortsetzte, merkte er plötzlich, daß er von Fahrzeugen der Firma umgeben war. Sie schienen plötzlich überall zu sein, und ihm wurde klar, daß er auf sie alle wütend war! Selbst dieses Beispiel eines »Fast-Unfalls« zeigt, wie das Erleben einer Bedrohung eine Kampfreaktion aktivieren und das Reptilienhirn ein Gefühl der Gefahr generalisieren kann.

Übung: Kampfreaktion

Diese Übung hilft Ihnen, mit Ihrem normalen Impuls zu kämpfen fertig zu werden. Vor einigen Jahren noch war es üblich, daß Therapeuten ihre Patienten mit Schaumstoffschlägern aufeinander »eindreschen« oder auf Kissen schlagen ließen, um ihnen zu helfen, ihre Wut abzubauen. Mittlerweile wissen wir, daß durch den Prozeß des Vorbereitens einer Kampfreaktion, wie er beim Visualisieren von Szenarios stattfindet, mehr Energie abgebaut wird als durch die realen Bewegungen.

Stell dir vor, du wärst drauf und dran, den Fahrer des anderen Autos zu verprügeln. Vergegenwärtige dir, wie es im Inneren deines Körpers aussieht. Während du dich auf das Zuschlagen einstellst, sollst du spüren, wie sich dein Körper auf diese Situation vorbereitet. Achte darauf, was in deinen Muskeln geschieht, wenn du dich auf eine Aktion vorbereitest. Spüre, wie du die betreffende Handlung in Zeitlupe durchspielst. Was passiert in deinem Körper? Viele Klienten berichten, es wirke auf sie sehr erleichternd, den Abschluß der Kampfreaktion zu empfinden.

Übung: Fluchtreaktion

Stell dir vor, du würdest vom Unfallort weglaufen. Was passiert dabei in deinem Körper? Was spüren deine Beine? Was für ein Gefühl ist es, vor dem Unfall zu fliehen? Wohin möchtest du laufen? Was passiert, wenn du einen sicheren Ort findest?

Nach einem Trauma verlieren wir unser Gefühl dafür, wie es ist, sich auf eine Aktion vorzubereiten. Die hier beschriebenen Übungen werden Ihnen helfen, das Gefühl für die vorbereitenden Vorgänge wiederzuerlangen. Das Gewahrsein dieser Vorgänge wirkt wesentlich erleichternder, als das Ausagieren wirken würde.

Über den Zusammenstoß hinwegkommen

Vergessen Sie nie, daß Sie den Unfall überlebt haben. Was auch immer beim Durcharbeiten der Ereignisse geschehen mag, das Schwierigste haben Sie bereits hinter sich. Sie mögen zwar noch Symptome haben, aber das, was Sie zum Zeitpunkt des Unfalls getan haben, hat seinen Zweck erfüllt. Sie leben noch.

Den lebensbedrohlichen Augenblick des Zusammenstoßes durchzuarbeiten kann mehrere Versuche erfordern. Je bedrohlicher das Erlebte war, um so traumatischer hat es gewirkt. Machen Sie sich immer wieder klar, daß Sie zwar *fast* gestorben wären, aber letztendlich nicht gestorben sind. Sie haben überlebt.

 ### Übung: Abbau der durch den Zusammenstoß verursachten Aktivierung

Die einzige Möglichkeit, die durch den Zusammenstoß verursachte Aktivierung aufzulösen und den Genesungsprozeß zum Abschluß zu bringen, besteht darin, sich mit dem Ereignis auseinanderzusetzen. Doch ebenso wie beim Geschehen unmittelbar vor und nach dem Unfall werden wir auch in diesem Fall äußerst langsam arbeiten, indem wir die aktivierend wirkenden Ereignisse nur jeweils kurz berühren und uns anschließend sofort wieder einer Ressourcenübung zuwenden.

Denke an den Augenblick unmittelbar vor dem Zusammenstoß und anschließend sofort an jemanden, der für dich eine Quelle des Trostes und der Stärke ist. Wie würde es sich anfühlen, wenn diese Person bei dir wäre? Was geschieht in deinem Körper, wenn du an sie denkst? Fühlst du dich entspannt? Falls du keine Entspannungsreaktion spürst, arbeite so lange mit den Ressourcen von deiner Liste, bis sie eintritt.

Sobald du die Entspannungsreaktion spürst, richte deine Aufmerksamkeit erneut auf den Zusammenstoß. Auf welche anderen Ressourcen würde dein Körper gern zurückgreifen? Was würde dir ein Gefühl der Sicherheit geben?

Wenn du mit einem Partner arbeitest, stell dir eine Aufnahme vom Moment des Zusammenstoßes vor. Laß dir von einem Partner bei der Suche nach einer Ressource helfen, und frage dich dann: »Was passiert als nächstes?« Dein Partner wiederholt, was du gerade gesagt hast: »Dann siehst du das andere Auto die rote Ampel überfahren und auf dich zukommen ... und was passiert als nächstes?«

Wiederhole diese Übung mehrmals, wobei du das aktivierend wirkende Ereignis jeweils nur leicht streifst und dann zu einer Ressource wechselst, die eine Entspannungsreaktion auslöst. Arbeite danach nicht weiter an dem Unfall, und wende dich einer anderen Aktivität zu. Aufgrund der Menge der im Nervensystem festsitzenden Energie ist diese Arbeit sehr ermüdend. Nimm dir vor, die Übungen mehrere Tage lang zu wiederholen. Wenn du an den Zusammenstoß denken kannst, ohne daß dein Körper unter Anspannung kommt, dein Magen in Aufruhr gerät, dein Atem schneller wird oder andere bekannte Symptome auftreten, wirst du merken, daß es dir gelungen ist, einen großen Teil der zuvor festsitzenden Energie abzubauen.

Zusammenfassung der wichtigsten Punkte

- Der Zusammenstoß ist der Aspekt des Unfalls, an dem zu arbeiten am schwierigsten ist.
- Es ist wichtig, zwischen traumatischen und beruhigend wirkenden Erfahrungen hin- und herzuwechseln.
- Es ist normal, beim Durcharbeiten der durch den Zusammenstoß entstandenen Erstarrungsreaktion Wut zu empfinden.
- Das Einleiten und Abschließen der mit der Kampf-oder-Flucht-Reaktion zusammenhängenden vorbereitenden oder organisierenden Bewegungen ermöglicht einen tiefer reichenden Abbau aktivierter Energie als das Ausagieren.

12

Schleudertrauma und Kompression

Im Augenblick des Zusammenstoßes sind die Unfallbeteiligten manchmal vielen physischen Traumata gleichzeitig ausgesetzt. Ein Schleudertrauma entsteht fast immer. Bei Frauen kommen Schleudertraumata generell häufiger vor als bei Männern, weil ihr Hals im allgemeinen länger und schlanker ist, während die Muskeln im Nacken und im oberen Teil der Schultern schwächer sind.

Wie Ihr Hals belastet wird

Je nach der Richtung, aus der die Kollision erfolgt, kann Ihr Hals zunächst ruckartig nach hinten und anschließend ebenso abrupt nach vorn oder von einer zur anderen Seite geworfen worden sein, was eine Überdehnung der Muskeln und Nerven in beiden Richtungen zur Folge hat. Wenn Sie sich im Moment des Unfalls umgedreht haben, um das sich nähernde Fahrzeug zu sehen, wenn Sie in den Rückspiegel geschaut haben oder wenn Ihr Sicherheitsgurt Sie gezwungen hat, eine ungünstige Position einzunehmen, kann eine kompliziertere Verzerrung als bei einem normalen Schleudertrauma entstanden sein. Weiterhin kann Ihr Kopf auf die Kopfstütze des Sitzes oder auf das Lenkrad geprallt sein, was meist noch gefährlichere Verletzungen nach sich zieht.

Bei einem Schleudertrauma und den dadurch entstehenden Muskelüberdehnungen tendieren die Muskeln zur Kontraktion, um das Gewicht des Kopfes wieder in die Körpermitte zu verlagern. Bei einem Schleudertrauma handelt es sich um eine Kombination aus Muskelüberdehnungen und Muskelkontraktionen.

Die Nackenmuskeln werden durch das Trauma geschwächt. Klienten mit einem Schleudertrauma sagen oft, ihr Kopf fühle sich an wie eine Bowlingkugel auf Zahnstochern. Solange die Aktivierung des Nervensystems nicht aufgelöst ist, können Methoden wie die Craniosacral-Therapie und Chiropraktik oder Massage ihre Wirkung nicht voll entfalten oder sogar negativ wirken – wie es auch mir nach meinem Unfall passiert ist.

Weil ich mich nach rechts gelehnt hatte, wurde ich im Augenblick des Zusammenstoßes nach rechts gedreht. Ich hatte danach so starke Schmerzen im Halsbereich, daß ich einen Massagetherapeuten bat, nur dort zu arbeiten. Nach der Behandlung fühlte ich mich ausgezeichnet, doch als ich anschließend nach Hause fuhr, erschlafften meine Muskeln, und ich war nicht mehr in der Lage, meinen Kopf oben zu halten. Ich mußte den Hals buchstäblich mit der Hand hochhalten. Später kontrahierten sämtliche Muskeln, und der Schmerz wurde noch schlimmer als ursprünglich. Die Entlastung durch die Massage hatte sich zwar wundervoll angefühlt, doch mein Körper-Geist-System war zu einer solchen Entlastung noch nicht bereit und kontrahierte deshalb wieder. Aus diesem Grund gehen wir die Dinge generell in ganz kleinen Schritten an.

Versteifung, Kollaps und Wiederherstellung der Resilienz

Haben Sie das Gefühl, daß Ihr Rücken und Ihr Hals hölzern oder unbeweglich sind? Wir beobachten dies bei unseren Klienten sehr oft. Sie kommen mit völlig steifer Kopf-, Hals- und Schulterpartie in unsere Praxis. Wenn sie nach links oder rechts schauen wollen, bewegen sie nur die Augen oder den ganzen Körper, drehen aber nicht den Hals.

In diesem Zustand ist die Flexibilität sehr eingeschränkt, und auch die periphere Sicht ist beeinträchtigt. Dies verringert Ihre Sicherheit, vor allem beim Autofahren. Daß Menschen ihren Körper steif werden lassen, ist eine normale Reaktion auf Bedrohungen, die in der Redensart »starr vor Angst« zum Ausdruck kommt. Wenn das erlebte Trauma nicht zu stark ist, weicht die anfängliche Versteifung des Körpers später einem erschöpften Kollabieren. Steif zu bleiben erfordert einen hohen Energieaufwand. Wenn ein Mensch die Erfahrung des Kollabierens zulassen kann, kehrt er anschließend in den Normalzustand zurück. Wie die Reaktion der Versteifung ist auch die des Kollabierens normalerweise zeitlich begrenzt. Bei einem Trauma kann es jedoch passieren, daß ein Mensch in einem dieser Zustände oder auch in beiden gleichzeitig verharrt.

Versuchen Sie, sich der vielen versteiften oder kollabierten Bereiche in Ihrem Körper bewußt zu werden. Bemühen Sie sich anschließend um Unterstützung durch Ressourcen, beispielsweise um die Anwesenheit eines Verbündeten oder um einen sicheren Ort, und nehmen Sie sich Zeit, um die Reaktion auf die Bedrohung zum Abschluß zu bringen. So gelangen Sie schließlich zur Rückprall-Reaktion, die als Wiederherstellung der Resilienz, der Stärke und des allgemeinen Wohlbefindens definiert wird.

Machen Sie die im folgenden beschriebenen Übung möglichst zusammen mit einem Partner. Sobald sich Ihr Körper aus der Versteifung löst, kommt es wahrscheinlich zu einer Kollapsreaktion, bei der alle Ihre Muskeln erschlaffen, genauso wie es mir nach der oben beschriebenen Nakkenmassage ergangen ist. Möglicherweise fühlen Sie sich sehr schwach.

Lassen Sie diese Reaktion zu. Seien Sie nicht beunruhigt. Sie ist die natürliche Folge des Freiwerdens von Energie, also kein Schwächesymptom. Nach einigen Minuten fühlt sich Ihr Körper wahrscheinlich entspannter an. Sie erleben sich als widerstandsfähiger und nehmen Ihre Umgebung mit entspannter Wachheit wahr.

Unsere Kultur neigt dazu, eine stoische Haltung zu belohnen. Wir erwarten von Menschen, daß sie »einfach über die Dinge hinwegkommen«. Die Reaktionsweisen, die Sie erlernt haben, können Sie dazu bringen, sich steif zu machen und auf diese Weise gegen die Kollapsreaktion anzukämpfen. Versuchen Sie einmal, nachzugeben und die Dinge geschehen zu lassen.

Übung: Auflösung des Schleudertraumas

Diese Übung hilft Ihnen, ein Schleudertrauma aufzulösen. Bessere Resultate erzielen Sie, wenn Sie dabei auf einem Stuhl mit hoher Rückenlehne sitzen, die Ihren Kopf und Ihren Hals abstützt.

Ein Chefsessel fürs Büro ist besonders gut geeignet. Außerdem benötigen Sie zum Abstützen Ihres Halses ein Kissen, denn möglicherweise sind Ihre Muskeln schwach. Ich benutze hierzu ein besonders langes, röhrenförmiges Polster, das man um den Hals schlingen kann, wobei die Enden unter den Armen liegen. Auch ein Schwimmkissen, das um den Hals gelegt wird, ist von Nutzen, und das gleiche gilt für einen sogenannten Knochen, ein wie ein Hundeknochen geformtes Stützkissen für den Kopf. Längere Kissen geben Ihnen das Gefühl, daß Ihr Hals gehalten wird.

Deine Partnerin stützt deinen Kopf sanft mit den Händen ab. Sie sollte nicht versuchen, ihn zu bewegen, denn dein Körper tut dies während der Übung ohnehin. Sie sollte dich jedoch daran hindern, dich zu schnell und zu kräftig zu bewegen. Dein Hals ist überdehnt worden, und du möchtest das nicht noch einmal erleben.

Vergegenwärtige dir den Moment des Aufpralls. Wo ist dein Kopf? Was tut er? Du wirst spüren, daß sich dein Kopf zu bewegen beginnt, während sich dein Körper an den Unfall erinnert. Das fühlt sich unter Umständen an, als würden Kopf und Hals den Körper bewegen.

WARNUNG: Machen Sie diese Übung langsam! Gehen Sie über Schmerzgrenzen nicht hinweg. Halten Sie vielmehr inne, und lassen Sie bei Schmerzen oder einem Gefühl der Anspannung die Entladung von Energie zu. Nehmen Sie eine Position ein, in der sich Ihr Hals entspannen kann. Manche Menschen verspüren den Impuls, ihren Kopf zurückzuwerfen – wie in der Situation, in der das Schleudertrauma entstanden ist. TUN SIE DAS NICHT! Seien Sie sanft. Und lassen Sie sich Zeit.

Nimm die Haltung ein, die dir am angenehmsten ist, und erweitere dann allmählich deinen Bewegungsradius, sobald dein Körper dazu bereit ist. Spiele den Unfall in Zeitlupe durch. Wenn du mit der

Unfallsituation in Kontakt kommst, wird sich dein Kopf bewegen, als würde sich eine Spule abwickeln. Laß diese Bewegung nur ganz kurz zu, und kehre dann zu einer Ressource zurück, bis eine Entspannungsreaktion eintritt. Wiederhole das Ganze.

Vor Abschluß dieser Übung solltest du einige der Erdungsübungen aus Kapitel 4 machen, in denen du spürst, wie dein Gesäß auf dem Stuhl sitzt und deine Füße den Boden berühren. Dies fördert die Integration von Ober- und Unterkörper.

David

Erinnern Sie sich noch an David, dessen Auto von einem Pick-up gerammt wurde, als er aus seiner Garageneinfahrt in die Straße einbiegen wollte? Sein Fahrzeug wurde auf der Fahrerseite demoliert. David umklammerte das Lenkrad mit so großer Kraft, daß es sich verbog. Irgendwie – er weiß immer noch nicht genau, wie es geschah – erlitt er am Hinterkopf eine Gehirnerschütterung. Wir vermuteten, daß sein Kopf auf die Kopfstütze aufgeschlagen sein mußte, da die gesamte Rückenlehne des Sitzes infolge des Zusammenstoßes abgebrochen war.

Als David zur Behandlung kam, litt er unter Migräne, Nackenschmerzen und Spasmen im oberen Rücken. Seine Rückenmuskeln waren überdehnt und kontrahiert, weil sie seinen Kopf hatten stützen müssen, nachdem die Rückenlehne seines Sitzes abgebrochen war.

Ich bat David, sich auf einen Stuhl zu setzen, den man nach hinten kippen konnte. Ich ließ ihm Zeit, sich in diesem Stuhl zu entspannen. Dabei unterstützte ich ihn, indem ich den Stuhl so weit zurückkippte, bis er Kontakt zu der durch das Schleudertrauma verursachten Aktivierung bekam. Als wir die »Schleifen fahren«-Technik anwandten, bewegte ich den Sessel wieder sanft nach vorn, damit er sich entspannen konnte. Nachdem ich ihm viel Zeit gelassen hatte, um die durch den Spannungsabbau bewirkte Linderung zu erleben, kippte ich seinen Sessel wieder zurück, bis er den Beginn der Aktivierung spürte. Wir wiederholten diesen Vorgang mehrmals und gingen dabei jedesmal ein wenig weiter zurück. Schließlich waren seine Spasmen im Rücken deutlich schwächer geworden.

Nachdem ich David das dritte Mal zurückgekippt hatte, hatte er plötzlich Kopfschmerzen. Dies zeigte, daß trotz des Abbaus der Energie, die Rückenspasmen verursacht hatte, eine neue Ebene von Symptomen aufgetaucht war. Bereits aufgelöste Symptome können im Laufe von Traumawiederholungen erneut auftreten. Unterbrechen oder verlangsamen Sie die Arbeit in solchen Fällen. Arbeiten Sie immer nur an einer Sache. Bei jedem erneuten Durchleben des Unfalls wird es wahrscheinlich zu einer Aktivierung kommen, und möglicherweise sind Sie danach müde.

Oft genügen einige Sitzungen, um ein Schleudertrauma sowie Rücken- oder Nackenspasmen aufzulösen. Davids Symptome wurden schon durch die erste Behandlung deutlich verringert. Er hatte seit dem Unfall, der zu Beginn unserer Arbeit schon drei Jahre zurücklag, unter chronischen Schmerzen gelitten. Deshalb hatten wir uns vorgenommen, den Schmerz zu verringern und die schmerzfreien Zeiten allmählich auszudehnen.

 Übung: Auflösung eines Schleudertraumas

Diese Übung verringert die Last Ihres Kopfes auf Ihrem Hals. Wenn sich Ihr Hals steif anfühlt, kann Ihre Bewegungsfähigkeit durch diese Übung verbessert werden.

Stell dir vor, daß dein Kopf über deinem Hals schwebt. Vollführe mit ihm winzige Bewegungen nach vorn und hinten und von Seite zu Seite. Spüre, wie dein Kopf langsam und sanft auf einer Flüssigkeit zu gleiten scheint. Laß zu, daß dein Kopf schwebt, und gib deinem Hals die Freiheit, den Kopf leicht zu unterstützen. Wie fühlt sich das an?

Zusammenfassung der wichtigsten Punkte

- Schleudertraumata kommen bei Autounfällen häufig vor. Sie sind aber wesentlich komplizierter, als Sie glauben mögen.
- Die Aktivierung des Nervensystems hat einen starken und oft nicht richtig erkannten Einfluß darauf, ob und wie stark verletzte Muskeln, Sehnen und Bänder schmerzen.
- Andere ausgezeichnete Behandlungsmethoden wie Chiropraktik, Craniosacral-Therapie, Physiotherapie und Massage können wesentlich effektiver sein, wenn zuvor die Überaktivierung des Nervensystems aufgehoben wird.
- Viele Menschen, die Autounfälle miterlebt haben, leiden unter dem Gefühl, entweder versteift und erstarrt oder schwach und kollabiert zu sein.
- Normalerweise sind die Reaktionen der Versteifung und des Kollabierens zeitlich begrenzt. Eine Heilung kann nur erfolgen, wenn dem Körper Zeit gegeben wird, diese Sequenz abzuschließen und in den Normalzustand zurückzukehren.

13

Verletzungen durch Sicherheitsgurte und Airbags

Sicherheitsgurte und Airbags erhöhen die Sicherheit und verringern das Verletzungsrisiko. Doch manchmal verstärken sie Traumata noch, weil sie Menschen das Gefühl geben, in der Falle zu sitzen. Abgesehen davon können sie sogar Verletzungen verursachen. Denken Sie einen Augenblick über Ihren Unfall nach. Erinnern Sie sich noch, wie sich der angelegte Sicherheitsgurt anfühlte? Wissen Sie noch, ob Sie dieses Gefühl als Schutz oder eher als Einschränkung empfunden haben?

Haben Sie seit dem Unfall das Gefühl, eingeengt zu sein, wenn Sie Rollkragenpullover und Hemden mit Krawatten tragen? Überfällt Sie jedesmal Panik, wenn Sie Ihren Sicherheitsgurt anlegen? Manche Unfallbeteiligte berichten von solchen Empfindungen.

Während des Unfalls wird Ihr Körper nach vorn geschleudert, aber vom Sicherheitsgurt in einer asymmetrischen Position festgehalten. Je höher die Geschwindigkeit beim Zusammenprall, desto stärker drückt der Sicherheitsgurt auf Nacken, Brust und Bauch. Ihr Nervensystem speichert die Erinnerung an diesen starken Druck, der quer über Ihren Körper verläuft und rätselhafte Symptome verursacht. Das Zentrum dieser Symptome kann an der linken Seite des Halses liegen. Ebenso kann Ihre linke Schulter in nach vorn geneigter Position erstarrt sein und chronische Schmerzen verursachen.

Sobald Sie die übermäßige Aktivierung des Nervensystems abgebaut haben, können Sie die Auflösung eventuell noch bestehender Schmerzen durch chiropraktische Behandlungen, Physiotherapie und Massagen unterstützen.

Nancy

Ein Jahr nach ihrem Unfall traten bei Nancy Magenschmerzen und chronische Darmentzündungen auf. Das Anlegen des Sicherheitsgurts verstärkte die Symptome. Mit Hilfe von Tests konnten medizinische Ursachen für ihre Beschwerden ausgeschlossen werden. Die Nachwirkungen des Unfalls verfolgten sie derart, daß sie sich außerstande fühlte, ihren Alltagspflichten nachzukommen.

Im Laufe der Behandlung wurde mir klar, daß Nancys Fokus während des Unfalls gespalten gewesen war. Ihre kleine Tochter Sarah hatte auf dem Rücksitz gesessen, und obwohl Nancy wußte, daß dem Kind nichts passiert war, fürchtete sie weiter um Sarahs Wohl. Durch Nutzung von Ressourcen und durch Visualisationen, in denen sie sich vergegenwärtigte, daß ihre Tochter gesund war, gelang es ihr, diesen Konflikt aufzulösen und sich vollständig davon zu überzeugen, daß Sarah in Sicherheit war. Dies wiederum machte es ihr möglich, sich stärker auf ihre eigene Genesung zu konzentrieren.

Wir arbeiteten daraufhin zunächst an Nancys Bauchschmerzen, und zwar mit Visualisationstechniken und »Was wäre wenn«-Szenarios. Dabei stellte ich jeweils die Frage: »Wie fühlt sich dein Körper jetzt?« Mir wurde klar, daß der Druck des Sicherheitsgurts quer über den Bauch Nancys Nervensystem veranlaßt hatte, sich an den Schmerz eines fünf Jahre zuvor erlebten Kaiserschnitts zu erinnern. Ich forderte Nancy auf, sich in die Situation des Kaiserschnitts zurückzuversetzen und sich vorzustellen, sie habe die Situation unter Kontrolle. Zu diesem Zweck sollte sie visualisieren, sie selbst leite die Operation. Im Laufe der weiteren Arbeit gelang es Nancy, ihren durch den Kaiserschnitt verursachten Schmerz von dem durch den Unfall verursachten zu trennen und diese Ereignisse in die Vergangenheit zu befördern, wo sie hingehörten. Daraufhin verschwanden sowohl Ihre Bauchschmerzen als auch ihre Darmentzündung.

Übung: Ein Trauma, das durch einen Sicherheitsgurt verursacht wird

Diese Übung wird Ihnen bei der Auflösung einiger Symptome helfen, denn Sie werden verstehen, wie Ihr Körper im Moment des Unfalls auf den Sicherheitsgurt reagierte.

Denke an den Tag des Unfalls. Wie fühlt sich der Sicherheitsgurt auf deinem Körper im Moment des Zusammenstoßes an? Fühlst du dich wie gefesselt? Was wünscht sich dein Körper? Stell dir vor, du würdest den Sicherheitsgurt von dir wegreißen. Was passiert in deinem Körper, wenn der Gurt dich nicht mehr fesselt? Was ist, wenn jemand anders den Gurt wegreißt? Wie fühlt sich das an?

Wenn sich deine Schulter und dein Hals verspannt und verkrampft anfühlen, dann denke an eine erfreuliche Aktivität, die Kopf- und Halsbewegungen erfordert. Nutze diese Aktivität als Ressource. Beispielsweise spürte eine meiner Klientinnen eine ungeheure Befreiung in den Schultern, als sie sich vorstellte, wie sie ihre Schultern, ihren Hals und ihre Arme beim Skifahren benutzte. Leidest du unter Darm- oder Brustschmerzen? Könnten diese mit früheren Krankheiten oder Operationen zusammenhängen? Was passiert, wenn du dir vorstellst, daß du die Kontrolle über diese früheren Ereignisse hast?

Airbags

Meist retten Airbags Menschen das Leben. Aber haben Sie schon einmal miterlebt, wie sich ein Airbag plötzlich füllte? Haben Sie eine Vorstellung davon, was für ein Anblick das ist, welche Geräusche dabei entstehen und wie es riecht? Die wenigsten Menschen kennen dies. Als Autofahrer erleben wir meist zum ersten Mal, wie ein Airbag funktioniert, wenn wir uns in einer der beängstigendsten Situationen unseres Lebens befinden – im Augenblick des Zusammenstoßes mit einem anderen Fahrzeug.

Meines Wissens ist nur wenigen Therapeuten klar, daß durch das Aufblasen eines Airbags ein Trauma entstehen kann. Ich bin der Meinung, daß Autohändler und die Leiter der Fuhrparks in Unternehmen Airbag-Demonstrationen durchführen sollten, damit alle, die sich ans Steuer eines Autos setzen, wissen, was sie im Ernstfall erwartet. Mit dieser Vorbeugemaßnahme könnten viele Traumata verhindert werden.

Die Aktivierung eines Airbags ist ein höchst dramatischer Vorgang. Der Airbag löst sich nämlich explosionsartig aus dem Lenkrad oder Handschuhfach und verbreitet ein Pulver, das wie Rauch aussieht, sowie einen »chemischen« Geruch, der manche Menschen glauben läßt, das Auto brenne. Der Airbag versperrt Ihnen die Sicht und kann Platzwunden und Armbrüche verursachen. Die Aktivierung von Airbags hat sogar schon Todesfälle zur Folge gehabt. Kinder und kleine oder ältere Fahrer sind in dieser Hinsicht besonders gefährdet.

Adriane

Adriane fuhr in der Stadt auf einer Straße, als ein anderes Auto, das ihr entgegenkam, plötzlich abrupt die Fahrtrichtung wechselte und ihr Fahrzeug seitlich rammte. Durch den völlig unerwarteten Zusammenstoß drehte sich Adrianes Wagen und wurde anschließend quer über die Straße auf den Parkplatz einer Tankstelle geschleudert.

Im Moment des Zusammenstoßes öffnete sich der Airbag von Adrianes Fahrzeug, brach ihr den Arm und versperrte ihr abrupt die Sicht. Sie hörte eine laute Explosion, und ihr Auto füllte sich mit etwas, das sie für Rauch hielt. In der Luft lag ein schwerer Chemiegeruch, den Adriane für den von Feuer hielt. Da die Tür auf der Fahrerseite eingedrückt war und sich nicht öffnen ließ, warf sich Adriane in Panik und völlig desorientiert über die Erhebung zwischen den beiden Vordersitzen auf den Beifahrersitz und verließ das Fahrzeug fluchtartig durch die Beifahrertür, wobei sie sich noch mehr verletzte. Weil das Auto auf einen Parkplatz geschleudert worden war, fiel sie bei ihrer Flucht nicht auf die Gegenfahrbahn. Die Befürchtung, das Auto brenne, hatte Adriane so erschreckt, daß sie keinen Augenblick lang darüber nachdachte, was draußen vor sich gehen mochte. In Wirklichkeit waren der Knall, der Geruch und die beängstigende Blickbehinderung normale Begleiterscheinungen des sich automatisch füllenden Airbags, über die sie nichts gewußt hatte.

 Übung: Angst vor Airbags

Diese Übung hilft Ihnen, Ängste zu überwinden, die durch das unerwartete Öffnen eines Airbags entstanden sind.

Hat sich während deines Unfalls der Airbag geöffnet? Denke an diesen Augenblick. Was empfindest du, wenn du daran denkst? Fühlst du dich beschützt oder bedroht? Was geschieht in deinem Körper? Nimmst du Anspannung oder Entspannung darin wahr? Was wünscht sich dein Körper? Möchtest du den Airbag wegstoßen? Möchtest du ihn wieder ins Lenkrad stopfen? Was empfindest du, wenn du dir vorstellst, daß du den Airbag wegstößt? Was wäre dir statt des Airbags lieber? Wie fändest du es, wenn er ein riesiges Federkissen gewesen wäre? Oder ein riesiger Schwamm? Stell dir diese Möglichkeiten vor, und beobachte, welche Empfindungen dabei in deinem Körper auftreten. Entspannt sich dein Körper? Fahre mit dem Visualisieren und Kontaktieren von Ressourcen so lange fort, bis du diese Frage beantworten kannst.

Zusammenfassung der wichtigsten Punkte

- Sicherheitsgurte und Airbags retten Menschen zwar in vielen Fällen das Leben, aber sie können auch psychische Traumasymptome und körperliche Verletzungen hervorrufen.
- Manchmal verursacht der abrupte Druck eines Sicherheitsgurts auf den Körper ungewöhnliche körperliche Symptome.
- Indem man sich Klarheit darüber verschafft, was zu erwarten ist, wenn sich ein Airbag öffnet, hat man eine gute Maßnahme zur Vermeidung von Traumatisierungen ergriffen.

14

Wutausbrüche im Straßenverkehr

Immer wieder liest man in Zeitungen Berichte über Menschen, die im Straßenverkehr Wutausbrüche bekommen. Die amerikanische Polizei führt regelmäßig Kampagnen durch, in denen aggressive Autofahrer bestraft werden. Leider ist in den Zeitungsartikeln praktisch nie die Rede davon, daß solchen Wutausbrüchen Traumata zugrunde liegen können. Meiner Meinung nach basiert aggressives Autofahren meist auf nicht aufgelösten Kampf-oder-Flucht-Reaktionen infolge eines Traumas, vor allem wenn dasselbe durch einen Autounfall verursacht worden ist.

Manche Menschen meiden nach Traumata jeden Konflikt (die Fluchtreaktion), wohingegen andere aggressiv werden (die Kampfreaktion). Bis zur völligen Auflösung des durch den Unfall verursachten Traumas spielen Unfallbeteiligte ihren Unfall immer wieder durch.

Auch die Persönlichkeit spielt bei Wutausbrüchen im Straßenverkehr eine Rolle. Diejenigen, die solchen Anwandlungen nachgeben, suchen nach einem Ventil für ihre Wut, mit der sie sich nicht auseinandergesetzt haben. Dabei kann es sich um Wut auf den Chef, die Frau, den Beruf oder die Kinder handeln. In ihrem Auto genießen sie eine gewisse Anonymität und können ihre Wut gegenüber völlig fremden Menschen besser zum Ausdruck bringen.

Oft ist Wut und Rage die Folge von Hilflosigkeit und Demütigungen, vor allem wenn es sich um Männer handelt. Statt sich mit ihren Minderwertigkeitsgefühlen auseinanderzusetzen, versuchen sie, andere zu demütigen. Klein beizugeben halten sie für ein Ding der Unmöglichkeit, denn dadurch würde ihre eigene Hilflosigkeit verstärkt.

Jodie

Jodies Fall ist ein geradezu klassisches Beispiel für Traumawiederholung. Sie hatte zwei Auffahrunfälle miterlebt und war nicht in der Lage, sich von ihrer Wut auf die Fahrer, die sie gerammt hatten, zu lösen.

Eines Tages war sie mit dem Auto in den Bergen unterwegs. Sie befand sich auf einer Schotterstraße weitab von jeder Zivilisation, als plötzlich ein anderes Auto hinter ihr auftauchte und dicht hinter ihr herfuhr. Jodies Wut auf den anderen Fahrer wurde immer stärker. Schließlich trat sie in einem Tal voll auf die Bremse, so daß das Fahrzeug ihres Verfolgers auf ihr eigenes auffuhr. Wegen dieses Unfalls, den sie selbst verursacht hatte, war sie gezwungen, monatelang eine Halsstütze zu tragen – was ihre Wut noch verstärkte.

Auseinandersetzung mit der Wut

Das Wichtigste bei der Behandlung von Menschen, die zu Wutausbrüchen im Straßenverkehr neigen, ist, daß man ihnen die Möglichkeit gibt, sich mit ihrer Wut in einer sicheren Umgebung auseinanderzusetzen. Oft ist die Wut durch eine nicht abgeschlossene Kampf-oder-Flucht-Reaktion entstanden. Durch den Drang, die Reaktion zum Abschluß zu bringen, baut sich im Nervensystem Spannung auf und verstärkt die Wut.

Nicht ausgedrückte Wut kann so stark werden, daß die Betroffenen sie entweder ausagieren, was bedeutet, daß sie ihre Wut nach außen richten, oder daß sie sich selbst schädigen, weil sie ihre Wut nach innen richten. Falls sich bei Ihnen nach einem Unfall so starke Wut angestaut hat, sollten Sie sich um fachkundige Hilfe bemühen und außerdem Übungen machen, die den Abbau der Wut fördern.

 Wenn Sie im Straßenverkehr von unkontrollierbarer Wut überfallen werden, müssen Sie sich in Therapie begeben. Wenn Ihre Wut unbehandelt bleibt, besteht die Gefahr, daß Sie sich selbst und anderen Menschen schaden.

Früher glaubten viele Therapeuten, das Ausagieren von Wut, zum Beispiel durch Schlagen auf Kissen, sei die beste Möglichkeit, dieses Gefühl aufzulösen. Nach der Theorie des *Somatic Experiencing* besteht dabei jedoch die Gefahr, daß die Situation noch weiter eskaliert. Wie bereits früher erklärt, gehen wir davon aus, daß festsitzende Energie durch die vorbereitende Handlung, durch das langsame und bewußte Reflektieren über die Impulse, also nicht durch tatsächliches Schlagen auf etwas freigesetzt wird. Wir möchten niemanden zum körperlichen Ausagieren von Wut ermutigen. Als Alternative bieten wir folgende Übung an.

Übung: Kampfreaktion

Diese Übung trägt zur Befreiung festsitzender Wut und zum Abschluß der Kampfreaktion bei.

Erinnere dich an die Unfallsituation. Wann hast du zum ersten Mal Wut empfunden? Verwandle dieses Gefühl mit Hilfe einer der Empfindungsübungen in eine Körperempfindung. Wie fühlt sich Wut in deinem Körper an? Möchtest du bei diesem Gefühl jemanden schlagen? Welcher Arm möchte schlagen? Und wie?

Was wolltest du der anderen am Unfall beteiligten Person antun? Wolltest du ihr ins Gesicht schlagen? Stell dir vor, du würdest dies tun. Spüre, wie dein Arm sich auf die Bewegung vorbereitet. Was geschieht dabei in deinem Körper?

Was könntest du sonst noch tun? Ein Klientin stellte sich vor, sie würde mit einem Maschinengewehr auf die Reifen des anderen Autos schießen und dieses so vor dem Zusammenstoß zum Stillstand bringen. Eine andere Klientin stellte sich vor, sie führe mit einem riesigen Lastwagen über das Auto des Unfallgegners. Wieder andere stellen sich vor, sie selbst wären Riesen und als solche in der Lage, das andere Auto durch Wegdrücken am Zusammenstoß zu hindern. Kannst du dir vorstellen, solche Dinge zu tun? Spüre, wie sich dein

Körper zum Handeln bereitmacht. Was geschieht in deiner Brust? Und was in deinen Armen?

Stell dir noch weitere Möglichkeiten vor, deine Wut am Auto des anderen Fahrers auszulassen, bis du eine Entspannungsreaktion und ein Gefühl von Stärke und Kraft spürst. Denke daran, daß du die mit der unabgeschlossenen Kampfreaktion zusammenhängende Wut auch allein oder mit dem Therapeuten zusammen auf ungefährliche Weise ihrem eigentlichen Ziel (dem Abschluß der Kampfreaktion) zuführen kannst.

Zusammenfassung der wichtigsten Punkte

- Wutausbrüche im Straßenverkehr sind oft die Folge eines unaufgelösten Traumas.
- Das Durcharbeiten einer abgebrochenen Kampfreaktion kann solche Gefühle der Wut verringern.
- Unaufgelöste Wut, deren Ursprung in vorangegangenen Unfällen liegt, kann anfällig für weitere Unfälle machen.

15

Merkwürdige Symptome

Schlaflosigkeit

Man könnte Schlaflosigkeit für eine merkwürdige Reaktion auf einen Autounfall halten, aber sie kommt in solchen Fällen tatsächlich oft vor. Einschlafen kann man nur, wenn man in der Lage ist, sich zu entspannen und loszulassen. Nach einem Unfall bleiben Menschen oft in einem Zustand der Hypervigilanz und sind ständig auf der Hut vor unbekannten Gefahren. Sie können nicht loslassen. Und wenn sie schlafen, wachen sie oft abrupt auf, und ihr Geist ist augenblicklich wieder in einem Zustand höchster Aktivität.

Denken Sie an unser Beispiel dafür, wie Tiere auf Gefahr reagieren. Wenn Sie als Gazelle in der Nähe eines Geparden sind, werden Sie kaum in Ruhe grasen oder sich hinlegen und schlafen, sondern eher in jedem Moment mit Gefahr rechnen.

Solange die durch einen Unfall in Ihrem Nervensystem aktivierte Energie noch nicht abgebaut ist, erkennt Ihr Körper nicht, daß die Gefahr vorüber ist.

Lore

Als Lore die Straße auf einem Zebrastreifen überqueren wollte, wurde sie von einem Bus angefahren. Sie hatte keinerlei Vorwarnung erhalten, und der Bus hatte sie von hinten erfaßt. Als sie zu mir kam, hatte sie fünf Tage lang nicht geschlafen, und sie verstand nicht warum. Sie glaubte nicht, daß ihre Schlaflosigkeit etwas mit dem Unfall zu tun haben könnte.

Ich half ihr zu verstehen, daß ihr Körper-Geist-System sich noch im »Gefahrenmodus« befand, im Zustand höchster Wachsamkeit, und daß ihr Nervensystem durch die erhöhte Stimulation überflutet wurde. Wir arbeiteten zusammen, bis sie in der Lage war, sich die Unfallsituation zu vergegenwärtigen. Dabei befand sich der Bus in sicherer Entfernung, so daß sie Zeit hatte, sich auf den physischen Kontakt mit dem Fahrzeug vorzubereiten – eine Möglichkeit, die während des tatsächlichen Unfalls nicht bestanden hatte. Im Laufe mehrerer Sitzungen, in denen sie ihre unvollendete Kampf-oder-Flucht-Sequenz durcharbeitete, löste sich ihre chronische Hypervigilanz auf, und ihr Schlaf normalisierte sich.

Sich wieder sicher fühlen

Wie der Hund, von dem in einem früheren Kapitel die Rede war, brauchen auch wir einen sicheren Ort, an dem wir nach einem Unfall ruhen können, bis die mobilisierte Energie abgebaut ist. Wir arbeiten mit unseren Klienten verschiedene Übungen durch, bis sie in der Lage sind, ihre überschüssige Energie zu neutralisieren, und anfangen, sich zu entspannen. (Ein Traumaopfer aufzufordern, es solle sich »einfach entspannen«, steht auf der Liste der 101 *Dinge, die man zu einem Unfallopfer niemals sagen sollte*, an oberster Stelle. *Natürlich* würde sich der Betreffende entspannen, wenn er das könnte!)

Oft schlafen unsere Klienten im Laufe einer Behandlungssitzung fast ein. Das ist ihnen manchmal peinlich, und sie entschuldigen sich. Doch in Wirklichkeit manifestiert sich so genau die Reaktion, auf die wir hinarbeiten: die Fähigkeit, »herunterzuschalten« und zur Ruhe zu kommen.

 Übung: Entspannung

> Die folgenden Übungen werden Ihnen helfen, überschüssige Energie im Nervensystem abzubauen und die Hypervigilanz schließlich zu überwinden.

Denke dir kreative Möglichkeiten zum Abbau und zur Neutralisierung überschüssiger aktivierter Energie aus. Versuche es mit einem Besuch im Thermalbad, mit einer Massage oder einfach mit einem heißen Bad bei Kerzenschein. (Du kannst dir entweder vorstellen, diese Dinge zu tun, oder sie tatsächlich tun, je nachdem, was dir angenehmer ist.) Achte stets darauf, welche Empfindungen eine solche Handlung in deinem Körper auslöst.

Jeder Mensch hat einen Ort, an dem er sich besonders sicher fühlt. Für Lore war dies die Vorstellung, sie sei in Spanien am Strand. Eine andere Klientin fand heraus, daß sie sich beruhigen konnte, indem sie sich besonders warm eingepackt ins Bett legte.

Wo ist dein sicherer Ort? Denke an eine Situation, in der du dich besonders entspannt und sicher gefühlt und gut geschlafen hast. Wo warst du damals? Wie sah es an jenem Ort aus? Welche Geräusche konntest du dort hören? Wer war bei dir? Was geschieht mit dir, wenn du dir vorstellst, dort wieder zu sein?

Der sicherste Ort kann ein Ort sein, der nur in deiner Vorstellung existiert. Kannst du dir vorstellen, an einem Strand zu sein, in der warmen Sonne zu baden, auf dem weichen, warmen Sand zu liegen und die Wellen gegen das Ufer plätschern zu hören? Was geschieht bei dieser Vorstellung in deinem Körper?

Stell dir vor, du liegst auf einer Wiese in den Bergen. Ein kühler Wind streicht über dein Gesicht, du riechst den Duft von Nadelbäumen, und in der Ferne hörst du einen Wasserfall. Wie fühlt sich das in deinem Körper an?

Manche Klienten empfinden Phantasievorstellungen als besonders beruhigend. Eine Frau sah sich am Straßenrand in einem Himmelbett, dessen Vorhänge wie eine Reklame für Bettwäsche im Wind flatterten. Sie lag in weiche Federkissen gebettet und betrachtete ihren Unfall aus der Ferne.

Wenn du Ressourcen nutzt, dann denke daran, daß du dir den Luxus der Phantasie leisten kannst. Du kannst dir Ereignisse genau so vorstellen, wie sie dir behagen und wie sie bei dir eine Entspannungsreaktion hervorrufen. Wichtig ist, daß du irgendein Bild oder eine Erfahrung findest, das oder die zum Abbau der Aktivierung des Nervensystems beiträgt.

Ich schaffe es nicht, wach zu bleiben

Vielleicht haben Sie den vorigen Abschnitt etwas ungläubig gelesen, weil Sie seit Ihrem Unfall nicht nur keine Probleme damit haben, zu schlafen, sondern es sogar kaum schaffen, lange genug wach zu bleiben, um Ihre Pflichten erfüllen zu können.

Schlaflosigkeit entsteht, wenn das sympathische Nervensystem mit Reizen überflutet wird. Ist hingegen das parasympathische Nervensystem überaktiviert, wird Ihr ganzes System »abgebremst«, mit der Folge, daß Sie sich schwer, lethargisch und energielos fühlen. Viele Menschen, die sich in diesem Zustand befinden, schlafen zuviel.

Die Tendenz, unverhältnismäßig viel zu schlafen, signalisiert, daß Ihr System in einen tiefgreifenden Rückzugszustand versetzt wurde. Die aktivierte Energie ist fest gebunden. Manche Menschen pendeln zwischen den beiden Zuständen hin und her – dem der Überflutung mit Reizen und der Überaktivierung und dem der Apathie und Stagnation. Die Rückzugsreaktion Ihres Systems auf das Trauma bezweckt, Ihren Kontakt zur Welt zu verringern, um die Zahl der wirksam werdenden Stimuli zu verkleinern. Unglücklicherweise nimmt die Fähigkeit, Stimulation zu bewältigen, mit der Verringerung des Realitätskontakts ebenfalls ab. Im Fall der Agoraphobie, einem Extrembeispiel, verringert ein Mensch seinen Kontakt zur Außenwelt so stark, daß er sie völlig meidet.

Traumata sind für Ihr Nervensystem wie eine Flutwelle. Sie entwickeln dadurch Angst vor Ihren eigenen Körperreaktionen, besonders vor allen, die das Nervensystem noch stärker erregen könnten. Ihre Angst vor der eigenen Aktivierung wird zu einer überwältigenden Bedrohung. Peter Levine sagt: »Das Trauma ist im Körper, nicht im Ereignis.«

Wenn Sie diesen Punkt erreicht haben, kann der kleinste Stimulus zu einer Überforderung Ihres Systems führen. Sie müssen deshalb wieder in die Lage versetzt werden, ein gewisses Maß an Aktivierung zuzulassen.

Erreichen können Sie dies mit Hilfe der in diesem Buch beschriebenen Übungen zum allmählichen Abbau übermäßiger Erregung.

Die Übungen zur Stärkung der Resilienz aus Kapitel 7 werden Ihnen helfen, Ihr System aus dem kontrahierten und verschlossenen Zustand zu befreien.

Warum nehme ich zu?

Haben Sie seit Ihrem Unfall zugenommen oder abgenommen, ohne daß Sie es bewußt darauf angelegt hätten? Besonders Frauen neigen nach einem Trauma zum Zunehmen. Unser Körper drängt uns, das Nervensystem wieder in einen Zustand der Ausgeglichenheit zu versetzen, und Essen ist eine natürliche Form der Selbstmedikation. Ich selbst habe in den Monaten nach meinem Unfall über dreißig Pfund zugelegt. Viele Menschen versuchen, ihre Depression mit Hilfe von Essen, Drogen oder Alkohol zu überwinden.

Aus Ihrer Vorliebe für bestimmte Arten dieser »Selbstmedikation« können Sie sogar schließen, wo in Ihrem Nervensystem die Energie stagniert. Handelt es sich um das sympathische Nervensystem, was Sie als Hypervigilanz erleben, werden Sie wahrscheinlich zu an Kohlehydraten und Fetten reicher »Trostnahrung« greifen (z. B. Pasta, Brot oder Eis) und um der beruhigenden Wirkung willen vielleicht auch zu Alkohol oder Schlaftabletten. Fühlen Sie sich hingegen völlig verschlossen oder lethargisch, weil die Energie in Ihrem parasympathischen Nervensystem eingeschlossenen ist, werden Sie wahrscheinlich stark zuckerhaltige Nahrungsmittel, Koffein oder Amphetamine bevorzugen, um eine stimulierende Wirkung zu erzielen.

Stephen

Ein Klient meines Mannes, der allerdings keinen Verkehrsunfall gehabt hat, ist ein typisches Beispiel für das Selbstmedikationssyndrom. Er kam zu Larry, um sich wegen seiner Angst behandeln zu lassen. Im Laufe der Zeit fand Larry heraus, daß Stephen täglich 17 Tassen Kaffee trank und statt normaler Mahlzeiten Schokoriegel aß. Außerdem rauchte er viel.

Nachdem Larry über diese äußere Ursache für Stephens Angst Bescheid wußte, ließ er ihn seinen Koffeinkonsum allmählich einschränken. Dadurch löste sich der größte Teil der Angst auf, und sie konnten mit der Arbeit an der Depression beginnen, die Stephen das Gefühl gegeben hatte, er brauche Stimulation.

Warum Sie in Ihrer momentanen Situation keine Diät machen sollten

Leider kann Selbstmedikation Probleme nur vorübergehend beheben. Doch da dies nun einmal die Art ist, wie Ihr Körper Probleme kompensiert und sich tröstet, sollten Sie nicht mit dieser Selbstbehandlung aufhören, bis Sie die durch den Unfall in Ihrem Nervensystem eingeschlossene Energie abgebaut haben. Wenn Sie diesen Rat *nicht* beherzigen, werden Sie wahrscheinlich das Gefühl bekommen, die Kontrolle verloren zu haben. Dies ist nicht der geeignete Zeitpunkt, sich um Selbstdisziplin zu bemühen. Um ungesunde Gewohnheiten überwinden zu können, müssen Sie wirklich bereit dazu sein und sich im Besitz Ihrer Kraft fühlen.

Sobald das Trauma aufgelöst ist, werden Sie feststellen, daß Ihr Bedürfnis nach Selbstmedikation allmählich nachläßt. Die meisten meiner Klienten schaffen es relativ leicht, ihr Gewicht zu reduzieren, wenn die Behandlung Fortschritte macht.

Warum mache ich mir nichts mehr aus Sex?

Genau wie Schlaf erfordert auch guter Sex, daß man sich entspannen und loslassen kann. Allerdings beinhaltet Sex im Gegensatz zum Schlaf Stimulation und Erregung. Auch wenn Sie früher Spaß am Sex hatten, kann sich Ihr Körper im Augenblick vor jeder übermäßigen Stimulation scheuen. Eine zusätzliche Erregung könnte Ihr Nervensystem zu stark belasten.

Sex ist für normale Erwachsene eine Möglichkeit, ihr Nervensystem zu regulieren. Beim sexuellen Klimax wird Energie abgebaut, und gewöhnlich breitet sich nach dem Sex ein Gefühl der Entspannung und des

Wohlbehagens aus. Alle diese Reaktionen werden vom Reptilienhirn gesteuert, das zur Zeit durch das Trauma in seiner Funktion gestört ist. Insofern ist es nicht verwunderlich, daß sich Ihr Sexualtrieb und Ihre sexuellen Reaktionen verändert haben.

Andererseits kann Ihr Sexualtrieb, genau wie das Schlaf- und Eßbedürfnis, infolge eines Traumas extrem aktiv werden. Darin kommt das Bedürfnis Ihres Körpers zum Ausdruck, sich seiner Lebendigkeit ebenso zu vergewissern wie seiner Fähigkeit, Gefühle auszudrücken. Viele Menschen haben die Erfahrung gemacht, daß Sex und anstrengende Körperübungen den Abbau überschüssiger Energie fördern.

Keines dieser beiden Extreme ist normal. Solange Sie nicht genügend Ressourcenübungen gemacht haben, um Energie abzubauen und das Gleichgewicht in Ihrem Nervensystem wiederherzustellen, können Sie nicht erwarten, daß die vom Reptilienhirn kontrollierten Funktionen korrekt funktionieren.

Kommunikation ist der Schlüssel

Wenn seit Ihrem Unfall schon einige Monate vergangen sind, verliert Ihr Partner angesichts Ihres Desinteresses an Sex vielleicht allmählich die Geduld. In dieser schwierigen Zeit ist es besonders wichtig, daß Sie miteinander kommunizieren. Gemeinsam werden Sie das Trauma, unter dem Sie leiden, heilen und Ihr normales Interesse am Sex wiedererlangen.

Übung: Die Sexualität heilen

Diese Übung hilft Ihnen und Ihrem Partner oder Ihrer Partnerin, allmählich auf die Heilung hinzuarbeiten.

Tausche dich mit deinem Partner oder deiner Partnerin darüber aus, was sich entspannend, bestärkend und beruhigend anfühlt. Im Augenblick kann jeder körperliche Kontakt zuviel für dich sein. Wenn das so ist, kehre zu Kapitel 10 zurück, wo es um die Wiederherstellung von Grenzen geht, und arbeite die dort beschriebenen Übungen erneut durch. Informiere deinen Partner oder deine Partnerin darüber, was geschieht und daß bestimmte Bereiche deines Körpers physischen Kontakt als bedrohlich empfinden.

Nimm den Kontakt zunächst in Form von Umarmungen, Liebkosungen oder Massagen wieder auf. Nimm dir dabei die Zeit, die du brauchst, und höre auf deinen Körper. Es ist ungeheuer wichtig, daß du deine eigene Geschwindigkeit und deinen persönlichen Rhythmus findest und berücksichtigst. Sorge dafür, daß dein Partner oder deine Partnerin im Bemühen, nichts zu überstürzen, mit dir kooperiert.

Ich bin so desorientiert

Haben Sie seit Ihrem Unfall das Gefühl, nie genug Zeit zu haben? Vergessen Sie immer wieder Verabredungen? Fühlen Sie sich ständig zur Eile gedrängt und auch ansonsten unter Druck? Wenn das so ist, leiden Sie möglicherweise unter einer zeitlichen Desorientierung.

Auch eine räumliche Desorientierung ist möglich. Fühlen Sie sich körperlich »daneben«? Laufen Sie seit dem Unfall ständig gegen Dinge oder lassen Gegenstände fallen, während Sie vorher über eine gute Koordination verfügten und körperlich fit waren? Einige unserer Klienten fühlen sich körperlich »aus dem Lot«, fast so, als säßen sie auf dem Beifahrersitz und versuchten, das Auto von dort zu steuern.

Eine weitere Erfahrung, die manche Menschen nach einem Autounfall machen, ist der Kategorie Dissoziation zuzuordnen. Viele berichten über eine unscharfe oder verschwommene Sicht. Gewöhnlich spiegelt die Kälte, die Menschen entweder im ganzen Körper oder in bestimmten Körperteilen empfinden, den Schock wider, der in Form einer teilweisen Dissoziation zum Ausdruck gelangt. Es kann sein, daß sich ein bestimmter Körperteil besonders kalt oder abgetrennt anfühlt.

Andere haben das Gefühl, völlig von ihrem Körper abgetrennt zu sein. In solchen Fällen ist es für die Betreffenden zunächst schwierig, ihre

Empfindungen wahrzunehmen oder mit ihnen in Kontakt zu kommen. Wenn wir sie fragen, was sie in ihrem Körper empfinden, antworten sie meist: »Ich weiß nicht« oder: »Ich kann das nicht ausdrücken.« Manchmal sagen sie auch, sie fühlten sich »neben sich selbst« stehend oder wie in Trance.

Sollten Sie sich während der in diesem Buch beschriebenen Übungen ähnlich gefühlt haben, brauchen Sie sich keine Sorgen zu machen. Es bedeutet nur, daß Sie sich immer noch in einem Schockzustand befinden. Statt der Empfindung in Ihrem Körper nachzuspüren, können Sie sich auch fragen: »Was fällt mir an meinem Erleben auf?« Arbeiten Sie mit Ihrem Erleben auf die Weise, wie wir es hinsichtlich der Arbeit im Körper beschrieben haben. Sie werden den Schockzustand dann allmählich überwinden, und es wird Ihnen leichter fallen, Kontakt zu Ihren Körperempfindungen herzustellen.

Nur in einem Fall fordere ich Klienten nicht auf, ihre Symptome zu spüren: wenn sie sich in einem Zustand der Dissoziation befinden. Sie nehmen dann von »dort draußen« Kontakt zu ihren Ressourcen auf – wo immer sie sich zu befinden glauben. In diesen Fällen frage ich: »Was sehen Sie in Ihrem Erleben? Was spüren Sie?« Indem Sie die Übungen auf diese Weise durcharbeiten und die überschüssige Energie allmählich abbauen, werden Sie schließlich das Gefühl haben, wieder in Ihrem Körper zu sein.

Lore

Lore, die Fußgängerin, die von einem Bus angefahren worden war, berichtete, sie fühle sich wie eine Figur aus einem Cartoon, deren Wesen aus ihrem Körper entfernt und anschließend wieder in diesen eingebaut worden sei. Sie erinnerte sich sogar, daß sie einen Augenblick lang auf sich selbst herabgeschaut hatte, bevor sie wieder in ihren Körper zurückkehrte.

Zusammenfassung der wichtigsten Punkte

+ Funktionen des autonomen Nervensystems wie Schlafen, Essen und Sexualität können durch Autounfälle stark beeinträchtigt werden.
+ Essen, Alkohol und Drogen bzw. Medikamente können das Nervensystem in einen ausgeglichenen Zustand zurückversetzen, allerdings verschlimmern sie die Situation letztendlich noch, da der Schock nicht wirklich aufgelöst wird.
+ Zeitliche und räumliche Desorientierung können auf ein durch einen Autounfall verursachtes Trauma zurückzuführen sein.
+ Viele Menschen, die Autounfälle miterlebt haben, dissoziieren sich von ihrem Körper und verlieren die Verbindung zu ihm.
+ Zustände der Dissoziation signalisieren extreme Aktivierung, und es ist wichtig, sehr langsam und vorsichtig an ihnen zu arbeiten.

16 Jugendliche Fahrer

Besorgniserregende statistische Werte

Die Zahlen, die über Opfer von Verkehrsunfällen in Deutschland informieren, ergeben ein sehr düsteres Bild: Von insgesamt 5 000 000 Unfallopfern im Jahre 2000 waren 1763 Tote und 111 210 Verletzte im Alter zwischen 18 bis 25 Jahren zu beklagen. Bei jedem zweiten Unfall war Alkohol im Spiel. Trotz aufrüttelnder Plakate und Aktionen in Schulen und Jugendzentren (z. B. »Endlich 18 – niemals 19«) gehen die Zahlen nur sehr langsam zurück.

Was Eltern tun können

Dr. Jonell gibt Eltern, die ihren Kindern helfen wollen, verantwortungsbewußte und kompetente Autofahrer zu werden, folgende Tipps:

+ Seien Sie ein Beispiel für gutes Fahrerverhalten. Legen Sie im Auto den Sicherheitsgurt an? Fahren Sie zu dicht auf vor Ihnen fahrende Autos auf, oder machen Sie im Straßenverkehr obszöne Gesten? Schneiden Sie andere Fahrer, oder beschimpfen Sie diese? Sind Ihre Kinder dabei, wenn Sie sich so verhalten?
+ Konfrontieren Sie Jugendliche mit den Folgen ihres Verhaltens. Kommen Sie ihnen nicht jedesmal zu Hilfe, wenn die Polizei ihnen einen Strafzettel ausstellt.
+ Legen Sie Regeln für das Verhalten im Auto fest, und bestehen Sie darauf, daß Ihre Kinder diese Regeln auch dann einhalten, wenn ihre Freunde mit ihnen im Auto sitzen.

✦ Erziehen Sie Ihr Kind dazu, sich niemals in ein Auto zu setzen, wenn der Fahrer Alkohol getrunken hat.

Wenn Ihr Kind einen Unfall hatte

Manche Teenager werden mit Unfällen gut fertig, andere nicht. Nach einem Unfall sollten Sie Ihr Kind nicht beschuldigen oder ihm Vorwürfe machen. Es braucht vielmehr Ihre Unterstützung, und Sie sollten so ruhig und sanft wie möglich mit ihm umgehen. Daß Sie wütend sind, ist eine natürliche Reaktion – ein Teil des elterlichen Beschützerinstinkts. Dr. Jim Jonell, ein Kinder- und Jugendpsychologe, sagt: »Fragen Sie sich, was in einem solchen Fall wirklich wichtig ist. Ihr Kind hat Schaden erlitten. In einer Situation wie dieser müssen Sie Ihre eigenen Gefühle zunächst hintanstellen. Suchen Sie sich jemanden, der Sie unterstützt – doch unabhängig davon müssen Sie Ihr Kind unterstützen. Verhindern Sie, daß Ihr Kind durch Ihr Verhalten eine erneute Traumatisierung erleidet. Schaffen Sie eine heilend wirkende Umgebung.«

Vätern fällt es oft schwerer, in einer solchen Situationen mit ihrer Wut fertig zu werden. Dr. Jonell berichtet von einem Klienten, der durch einen Unfall verletzt worden war und im Koma lag.

Dr. Jonell und der Vater des Jungen trafen sich im Zimmer des Jungen im Krankenhaus. Der Vater machte aus seiner Wut keinen Hehl und gab seinem Sohn die Schuld an dem Unfall. Dr. Jonell bestand darauf, daß der Vater mit ihm zusammen aus dem Krankenzimmer ging. »Aber er ist doch im Koma und kann mich nicht hören«, wandte der Vater ein. »O doch, er kann sie hören«, antwortete Dr. Jonell und führte ihn aus dem Zimmer. Nachdem der Vater draußen seine Wut abgelassen hatte, kehrte er in das Krankenzimmer zurück, umarmte seinen Sohn und fing an zu weinen. In diesem Moment kam der Junge wieder zu Bewußtsein.

Dr. Jonell rät auch, noch Monate nach einem Unfall auf etwaige Traumasymptome zu achten. Selbst wenn Ihr Kind darauf beharrt, daß alles in bester Ordnung ist, hat es beziehungsweise sein gesamtes Körper-Geist-

System unter starkem Streß gelitten. Die Wirkung eines Traumas äußert sich nicht unbedingt nur in Schulnoten und sportlichen Leistungen. Sie kann sich auch in Form von Appetitlosigkeit, Schlafstörungen oder Veränderungen in den Beziehungen zu Familienmitgliedern und Freunden niederschlagen.

Dr. Jonell beschreibt auch, wie seine Tochter zum ersten Mal ihren mitternächtlichen »Zapfenstreich« überschritt. Um 3.00 Uhr überkam ihn große Angst, und er malte sich alle möglichen Schreckensszenarien aus. Als sie dann endlich nach Hause kam, war der Vater zunächst wie erstarrt, dann wurde er wütend, und schließlich überkam ihn die Angst erneut. Am Ende umarmte er seine Tochter und fing an zu weinen. Sie war völlig verblüfft über diese Reaktion und erklärte ihm, sie sei auf der Couch im Haus ihres Freundes eingeschlafen. Anschließend besprachen sie die Situation in aller Ruhe.

Jim

Jim Jonell weiß aus eigener Erfahrung, daß sich durch Unfalltraumata verursachte Symptome manchmal erst viele Jahre nach dem Unfall manifestieren. Als Jim 14 Jahre alt war, wurde er auf der Heimfahrt von einer Jugendfreizeit in einen Unfall verwickelt. Er hatte auf dem Rücksitz des Wagens geschlafen, und der Leiter der Jugendgruppe saß am Steuer. An einer Straßenkreuzung war der Fahrer von den Lichtern eines Lastwagens geblendet worden. Daraufhin hatte er die Kontrolle über das Fahrzeug verloren, das gegen einen Laternenmast gekracht war und mehrere Elektrokabel heruntergerissen hatte.

Der Beifahrer war durch die Windschutzscheibe geflogen und sofort tot gewesen. Jim war durch den Unfall aus dem Schlaf gerissen worden, aber er war nahezu unverletzt geblieben und in der Lage gewesen, zum nächsten Haus zu laufen und Hilfe zu holen. Als er zum Unfallort zurückkehrte, waren Feuerwehr und Polizei schon da. Jim kam gerade noch »rechtzeitig«, um mitzuerleben, wie ein Polizist, der die Tür des Autos öffnen wollte, durch einen elektrischen Schlag getötet wurde. Jim ist es bis heute ein Rätsel, wie er selbst aus dem Auto gekommen war, ohne daß ihn ein Stromstoß getötet hatte.

Jim bezeichnete seine Betreuung nach dem Unfall als ausgezeichnet. Er wurde wegen seiner geringfügigen Verletzungen medizinisch behandelt und wegen des erlittenen Traumas psychotherapeutisch beraten. Er glaubte, alles sei wieder in Ordnung, bis er im Alter von 29 Jahren erneut auf dem Rücksitz eines Autos einschlief. Als seine Frau heftig auf die Bremse trat, wurde er unsanft geweckt. Er wachte schreiend auf, obwohl keinerlei Gefahr bestand und es auch keinen Zusammenstoß gegeben hatte. Jim wurde klar, daß er eine mit seinem Unfall zusammenhängende Rückblende erlebt hatte und daß er noch weiter an dem Unfall arbeiten mußte, um die Nachwirkung des Geschehens auf sein Nervensystem völlig zu neutralisieren.

Damien
Als Damien zu Dr. Jonell zur Behandlung kam, glaubte er nicht, daß sein Unfall ein Problem für ihn war. Er empfand die ganze Situation sogar als recht amüsant, so wie er früher das Fahren mit Autoskootern empfunden hatte. Allerdings stotterte er seit dem Unfall sehr stark.

Dr. Jonell forderte Damien auf, ihm von dem Unfall zu erzählen. Während Damien dies tat, verhärteten sich seine Kiefermuskeln, und er stotterte noch stärker. Während er über den Unfall sprach, wurde Damien klar, daß er unmittelbar danach mit seiner Mutter darüber hatte reden wollen. Davon hatte er sich versprochen, sie würde alles wieder in Ordnung bringen. Statt dessen war sie wütend geworden. Dies hatte bei ihm zur Folge gehabt, daß sich alle Muskeln verhärteten und er zu stottern begann.

Oft denken Unfallgeschädigte, sie litten nicht unter Nachwirkungen des Unfalls, doch dann beweisen scheinbar unwichtige körperliche Probleme das Gegenteil.

Tonya
Tonya, eine unserer Klientinnen, hatte als Jugendliche einen schweren Autounfall miterlebt. Sie war dabei durch die Windschutzscheibe geflogen und hatten wegen Verletzungen im Gesicht einige plastische

Operationen über sich ergehen lassen müssen. Zu Beginn ihrer Behandlung glaubte sie, sie hätte von dem Unfall keine bleibenden Schäden zurückbehalten. Doch fiel uns auf, daß sie in jeder Sitzung ein kleines Stück Glas von der zerbrochenen Windschutzscheibe in der Hand hielt. Sie rieb dieses Erinnerungsstück an den Unfall wie einen Sorgenstein. Ihr unerkannter Streß war so stark, daß die Ränder des Glasstücks vor lauter Reiben schon rund abgeschliffen waren.

Die gute Nachricht

Eine Technik, die Dr. Jonell oft bei seinen jungen Klienten anwendet, besteht darin, mit ihnen zusammen Auto zu fahren. Die Eltern der Jugendlichen erwarten von ihm, daß er alle mit dem Unfall zusammenhängenden Ängste seiner Klienten auflöst, doch er will den Jugendlichen helfen, ihre Gefühle unter Kontrolle zu bekommen. Oft werden Jugendliche nach Unfällen zu besseren Autofahrern, weil sie dann langsamer und vorsichtiger fahren. Wie wir im Kapitel über Transformation sehen werden, können Unfälle das Leben sowohl positiv als auch negativ verändern.

Zusammenfassung der wichtigsten Punkte

- Jugendliche Autofahrer sind überproportional häufig an Verkehrsunfällen beteiligt.
- Ein junger Mensch, der einen Autounfall miterlebt hat, entwickelt später oft Symptome, auf deren Auftreten Eltern achten sollten.

17

Ein Unfall mit Todesfolge

Haben Sie schon einmal einen Unfall miterlebt, bei dem jemand starb? Wenn ja, müssen Sie sich mit zwei sehr wichtigen Themen auseinandersetzen, um das Erlebte vollständig verarbeiten zu können. Das erste beinhaltet die Frage, wie Sie mit Ihrer Trauer fertig werden. Das zweite Thema hat mit Schuld zu tun. Die meisten Menschen fühlen sich nach einem Unfall, bei dem ein Mensch zu Tode gekommen ist, schuldig, und zwar völlig unabhängig davon, ob sie irgendeine Schuld an diesem Todesfall haben.

Das Bedürfnis zu trauern respektieren

Eine Auseinandersetzung mit der ganzen Komplexität von Trauerprozessen würde den Rahmen dieses Buches sprengen. Es gibt bereits viele ausgezeichnete Bücher zu diesem Thema. Wir werden hier nur einige Punkte ansprechen, die Ihnen im Umgang mit diesem komplexen und schwierigen Aspekt der Traumaheilung von Nutzen sein könnten.

Zunächst sei gerade angesichts unserer »Komm drüber weg«-Kultur darauf hingewiesen, daß wir im Falle eines Verlustes Trauer zulassen müssen und daß der Prozeß des Trauerns manchmal Jahre dauert.

Larry spricht von einem »Türeffekt« des Trauerns. Normalerweise sind wir unmittelbar nach einem schrecklichen Verlust zu betäubt, um echte Trauer empfinden zu können. Die Tür ist noch geschlossen.

Viele Betroffene haben das Gefühl, irgend etwas sei mit ihnen nicht in Ordnung, weil sie nicht in der Lage sind, den Verlust eines ihnen nahestehenden Menschen zu beweinen. Das haben auch viele unserer Klienten berichtet, die noch hinzufügten, sie seien deshalb von anderen getadelt worden. Ein Mensch, der nicht weinen kann, befindet sich oft noch in einem tiefen Schockzustand.

Andere wiederum reagieren mit Wut, Rückzug, Dissoziation oder Depression. Sofern Menschen nicht zu lange in solchen Zuständen verweilen, können diese ein Bestandteil des normalen Heilungsprozesses sein. Nur wenn die Betreffenden darin verharren, verläuft der Trauerprozeß nicht normal.

Echte Trauer setzt gewöhnlich erst ein paar Monate nach einem Verlust ein. Die Tür öffnet sich allmählich wieder. Wir können nur eine gewisse Menge Trauer durch diese Tür passieren lassen, und jeder Mensch ist in unterschiedlichem Maße in der Lage, Trauer zuzulassen. Nun ist das Zulassen der Trauer dem Leugnen natürlich vorzuziehen, aber man sollte sich diesbezüglich auch nicht unter Druck setzen. Das Öffnen und Schließen des Tores ist ein natürlicher physiologischer und psychischer Prozeß.

Im ersten Jahr nach einem Verlust können die Tore der Trauer unter anderem durch Feiertage, Geburtstage oder regelmäßig gemeinsam erlebte Ereignisse geöffnet werden. Das ist ganz natürlich und muß so sein. Im Laufe der Zeit ebbt die Flut der Trauer allmählich ab, doch können bestimmte Auslöser die Tore noch Jahre später wieder öffnen, und zwar auf Weisen, die Ihnen als überraschend erscheinen mögen und die Sie unerwartet treffen.

Ich bin froh, daß ich überlebt habe – aber sag das bloß keinem!

Der zweite schwierige Aspekt, der oft ins Spiel kommt, wenn es bei Unfällen Tote gegeben hat, sind Schuldgefühle. Wie die am Unfall Beteiligten damit umgehen, hängt von der Unfallsituation ab.

Wenn ein Mensch, der Ihnen sehr nahestand, vielleicht sogar Ihr Partner oder bester Freund bei einem Unfall gestorben ist, leiden Sie unter starken Schuldgefühlen. Diese Schuldgefühle sind noch stärker, wenn Sie selbst den Unfall verschuldet haben. Doch die vielleicht größte Quelle von Schuldgefühlen bei vielen, die einen Unfall miterlebt haben, ist das, was wir als »Schuldgefühl des Überlebenden« bezeichnen, ein heimliches

Gefühl der Erleichterung darüber, daß man zumindest nicht selbst zu Tode gekommen ist.

Für die meisten Menschen ist dieser Gedanke so widerlich und abstoßend, daß sie ihn unterdrücken. Oder sie werden durch die bloße Tatsache, daß ihnen solche Gedanken überhaupt in den Sinn kommen, noch stärker traumatisiert. Wir müssen uns darüber im klaren sein, daß Selbsterhaltung unsere wichtigste innere Zielsetzung ist. Unsere biologischen Grundlagen sind darauf programmiert, alles Erforderliche in die Wege zu leiten, um angesichts traumatischer Ereignisse unser Leben zu erhalten. Und wenn das gelungen ist, ist es nur natürlich, daß wir uns darüber freuen.

Überlebt zu haben ist ein gutes Gefühl, und der Gedanke »Ich bin froh, daß ich überlebt habe« basiert auf unserem biologisch begründeten Überlebenstrieb. Trotzdem schämen wir uns, so etwas zu denken, wenn wir in einen Unfall verwickelt waren, bei dem jemand ums Leben gekommen ist. Warum tun wir das nur? Wir freuen uns ja schließlich nicht darüber, daß jemand anderem etwas Schreckliches zugestoßen ist. Letztendlich können wir gar nicht anders, als uns darüber zu freuen, daß wir leben. Dieses Gefühl ist völlig natürlich, eine Manifestation unseres Lebenswillens. Für die biologische und animalische Ebene unserer Existenz ist Überleben Erfolg.

Akzeptieren Sie Ihre Dankbarkeit dafür, daß Sie überlebt haben. Geben Sie sich nicht selbst die Schuld am Tod eines anderen Menschen. Es war nicht Ihre Absicht, irgend jemandem Schaden zuzufügen. Sie müssen diese Tragödie betrauern.

Harriet

Harriet und ihr Freund David fuhren in einem Sportwagen durch die Berge New Mexicos. Beide hatten den Sicherheitsgurt nicht angelegt. Die Straße war steil und sehr kurvenreich. Als David einem Tier auswich, landete das Auto in einem Bach. Beide Insassen wurden aus dem Wagen geschleudert. David starb, Harriet überlebte den Unfall schwer verletzt. Erst ganz allmählich wurde ihr klar, daß Davids Tod nicht der Preis für ihr eigenes Überleben war.

Harriet litt noch eineinhalb Jahre nach dem Unfall unter merkwürdigen Schmerzen. Sie hielt diese Schmerzen für eine Folge ihrer Verletzungen, doch keiner der vielen Ärzte, die sie konsultierte, konnte eine körperliche Ursache dafür feststellen. Schließlich ging sie zu Larry in Therapie.

Als sie sich mit Harriets Gefühlen bezüglich des Unfalls auseinandersetzten, wurde bald klar, daß Harriet große Schwierigkeiten hatte, ihre Freude darüber zu akzeptieren, daß sie überlebt hatte. Sie merkte, daß sie sich wünschte, nicht David, sondern sie wäre getötet worden. Als sie sich eingestehen sollte, daß sie sich freute, noch zu leben, wurden ihre Symptome stärker.

Während Harriet und Larry den Unfall Stück für Stück durcharbeiteten, hielten sie immer wieder inne, um Ressourcen zu nutzen, bis Harriet sich schließlich an das Unfallgeschehen erinnern konnte, ohne in starke innere Erregung versetzt zu werden. Nach einigen weiteren Sitzungen war Harriet klar, daß sie sich wirklich über ihr eigenes Überleben freute, obwohl sie andererseits immer noch um Davids Tod trauerte. Schließlich nahmen ihre Symptome ab.

Schuld durch Zuschauen

Man muß nicht einmal direkt an einem Unfall beteiligt gewesen sein, um unter dem »Schuldgefühl des Überlebenden« zu leiden. Manchmal genügt es, Zeuge eines Unfalls gewesen zu sein.

Greg

Greg und seine Schwester spielten in der Nähe ihres Elternhauses, als die Schwester plötzlich auf die Straße lief, von einem Lastwagen erfaßt wurde und auf der Stelle tot war. Greg litt aufgrund dieses Erlebnisses unter so starker Trauer und so heftigen Schuldgefühlen, daß er an chronischer Migräne erkrankte. Durch die Therapie lernte er, mit den Schuldgefühlen fertig zu werden, und er gestand sich ein, daß er froh war, selbst noch zu leben. Daraufhin verschwand seine Migräne, obwohl er unter Streß immer noch oft Kopfschmerzen bekam.

Ein Unfall mit Todesfolgen

 Symptome können zu einem späteren Zeitpunkt wiederkehren, wenn auch meist schwächer. Ihr erneutes Auftreten kann ein Hinweis darauf sein, daß noch einmal an der im Nervensystem festsitzenden Energie gearbeitet werden muß.

Schuldgefühle können viele Formen annehmen

Nach einem Unfall auftretende Schuldgefühle hängen nicht immer damit zusammen, daß man selbst den Tod eines nahestehenden Menschen überlebt hat. Der Tod eines völlig Fremden kann eine ebenso verheerende Wirkung haben. Patty kam nach einem Unfall zu uns. Wir stellten fest, daß dieses Erlebnis aus jüngster Vergangenheit Symptome bei ihr reaktiviert hatte, die auf einen Unfall zurückgingen, den sie vor langer Zeit miterlebt hatte.

Patty

Patty war achtzehn Jahre alt und hatte gerade den Führerschein gemacht. Sie fuhr in einer ländlichen Gegend auf einer engen Straße mit zahlreichen Kurven, als ein breiter Wohnwagen auf sie zukam und sie zwang, auf den Straßenrand auszuweichen. Als sie wieder auf die Landstraße zurückfahren wollte, schlug sie das Lenkrad zu stark in die Gegenrichtung ein und kam einen Moment lang auf die Gegenfahrbahn.

Unglücklicherweise fuhr genau in diesem Augenblick ein Motorradfahrer um die unübersichtliche Kurve. Pattys Wagen kollidierte mit dem Motorrad, und der Motorradfahrer wurde getötet. In der kleinen Stadt, in der Patty wohnte, wußten alle von dem Unfall, aber niemand sprach mit ihr darüber. Offenbar versuchten ihre Bekannten, ihre Gefühle zu schonen, weil sie den Unfall für unvermeidlich hielten. Patty fühlte sich isoliert und einsam und wurde von Schuldgefühlen geplagt.

Der Unfall hatte Einfluß auf den gesamten weiteren Verlauf ihres Lebens. Sie änderte ihre beruflichen Pläne, weil sie das Gefühl hatte, sie müsse das Leben des jungen Motorradfahrers für ihn leben, um die Schuld an seinem Tod zu sühnen.

Patty merkte gar nicht, wie stark der Unfall sie beeinflußt hatte, bis sie mit 38 Jahren erneut in einen Verkehrsunfall verwickelt wurde. Während unserer Behandlungssitzungen tauchten ihre Erinnerungen an den früheren Unfall auf und wir mußten uns mit beiden Erlebnissen auseinandersetzen.

Pattys größtes Problem war, daß sie das Gefühl hatte, sie verdiene es, ein zweites Mal in einen Unfall verwickelt zu werden. Schon seit Jahren hatte sie dies erwartet. Jedesmal wenn ihr Mann oder ihr Sohn das Haus verließen, um irgendwohin zu fahren, machte sie sich Sorgen um sie. Sie fühlte sich so schuldig, Weil durch sie jemand zu Tode gekommen war, fühlte sie sich so schuldig, daß sie glaubte, eine Bestrafung zu verdienen.

Der Umgang mit denen, die im gleichen Auto saßen

Im Zusammenhang mit Autounfällen kann ein besonderes Problem auftreten: Ihre Ängste sind völlig auf die fixiert, die mit Ihnen im Auto waren, beispielsweise auf Mitfahrer, Kinder oder Haustiere.

Elena

Im Rückspiegel sah Elena ein Auto, das sehr merkwürdig fuhr. Es wechselte völlig unberechenbar die Spur. Elena glaubte, ihm entgehen zu können, doch als es sich auf gleicher Höhe mit ihrem Fahrzeug befand, scherte es plötzlich in ihre Spur ein, woraufhin Elenas Auto anfing, sich zu drehen. Ihre kleine Tochter Roberta, die auf dem Rücksitz saß, blieb unverletzt und erlebte die ganze Situation offenbar wie ein großes Abenteuer.

Elena selbst wurde bei dem Unfall verletzt, machte sich jedoch wegen Roberta so große Sorgen, daß sie sich nicht mit ihren eigenen physischen Reaktionen auseinandersetzen konnte. Obgleich ihr auf der Ebene des rationalen Denkens klar war, daß es ihrer Tochter gut ging, fragte sie jedesmal, wenn wir an dem Unfall arbeiteten, als erstes: »Ist mit Roberta alles in Ordnung?«

Wenn Ereignisse uns wirklich aus der Fassung bringen, wird unser Körper auf die Situation während des Traumas oder unmittelbar davor fixiert.

Wenn Sie ein Trauma erleben, erstarrt ein Teil von Ihnen im Augenblick des Geschehens. Da Sie möglicherweise einiges ausblenden, kann es sein, daß Ihr Körper das Ende der Geschichte nie erlebt. Ihre Erfahrung weist dann Lücken auf. Dies kann zur Folge haben, daß Sie nicht erkennen, welchen weiteren Verlauf die Dinge tatsächlich genommen haben, und deshalb weder realisieren, daß Ihre Mitfahrer in Sicherheit sind noch daß Sie selbst das Unglück überlebt haben. Elena war aufgrund ihrer Angst um ihre Tochter während des Unfalls nicht in der Lage, ihre eigene Reaktion zu einem natürlichen Abschluß zu bringen.

Wut und Schuldzuweisungen

Wenn Wut und Schuldzuweisungen nicht durchgearbeitet werden, kann das verheerende Folgen haben. Zwei unserer Patienten erlebten dies auf unterschiedliche Weise.

Molly

Molly und ihr Mann Fred kehrten spät in der Nacht von einem Besuch bei Freunden zurück. Ihr Auto war voll mit Topfpflanzen, die sie geschenkt bekommen hatten. Molly fragte ihren Mann, ob er nicht zu müde zum Fahren sei, doch dieser versicherte, er fühle sich bestens. Daraufhin löste Molly den Sicherheitsgurt, kippte ihren Sitz zurück und schlief ein.

    Als sie wieder aufwachte, drehte sich das Auto in der Luft und kam auf dem Dach wieder auf. Fred war eingeschlafen, auf die Gegenfahrbahn gekommen, wieder zurückgeschwenkt und schließlich auf dem Mittelstreifen gelandet. Molly war völlig desorientiert. Es war dunkel, und im Innern des Fahrzeugs flogen Gegenstände umher. Sie bekam Blumenerde in die Augen und konnte nichts mehr sehen.

    Molly erlitt bei dem Unfall eine Gehirnverletzung und mußte ihren Beruf als Lehrerin aufgeben. Sie war wütend auf ihren Mann und fühlte sich von ihm verraten. Über diese Wut kam sie nie mehr hinweg, was ihre Ehe sehr belastete.

Karen

Eines Morgens setzte Karen ihre Kinder vor der Grundschule ab. Als sie sich wieder in den Verkehr einfädeln wollte, wechselte ein anderes Fahrzeug auf ihre Spur.

Am Steuer des entgegenkommenden Fahrzeugs saß ein sehr junger Fahrer. Seine Schwester, die auf dem Beifahrersitz saß, hatte eine Zigarette auf den Boden des Fahrzeugs fallen lassen, und als beide danach griffen, verlor der Fahrer die Kontrolle über das Fahrzeug.

Die Schwester des Fahrers starb. Obwohl ihr Bruder die Schuld an dem Unglück hatte, warf die Mutter der beiden Karen vor, sie sei schuld am Tod des Mädchens. Karen wurde bei dem Unfall bewußtlos. Als sie später im Krankenhaus aufwachte, wußte sie nicht mehr, ob ihre Kinder im Auto gesessen hatten oder nicht.

Wir mußten uns mit Karens ungeheuren Schuldgefühlen und ihren Ängsten um die Sicherheit ihrer Kinder auseinandersetzen, bevor wir an der Auflösung der Unfallsymptome arbeiten konnten.

Wie man mit Schuldgefühlen umgehen sollte

Die Schuldgefühle nach einem Unfall mit Todesfolge zu bearbeiten ist eine der größten Herausforderungen, mit denen Menschen konfrontiert werden können. Ihr Reptilienhirn mag Ihnen sagen: »Ich bin froh, daß ich überlebt habe«, doch Ihr Bewußtsein lehnt diesen Gedanken als beschämend ab und zieht manchmal sogar die Konsequenz: »Ich verdiene, daß mir etwas Schlimmes zustößt.«

Schuldgefühle entstehen oft durch Wut und das Gefühl der eigenen Hilflosigkeit. Unsere Wut darauf, daß Gott oder das Universum etwas so Schreckliches überhaupt zuläßt, richten wir häufig gegen uns selbst, weil wir nicht wütend auf Gott sein wollen oder vielleicht sogar Angst davor haben, diese Art von Wut auch nur zu spüren.

Außerdem fällt es uns oft schwer, mit unserer Hilflosigkeit angesichts eines schrecklichen Ereignisses fertig zu werden. Statt diese Hilflosigkeit zu akzeptieren, fühlen wir uns ihretwegen oft schuldig. Nun sind Schuldgefühle zwar nicht angenehm, aber mit ihrer Hilfe können wir die Illusion aufrechterhalten, daß wir die Kontrolle über die Dinge haben. »Ich war nicht *wirklich* hilflos, sondern habe nur das Falsche getan«, denken wir dann. Diese Überzeugung kann uns vor allem dann in große Schwierigkeiten bringen, wenn wir im Nachhinein Möglichkeiten erkennen, die wir zur Zeit des Unfalls nicht gesehen haben.

Von unseren Schuldgefühlen können wir uns nur lösen, wenn wir unsere Wut akzeptieren, auch wenn sie irrational auf Gott gerichtet ist. Dies bedeutet, daß wir die menschliche und vor allem unsere eigene Fehlbarkeit akzeptieren. Außerdem müssen wir uns vergegenwärtigen, daß niemand einen Unfall absichtlich herbeiführt. Unfälle sind schreckliche Geschehnisse. Es ist wichtig, mit ihren Konsequenzen Frieden zu schließen, auch wenn das nicht immer leicht ist.

Zusammenfassung der wichtigsten Punkte

- Wenn bei einem Unfall ein Mensch stirbt, ist eine vollständige Genesung der anderen an diesem Unfall Beteiligten nur möglich, sofern sie sich mit ihrer Trauer und mit ihren Schuldgefühlen auseinandersetzen.
- Die »Schuldgefühle der Überlebenden« entstehen durch unser tiefes Bedürfnis zu überleben.
- Nur wenn es gelingt, Schuldzuweisungen und Wut aufzulösen, kann eine vollständige Genesung erreicht werden. Da solche Gefühle unbewußt sind, sind sie für viele Überlebende von Autounfällen besonders schwer zu überwinden.
- Schuldgefühle entstehen oft durch Wut und Hilflosigkeit, die wir nicht akzeptieren und überwinden können.

18

Transformation

Wir hoffen, daß die in diesem Buch beschriebenen Übungen Ihnen geholfen haben, die in Ihrem Nervensystem aufgestaute Energie abzubauen und einen Zustand des inneren Gleichgewichts wiederherzustellen. Selbst wenn Sie aufgrund physischer Verletzungen noch in Ihren Aktivitäten eingeschränkt sind, werden Sie Ihre Symptome verringern oder sogar auflösen können, wenn Sie weiterhin die Übungen machen, die wir Ihnen hier vorgestellt haben. Wenn Sie an Ihren Unfall denken oder über ihn sprechen können, ohne Angst zu haben, ohne daß Ihr Atem schneller wird und ohne daß Sie Magenschmerzen bekommen, und wenn Sie den Unfall als ein in der Vergangenheit liegendes Ereignis sehen können, werden Sie erkennen, daß Ihre Bemühungen erfolgreich waren. Noch wichtiger ist, daß die Energie, die Sie bisher darauf verwenden mußten, Ihre Symptome aufrechtzuerhalten, nun für positive Aktivitäten zur Verfügung steht.

Am meisten aber wünschen wir uns, daß Ihnen dieses Buch eine Erfahrung der Transformation ermöglicht hat, wie wir sie bei unseren Klienten immer wieder miterleben. Viele von ihnen berichten, daß sich durch die Heilung ihres Unfalltraumas ihr ganzes Leben positiv verändert hat.

Lorraine

Lorraine gehörte zu den Menschen, die ständig abgehetzt wirken. Sie war andauernd in Bewegung. Mit dem, was sie tat, war sie nie zufrieden, und die Resultate ihrer Bemühungen waren ihr nie gut genug. Sie verurteilte sich unablässig selbst, und ihre Verbindung zu ihrem Körper war völlig gestört. Sie hatte nicht das geringste Interesse daran, auf die Signale ihres Körpers zu hören. Lorraine fühlte sich als Herrin und sah ihren Körper als ihren Sklaven. Wenn sie müde war, arbeitete sie einfach noch härter und länger. Sie weigerte sich strikt, auf körperliche Zeichen der Erschöpfung zu achten. Diese Lebensweise, die das Unterdrücken von Schmerz als bewundernswürdig hinstellt, wird in unserer Gesellschaft belohnt.

Nach ihrem Unfall stand Lorraine ihrem Körper noch ablehnender gegenüber. Seine Schwäche empfand sie als Verrat. Doch die Verletzungen und Symptome zwangen sie, den Bedürfnissen ihres Körpers gerecht zu werden.

Während wir mit ihren Ressourcen arbeiteten, fing sie allmählich an, ihren Körper als Verbündeten und nicht mehr als Sklaven anzusehen. Ihr wurde klar, daß ihr Körper über eine Weisheit verfügte, von deren Existenz sie nie auch nur das geringste geahnt hatte. Ihre Beziehung zu ihm veränderte sich radikal. Sie ruhte sich nun aus, wenn sie müde war, und aß, wenn sie Hunger hatte. Indem sie lernte, auf ihren Körper zu hören, kam ihr Leben allmählich wieder ins Gleichgewicht, und sie fühlte sich ungeheuer entlastet.

Vor dem Unfall war Lorraine reizbar und griesgrämig gewesen. Danach wurde sie viel glücklicher als je zuvor. Sie war geduldiger mit ihrem Mann, ihren Kindern und den Patienten, die sie als Pflegerin betreute. Am erstaunlichsten jedoch war, daß sie anfing, den Unfall als ein Zeichen der Wandlung anzusehen.

»Wenn der Unfall nicht gewesen wäre, hätte ich mich niemals selbst entdeckt«, sagte sie.

Lee Daniels

Lee möchte, daß wir bei der Schilderung ihres Unfalls und ihrer transformierenden Genesung ihren wirklichen Namen nennen.

Lee fuhr auf ihrem Fahrrad, als sie mit einem Auto zusammenprallte, das mit 67 Stundenkilometern fuhr. Sie landete auf der Motorhaube des Wagens und durchschlug mit ihrem Kopf die Windschutzscheibe. Dann flog sie über das Dach, landete auf dem Gehsteig und erlitt eine schwere

Gehirnverletzung. Da sie zu der Zeit in Scheidung lebte, hatte sie auch vor dem Unfall schon traumatische Erlebnisse gehabt.

Obwohl Lee schon immer religiös gewesen war, hatte sie das Gefühl, daß ihr Glaube durch den Unfall stärker geworden war. Sie sagte, sie habe während des gesamten Unfalls die Anwesenheit einer schützenden Kraft gespürt.

Zufällig war zum Zeitpunkt des Unfalls ein Polizeiauto am Unfallort vorbeigefahren, und eigenartigerweise hatte auch noch eine Krankenschwester den Unfall mitangesehen und sich sofort um Lee gekümmert. Diese Unterstützung erwies sich beim Durcharbeiten des Unfalls als positive Ressource.

Als Lee das erste Mal zu mir kam, war sie sehr verstört. Sie brachte nur mit Mühe einzelne Sätze heraus. Anfangs war es schwierig, ihrem Bericht zu folgen. Nachdem wir eine Zeitlang gearbeitet hatten, konnte sie ihre Erfahrung zusammenhängender beschreiben. Ihre allgemeine Sicht des Lebens ist mittlerweile positiv und sogar enthusiastisch. Infolge des Unfalls ist sie wesentlich zuversichtlicher geworden, was sicherlich durch das Gefühl, umsorgt und geschützt zu werden, verstärkt wird. Sie weiß, daß sie mit einer der schwierigsten Situationen konfrontiert wurde, denen sich Menschen in ihrem Leben stellen müssen, daß sie diese Schwierigkeit durchgestanden hat und daß sie mehr geschafft hat, als nur zu überleben.

»Die Scheidung und der Unfall mit dem Fahrrad haben mein Leben für immer verändert«, sagt sie. »Ich habe gelernt, habe vergeben und weiß nun, daß meine Seele dadurch gewachsen ist. Ich bin heute emotional stärker als je zuvor in meinem Leben. Ich bin sehr glücklich darüber, daß ich lebe und daß ich all die interessanten Menschen, all die Freude und die Freiheit, ich selbst zu sein, genießen kann!«

David Rippe

David Rippe, dessen Geschichte Sie in den vorangegangenen Kapiteln verfolgt haben, sagt, er habe nun das Gefühl, über einen Ausweg zu verfügen. Er fühle sich lebendig und begegne dem Leben mit der Haltung »Was gibt es alles?«. Sein Leben wird nun von seiner Lebendigkeit und nicht mehr von seinem Schmerz bestimmt. Diese freudige Erwartung der Zukunft und der Spaß am Planen derselben ist ein sicheres Zeichen dafür, daß der Genesungsprozeß zum Abschluß gelangt ist. Zwar sieht er den Unfall immer noch als beängstigend an, aber er stellt kein riesiges Hindernis mehr dar. David hat das Gefühl, daß dieses schreckliche Ereignis nun der Vergangenheit angehört. Das Trauma steht in seinem Leben nicht mehr im Vordergrund.

Vor der Behandlung hatte David sich in seiner Wut gefangen gefühlt. Er befand sich in einem angstbesessenen und gleichzeitig aggressiven Zustand. Heute fällt es ihm wesentlich leichter, die Ruhe zu bewahren und Geduld zu haben. Er hat wirklich das Gefühl, geheilt zu sein.

Andere Menschen kümmern sich um mich

Manchmal spornt ein Unfall die Menschen in der Umgebung an, ihr Bestes zu geben. Viele Klienten berichten, Zeugen des Unfalls hätten alles stehen- und liegenlassen, um ihnen zu helfen. Eine Frau, die einige Straßenblocks entfernt von zu Hause in einen Unfall verwickelt wurde, konnte ihren Mann nicht über ihr Handy erreichen. Deshalb lief ein Unfallzeuge zu ihrer Wohnung, um ihren Mann zu holen.

Unsere Klienten haben uns zahlreiche Geschichten von guten Samaritern erzählt, die ihnen auf der Stelle zur Hilfe eilten, von Lastwagenfahrern, die Unfallbeteiligte aus brennenden Autos befreiten, von Ärzten, Pflegern und Sanitätern, die spontan anhielten, um Hilfe zu leisten.

Die Menschen in unserer Gesellschaft sind heute so an Autonomie gewöhnt, daß sie die Hilfe anderer Menschen manchmal gar nicht in Anspruch nehmen möchten. Und es ist uns auch gar nicht recht, Hilfe zu brauchen oder gar darum bitten zu müssen. Wir versuchen, immer glücklich und zufrieden zu wirken und uns entsprechend zu verhalten, selbst wenn das gar nicht der Fall ist. Wir erwarten nicht, daß man uns hilft, und es kann sehr beruhigend auf uns wirken, wenn wir merken, daß in Situationen, in denen wir wirklich Hilfe brauchen, völlig fremde Menschen zu positiven Ressourcen für uns werden.

Wie fühlt es sich an, wenn ich geheilt bin?

Sind Sie schon geheilt? Woran würden Sie das merken? Gehen Sie den Verlauf Ihres Unfall erneut langsam durch, und halten Sie dabei nach Anzeichen für Reaktionen Ausschau – beispielsweise Angst, Spannungen in bestimmten Körperbereichen, Kontraktionen im Brustbereich oder beschleunigte Atmung.

Wenn Sie in der Lage sind, auf die Gegenwart fokussiert mit Ihren Ressourcen in Kontakt zu bleiben, und wenn Sie das Gefühl haben, daß der Unfall vorüber und zu einem festen Bestandteil der Vergangenheit geworden ist, haben Sie es geschafft. Dann können Sie aus tiefster Überzeugung sagen: »Das ist vorüber, und mir geht es jetzt gut.«

Sie können auch wieder am Unfallort vorbeifahren, ohne daß irgendwelche Symptome auftreten. Trigger wie Autofahren, bestimmte Witterungen oder starker Verkehr versetzen Sie nicht mehr in einen Zustand erhöhter Aktivierung.

Wenn die Arbeit an Ihrem Unfall abgeschlossen ist, brauchen Sie die Auslöser, die früher auf sie wirkten, nicht mehr zu meiden. Sie können dann die Dinge tun, die Sie tun müssen, und schätzen das damit verbundene Risiko realistisch ein. Sie sind in der Lage, normal zu essen und zu schlafen, und leiden nicht mehr unter chronischer Anspannung. Ihre Beziehungen sind wieder normal oder sogar besser als vorher. Sie haben einen Zustand emotionaler Ausgeglichenheit erreicht und verfügen über die Kraft, mit Rückschlägen und Schmerzen fertig zu werden. Wahrscheinlich ist auch Ihr Selbstwertgefühl erstarkt. Mit am häufigsten hören wir von Unfallbeteiligten, daß sie nach ihrem Unfall das Gefühl hatten, ihr Leben sei zum Stillstand gekommen. Es wäre schön, wenn Sie nun das Gefühl hätten, Ihr Leben zurückerhalten zu haben.

Benutzen Sie den folgenden Fragebogen, um festzustellen, wie weit Ihre Heilung fortgeschritten ist. Beantworten Sie die Fragen in ein paar Wochen noch einmal.

Welche Fortschritte habe ich gemacht?

Schätzen Sie anhand der Zahlenskala ein, in welchem Maße sich Ihre Traumasymptome aufgelöst haben. »0« bedeutet, daß Sie über die betreffende Fähigkeit überhaupt nicht zu verfügen glauben; »5« bedeutet, daß die Aussage Ihr Gefühl sehr präzise zum Ausdruck bringt.

1. Gefühl für die persönliche Stärke (Befähigung)	0 1 2 3 4 5
2. Fähigkeit, mit schwierigen Situationen fertig zu werden	0 1 2 3 4 5
3. Realistisches Gefühl, die Dinge unter Kontrolle zu haben	0 1 2 3 4 5
4. Fähigkeit zu fokussieren und sich zu konzentrieren	0 1 2 3 4 5
5. Fähigkeit, Anweisungen oder Informationen zu verstehen	0 1 2 3 4 5
6. Gefühl, sich in der Umgebung orientieren zu können; Fähigkeit, bisher unbekannte Orte zu finden	0 1 2 3 4 5
7. Fähigkeit, wichtige Gegenstände aufzubewahren und wiederzufinden (z.B. Autoschlüssel, Brille usw.)	0 1 2 3 4 5
8. Fähigkeit, das Fließen im Körper zu erleben	0 1 2 3 4 5
9. Akkurate sequentielle Erinnerung an den Verlauf der Ereignisse	0 1 2 3 4 5
10. Normales Traumleben	0 1 2 3 4 5
11. Ausbleiben von Rückblenden	0 1 2 3 4 5
12. Ununterbrochener, befriedigender Schlaf	0 1 2 3 4 5
13. Ausgeruht und im Besitz der für den normalen Alltag erforderlichen Energie	0 1 2 3 4 5
14. Emotionales Gleichgewicht	0 1 2 3 4 5

15. Wut, die der jeweiligen Situation angemessen ist	0	1	2	3	4	5
16. Entspannte Wachheit, wenn keine Bedrohung besteht	0	1	2	3	4	5
17. Gefühl größerer Sicherheit	0	1	2	3	4	5
18. Normaler Schreckreflex, Fehlen erhöhter Nervosität	0	1	2	3	4	5
19. Gefühl, verschiedene Möglichkeiten zu haben	0	1	2	3	4	5
20. Gefühl der Verbundenheit mit dem eigenen Körper	0	1	2	3	4	5
21. Gefühl der Eigenständigkeit	0	1	2	3	4	5
22. Gefühl, fähig zu sein	0	1	2	3	4	5
23. Klarheit und Integration	0	1	2	3	4	5
24. Bewegungsfreiheit	0	1	2	3	4	5
25. Ausbleiben wiederkehrender Spannungs- oder Schmerzmuster	0	1	2	3	4	5
26. Gefühl, sich zeitlich orientieren zu können	0	1	2	3	4	5
27. Gefühl, sich räumlich orientieren zu können (geringere Neigung zu Unfällen)	0	1	2	3	4	5
28. Gefühl der inneren Verbundenheit und Einheit	0	1	2	3	4	5
29. Gefühl der Verbundenheit mit anderen	0	1	2	3	4	5
30. Fähigkeit, über das traumatische Erlebnis zu sprechen, ohne von Gefühlen überwältigt zu werden	0	1	2	3	4	5
31. Gefühl, daß das traumatische Ereignis definitiv vorüber ist	0	1	2	3	4	5
32. Fähigkeit, sich tiefer auf normale Aktivitäten einzulassen	0	1	2	3	4	5
33. Ein größeres Maß an innerer Ruhe	0	1	2	3	4	5

34. Ausbleiben von Angst oder Panikgefühlen	0	1	2	3	4	5
35. Abnahme ungewöhnlicher Reizbarkeit	0	1	2	3	4	5
36. Wieder normale Eßmuster	0	1	2	3	4	5
37. Sexualität ist wieder befriedigend	0	1	2	3	4	5
38. Selbstachtung tritt an die Stelle von Scham	0	1	2	3	4	5
39. Fähigkeit, mit Problemen fertig zu werden	0	1	2	3	4	5
40. Freude am Zusammensein mit anderen	0	1	2	3	4	5
41. Chronische Schmerzen sind gelindert, verringert oder erträglich geworden	0	1	2	3	4	5
42. Vorsicht u. Wachsamkeit haben sich normalisiert	0	1	2	3	4	5
43. Ein funktionierendes Unterstützungssystem existiert	0	1	2	3	4	5
44. Die Fähigkeit, präsent und offen zu sein und Verletzlichkeit zuzulassen, ist wiederhergestellt	0	1	2	3	4	5
45. Mitgefühl sich selbst und der Situation gegenüber	0	1	2	3	4	5
46. Interesse am Leben	0	1	2	3	4	5
47. Angst hat sich auf einem angemessenen Niveau eingependelt	0	1	2	3	4	5
48. Wutgefühle haben sich normalisiert, und es kommt nicht mehr zu Überreaktionen	0	1	2	3	4	5
49. Funktionierende Beziehungen zu anderen Menschen	0	1	2	3	4	5
50. Fähigkeit, sich auch wohl zu fühlen, wenn man allein ist	0	1	2	3	4	5
51. Innere Sicherheit hilft beim Anknüpfen von Beziehungen zu anderen Menschen	0	1	2	3	4	5
52. Fähigkeit, sich selbst und andere zu unterstützen	0	1	2	3	4	5

53. Entwicklung einer persönl. Zukunftsperspektive	0	1	2	3	4	5
54. Gefühl, kreativ zu sein	0	1	2	3	4	5
55. Erstarken von Optimismus und Hoffnung	0	1	2	3	4	5
56. Körper fühlt sich stark und als Ganzheit	0	1	2	3	4	5
57. Fähigkeit, Entscheidungen zu treffen	0	1	2	3	4	5
58. Planen und Fertigstellen von Projekten	0	1	2	3	4	5
59. Das Gefühl, die Spanne der persönlichen Resilienz auszunutzen	0	1	2	3	4	5
60. Fähigkeit, um Hilfe zu bitten	0	1	2	3	4	5
61. Fähigkeit, Ressourcen zu erkennen u. auszubauen	0	1	2	3	4	5
62. Fähigkeit, ohne Umschweife nein zu sagen	0	1	2	3	4	5
63. Kontinuität im Denken	0	1	2	3	4	5
64. Zugang zu adäquatem sprachlichem Ausdruck	0	1	2	3	4	5
65. Kohärenz	0	1	2	3	4	5
66. Gefühl, im eigenen Körper präsent zu sein	0	1	2	3	4	5
67. Fähigkeit, Expansion zu tolerieren	0	1	2	3	4	5
68. Fähigkeit, dem Fluß des Lebens zu folgen	0	1	2	3	4	5
69. Größere Freiheit und Leichtigkeit der Bewegung	0	1	2	3	4	5
70. Fähigkeit, die beruflichen Anforderungen zu bewältigen	0	1	2	3	4	5
71. Fähigkeit, Beziehungen gerecht zu werden	0	1	2	3	4	5
72. Fähigkeit, Freude zuzulassen	0	1	2	3	4	5
73. Freude an der Umgebung und an Aktivitäten	0	1	2	3	4	5

Transformation

74. Fähigkeit, Stimuli auf angenehme Weise zu verarbeiten	0	1	2	3	4	5
75. Gutes Gefühl beim Autofahren	0	1	2	3	4	5
76. Engagierte Teilnahme am Leben	0	1	2	3	4	5
77. Fähigkeit, am Unfallort oder am Ort des Traumas vorbeizufahren	0	1	2	3	4	5
78. Keine Angst vor dem Unbekannten	0	1	2	3	4	5
79. Bereitschaft, zuzuhören und das Gesagte ruhig aufzunehmen	0	1	2	3	4	5
80. Gefühl, Energie zu haben, statt chronisch erschöpft zu sein	0	1	2	3	4	5
81. Fähigkeit, Ressourcen zu schaffen und Kontakt zu vorhandenen Ressourcen herzustellen	0	1	2	3	4	5
82. Fähigkeit, nach einem Schrecken oder einer Bedrohung wieder in den Zustand der Entspannung zurückzukehren	0	1	2	3	4	5
83. Neugierde; das Bedürfnis, Dinge zu erforschen	0	1	2	3	4	5
84. Gefühl für den persönlichen Raum, die persönlichen Grenzen	0	1	2	3	4	5
85. Auftauchende Schwierigkeiten können bewältigt werden	0	1	2	3	4	5
86. Erinnerungen an das Trauma erscheinen weniger bedrohlich	0	1	2	3	4	5
87. Erinnerung an Wörter funktioniert; Klarheit des Denkens	0	1	2	3	4	5
88. Schultern und Hals sind gestärkt, Schleudertrauma ist aufgelöst	0	1	2	3	4	5
89. Fähigkeit, sich auszuruhen, ist wiederhergestellt	0	1	2	3	4	5

90. Befreiung von Suchtverhalten	0	1	2	3	4	5
91. Befreiung von Zwangsverhalten und Kontrollbesessenheit	0	1	2	3	4	5
92. Geistesruhe	0	1	2	3	4	5
93. Empathie, Mitgefühl und Akzeptieren von Leiden	0	1	2	3	4	5
94. Gefühl für die eigenen zeitlichen Bedürfnisse und den eigenen Rhythmus	0	1	2	3	4	5
95. Mehr Geduld und Gefühl der Leichtigkeit oder des Fließens	0	1	2	3	4	5
96. Fähigkeit, sich gegenüber belastenden Ereignissen oder unangenehmen Menschen zu verschließen	0	1	2	3	4	5
97. Verbindung zu sich selbst	0	1	2	3	4	5
98. Fähigkeit, sich traumatische Erlebnisse zu vergegenwärtigen, ohne daß es zu einer erneuten Aktivierung kommt und ohne daß eine Belastung entsteht	0	1	2	3	4	5
99. Stärkung des Selbstvertrauens	0	1	2	3	4	5
100. Fähigkeit, zwischen Dingen, auf die man Einfluß hat, und solchen, auf die man keinen Einfluß hat, zu unterscheiden	0	1	2	3	4	5

Je mehr Punkte Sie zusammenbekommen, desto näher sind Sie Ihrer vollständigen Genesung. Die mit 0, 1 und 2 markierten Antworten weisen auf Bereiche hin, die Sie noch weiterentwickeln müssen.

Übung: Erfahrungen zum Abschluß bringen

Diese Übung bringt Ihnen den Unterschied zwischen abgeschlossenen und unvollständigen Erfahrungen nahe.

Denke an eine schwierige Erfahrung aus der Vergangenheit, von der du weißt, daß du sie mittlerweile überwunden hast – beispielsweise an den Verlust einer Arbeitsstelle, an ein Eheproblem oder an eine Verletzung. Wie fühlt es sich in deinem Körper an, wenn du daran denkst? Was geschieht in deiner Brust? Wie steht es mit deiner Atmung und mit deiner Herzfrequenz? Und wie geht es deinem Bauch? Wenn der Vorfall weitgehend aufgelöst ist, dürftest du kaum eine oder gar keine Belastung mehr bemerken.

Denke an eine augenblickliche Schwierigkeit, an etwas, wovon du weißt, daß du noch nicht darüber hinweg bist. Überprüfe erneut deinen ganzen Körper. Welche Reaktionen fallen dir auf?

Versuche, das aktuelle Problem mit Hilfe der Übungen zur Stärkung von Ressourcen und mit Hilfe der Visualisationsübungen zu lösen.

Ressourcenübungen im täglichen Leben

Mit Hilfe der in diesem Buch beschriebenen Ressourcenübungen läßt sich in vielen Lebenssituationen die Resilienz wiederherstellen. In Zeiten von starkem Streß und bei schwierigen Entscheidungen können diese Übungen von großem Nutzen sein.

Übung: Anwendung der Techniken

Diese Übung zeigt, wie Sie die in diesem Buch beschriebenen Techniken auf Ihren Alltag übertragen können.

Denke an einen Entscheidung, die du kürzlich getroffen hast. Betrachte diese Entscheidung nun auf der Ebene der Empfindungen. Wie fühlt sich dein Körper an, wenn du daran denkst? Was geschieht dabei in deiner Brust? In deinem Herzen? In der Lunge? Fühlt sie sich positiv an?

Wenn nicht, stelle dir vor, daß du die gegenteilige Entscheidung triffst. Wie fühlt sich das an? Werde dir über die Reaktionen deines Körpers klar.

Mit Hilfe dieser Technik kannst du die Weisheit deines Körpers nutzen, wann immer du eine Entscheidung treffen mußt. Intuition hat etwas damit zu tun, daß Menschen besser mit ihrem Körper im Einklang sind und daß sie emotionale Aspekte registrieren, die mehr mental orientierte Menschen häufig ignorieren. Du kannst lernen, diese Verbindung zu deinem Körper zu vertiefen.

In die Zukunft schauen

Genesung ist mehr als die Auflösung eines Traumas. Sie sollten diese Situation zum Anlaß nehmen, eine Vorstellung von dem Leben zu entwickeln, das Sie gern leben würden. Im Zustand der Traumatisierung haben Menschen keinerlei Vorstellung von ihrer Zukunft. Ein Teil der Behandlung besteht darin, über die Zukunft nachzudenken – sich vorzustellen, wie ein neues Leben aussehen könnte.

Menschen neigen dazu, sich für unbesiegbar zu halten. Ein schwerer Unfall nimmt uns dieses Gefühl der Unbesiegbarkeit. Wir müssen dann unsere Grenzen neu errichten und uns das Gefühl, in Sicherheit zu sein, zurückerobern. Oft zwingt uns ein Unfall dazu, die Dinge langsamer anzugehen und über unser bisheriges Leben nachzudenken. Was »funktioniert« in Ihrem Leben? Und welche Prioritäten setzen Sie? Was wollen Sie wirklich?

Was Sie gewonnen haben

Wenn Sie eine schreckliche Erfahrung durchlebt haben und davon genesen sind, haben Sie Zugang zu Ressourcen bekommen, deren Existenz Ihnen vorher nicht bewußt war. Sie haben gelernt, wie widerstandsfähig Ihr Körper ist, und indem Sie auf ihn hören lernten, haben Sie Kontakt zu einer Weisheit aufgenommen, die sich auch in anderen Lebensbereichen als nützlich erweisen wird.

Traumata vertiefen unsere Erfahrung. Es kann sein, daß wir mit neuen Prioritäten daraus hervorgehen und uns anschließend lebendiger fühlen als je zuvor. Sie wissen nun und vertrauen darauf, daß Sie auch von tiefen Verletzungen genesen können. Sie verfügen über eine Kraft, die Menschen, die nie ein Trauma erlebt haben, vielleicht nie haben werden.

Zum Abschluß

Wenn dieses Buch Ihnen geholfen hat, Ihr Trauma zu überwinden, und Sie uns dies mitteilen möchten, freuen wir uns über Ihre Rückmeldung.

Besuchen Sie unsere Website:
http://www.traumasolutions.com

Diane Poole Heller, Ph. D.
Laurence Heller, Ph.D.
TraumaSolutions
5801 E. Ithaca Place
Denver, CO 80237

Danksagung

Mein Ehemann und beruflicher Partner Laurence (Larry) Heller war von Anfang bis Ende an der Entwicklung dieses Buches beteiligt. Mehrere Textabschnitte stammen von ihm, er hat mir geholfen, den Inhalt zu strukturieren und zu vermitteln, und er hat Beispiele aus seiner therapeutischen Praxis beigesteuert.

Neben ihm haben viele andere meine Arbeit als Psychotherapeutin und Traumaspezialistin beeinflußt. Allen voran danke ich Dr. Peter Levine, dem Begründer der *Foundation for Human Enrichment* (FHE). Peter hat ein Therapiemodell mit Namen *Somatic Experiencing* (»Somatisches Erleben«) entwickelt und erforscht Möglichkeiten, Menschen bei der Überwindung traumatischer Ereignisse zu helfen. Er betont, daß die Vermeidung erneuter Traumatisierungen im Laufe dieses Prozesses eine wichtige Rolle spielt. Seine Erkenntnisse über Traumata wurden in diesem Buch ausführlich erläutert.

Besonderer Dank gebührt unseren Mitarbeitern und jenen Klienten und Seminarteilnehmern, die uns an ihren Erfahrungen auf dem steinigen Weg zur Transformation haben teilhaben lassen. Sie haben erstaunlich viel Mut und Risikobereitschaft bewiesen und waren offen genug, über das Bekannte hinauszugehen und zunächst unzugängliche neue Gebiete zu erschließen.

Unseren Kollegen Punito Michael Aisenpreis und Sybille Braun danken wir für ihre fachliche redaktionelle und therapeutische Mitarbeit. Der unermüdlichen Unterstützung durch Dr. Siegmar Gerken und dem Synthesis Team verdanken wir, daß unser Buch nun auch vielen Menschen im deutschsprachigen Raum helfen kann.

Über die Autoren

Dr. Diane Poole Heller promovierte am *Western Institute for Social Research* in Berkeley, Kalifornien. Sie ist Licensed Professional Counselor und Nationally Certified Counselor.
Frau Dr. Poole Heller ist Fakultätsmitglied der von Peter A. Levine gegründeten gemeinnützigen Gesellschaft *Foundation for Human Enrichment*. Sie bildet Therapeuten und andere Personen aus, die Traumaklienten betreuen, und sie lehrt regelmäßig in Dänemark, Deutschland, Israel und den USA. Ihr Videoband *Columbine: Surviving the Trauma* veranschaulicht ihre Arbeit mit Columbine-Überlebenden. Dieses Video wurde produziert, um der breiten Öffentlichkeit verständlich zu machen, wie man Traumata besser bewältigen kann. Es wurde von CNN international ausgestrahlt. Diane Poole Heller hat zahlreiche Artikel, Handbücher und Video-Trainingsbänder zu vielen Aspekten der Traumaheilung publiziert.

Dr. Laurence Heller promovierte an der *University of Colorado* im Fach Psychologie. Er hat außerdem einen Magister in Linguistik. Er war 1972 Mitbegründer des *Gestalt Institute* in Denver, das er später leitete. Er war Fakultätsmitglied an mehreren amerikanischen Universitäten und lehrt für die *Foundation for Human Enrichment*. Im Laufe der letzten 29 Jahre hat er Tausende von Therapeuten in der Behandlung von Traumanachwirkungen ausgebildet. Er gibt regelmäßig Kurse in den USA und Europa.
Heller spricht fließend Spanisch und Französisch und lehrt in diesen und in anderen Sprachen. Zusammen mit seiner Frau Diane hat er kürzlich in Jerusalem das von ihnen gemeinsam entwickelte *Auto Accident Recovery Program* am *Sarah Herzog Hospital* eingeführt.

Der Kurs zum Buch

Für Schleudertrauma-Patienten und Verkehrsunfallopfer
mit gesundheitlichen Langzeitfolgen

In 1- und/oder 3-Tages-Workshops informieren wir Sie in Theorie
und Praxis über die von Dres. Heller und Mitarbeitern entwickelten
Methoden und Möglichkeiten zur Traumabewältigung.

Näheres zu den Workshops per Telefon, E-Mail oder Post bei:

ASI Akademie für Somatische Intergration® GmbH

Traumatherapie-Ausbildung für Therapeuten

Somatic Experiencing® in Deutschland aus erster Hand
mit Dr. Peter A. Levine, Dr. Lawrence S. Heller, Dr. Diane Poole Heller

Fundiert, praxisorientiert, berufsbegleitend
in Kooperation mit ZIST Pensberg.

Wir informieren Sie gerne über alle Details.

....

ASI Akademie für Somatische Intergration® GmbH
Prof.-Becker-Weg 7   D–82418 Seehausen
Tel. 0 88 41–67 88   Fax: 0 88 41–67 83 99
E-Mail: seminar@somatic-integration.de
www. somatic-integration.de

Weitere Bücher aus unserem Programm

Peter A. Levine
TRAUMA-HEILUNG
Unsere Fähigkeit, traumatische Erfahrungen zu transformieren

Im Gegensatz zur allgemein verbreiteten Sicht können Traumata geheilt werden. In vielen Fällen sind dazu nicht einmal langwierige Therapien, kein schmerzhaftes Reaktivieren von Erinnerungen und keine Dauermedikation erforderlich. Alte Traumasymptome sind Beispiele für gebundene Energie und vergessene Lektionen des Lebens.

Mit der Information und den Hilfsmitteln, die Ihnen dieses Buch an die Hand gibt, können Sie vermeiden, daß potentiell traumatische Erfahrungen destruktive Wirkung entfalten, und besser mit bedrohlichen Situationen umgehen.
272 S., kart., ISBN 3-922026-91-5

Babette Rothschild
DER KÖRPER ERINNERT SICH
Die Psychophysiologie des Traumas und der Traumabehandlung

Ein lange erwartetes allgemeinverständliches Fachbuch zu einem wichtigen Thema unserer Zeit: Wie wirken traumatische Erlebnisse auf uns und wie gehen wir damit um? In leicht verständlichen Beschreibungen von Theorien und leicht anwendbaren Techniken ermöglicht die Autorin dem interessierten Laien ein umfassenderes Verständnis seiner Lebenssituation und bietet dem Therapeuten den Raum, sein Wissen mit einer soliden theoretischen Grundlage anzuwenden und neue Interventionen zu entwickeln.
256 S., Paperback, ISBN 3-922026-27-3

Anna Halprin
TANZ, AUSDRUCK UND HEILUNG – Wege zur Gesundheit durch Bewegung,
Bilderleben und kreativen Umgang mit Gefühlen

Anna Halprin leitet uns mit der Erfahrung ihrer Lebensweisheit in das Verständnis von gesundheitlichen Krisen und den damit verbundenen emotionalen Prozessen. Sie gibt klare Anleitungen für die Arbeit mit diesen Einsichten, denn jeder Körper, so alt oder jung er auch sein mag, hat die Fähigkeit, sich zu bewegen.

»Ein Buch weiser und heilender Worte von einer der größten Tänzerinnen Amerikas.« (Dr. med. Rachel Naomi Remen, medizinische Leiterin des *Commonweal Cancer Help Program*)
208 S., kart., illustriert, ISBN 3-922026-49-4

Ilana Rubenfeld
Die lauschende Hand
Selbstheilung durch die Rubenfeld Synergie-Methode

Die Rubenfeld Synergie nutzt Gespräch, Bewegung, Bewußtheit, Imagination, Humor und einfühlsame Berührung, um chronische Spannungen und erstarrte Emotionen aufzuspüren und zu schmelzen.
320 S., Paperback, ISBN 3.922026-26-5

Ron Kurtz
Hakomi – Körperzentrierte Psychotherapie

Körper und Bewegungen eines Menschen drücken zentrale Anschauungen, Bedürfnisse, Gefühle und Besonderheiten seines Daseins aus. In Anerkennung dieser Verbindung beginnt die Methode mit der Arbeit am Körper. Besonderes Kennzeichen der Hakomi-Methode ist die Anwendung der buddhistischen Prinzipien innerer Achtsamkeit.
Mit ausführlichen Tabellen zur Körperarbeit. 320 S., kart., ISBN 3-922026-66-4

Dr. med. John Pierrakos
Core Energetik – Zentrum deiner Lebenskraft

Dr. Pierrakos' therapeutischer Ansatz basiert auf: 1. Der Mensch ist eine psychosomatische Einheit. 2. Die Quelle der Heilung liegt im Selbst. 3. Alles Existierende bildet eine Einheit.

Core Energetik ist ein von Dr. med. John C. Pierrakos begründeter transformativer Prozess, der alle Ebenen der menschlichen Existenz anspricht – Körper, Gefühle, Intellekt, Willen und die geistige Ebene. Core Energetik beinhaltet die grundlegenden Konzepte von W. Reich, die Bioenergetik (begründet von Dr. med. A. Lowen und Dr. med. J. C. Pierrakos), Erkenntnisse der neuen Physik und Erfahrungen aus somatischen, psychologischen und geistigen Prozessen.

Diese gelangen zum Ausdruck durch pulsierende Bewegungen von Energieströmen im Körper. Werden diese Ströme zugelassen, erfährt die Person eine Vibration im gesamten Organismus, die das Bewußte mit dem Unbewußten verbindet und damit die Selbstregulation und den Selbstheilungsprozeß unterstützt.
320 S., gebunden, zahlreiche Vierfarbabbildungen der Energiefelder des Menschen. ISBN 3-922026-74-5

Synthesis

Postfach 14 32 06 • D-4 52 62 Essen • Fax 0201 - 51 10 49
Synthesis@Synthesis-Verlag.com • www.Synthesis-Verlag.com